AI普及应用及落地实践丛书

AI做课

人人可做的副业

范舟 张若男 编著 王小乔 插图

電子工業出版社

Publishing House of Electronics Industry

北京·BEIJING

内容简介

本书专为无团队、无流量的个人做课新手量身打造，以实用主义为指导，提供了一系列切实可行的解决方案。首先，书中详细介绍了做课的基础概念、类型、流程及所需能力；其次，通过实际操练环节，以真实案例为引导，全面展示了从课程启动到成品制作的做课完整流程，并分享了风尘散人、曾焱冰等成功个人做课者的真实故事；最后，介绍了如何利用AI工具提高做课效率，节省时间，拓宽思维。

本书不仅教授如何制作高品质课程，还提供打造爆款课程的策略。无论是渴望通过个人力量开展在线教育、分享知识的新手，还是希望提升做课技能的个人创作者、知识博主，都能在本书中找到有价值的指导和灵感。

未经许可，不得以任何方式复制或抄袭本书之部分或全部内容。

版权所有，侵权必究。

图书在版编目（CIP）数据

AI做课：人人可做的副业 / 范舟，张若男编著．
北京 ： 电子工业出版社，2025.3（2025.8重印）. -- (AI普及应用及落
地实践丛书). -- ISBN 978-7-121-49571-7

Ⅰ．G436

中国国家版本馆CIP数据核字第2025ZW5482号

责任编辑：孙学瑛
文字编辑：张　晶
印　　刷：三河市华成印务有限公司
装　　订：三河市华成印务有限公司
出版发行：电子工业出版社
　　　　　北京市海淀区万寿路173信箱　　　　　邮编：100036
开　　本：720×1000　1/16　　印张：17.75　　字数：383千字
版　　次：2025年3月第1版
印　　次：2025年8月第5次印刷
定　　价：69.00元

凡所购买电子工业出版社图书有缺损问题，请向购买书店调换。若书店售缺，请与本社发行部联系，联系及邮购电话：（010）88254888，88258888。

质量投诉请发邮件至zlts@phei.com.cn，盗版侵权举报请发邮件至dbqq@phei.com.cn。

本书咨询联系方式：sxy@phei.com.cn。

前 言

用 AI 做课，开拓你的第二职业

提到做课，我猜你和以前的我一样，觉得这事儿跟自己"八竿子打不着"。好像只有学校里的老师才需要做课，我们又不在学校工作，怎么会和做课产生交集？

然而，我万万没想到，有一天我竟然会将做课作为自己的终身事业。

过去，我曾长时间沉浸在平面设计工作中，享受着创作的乐趣。后来，一次偶然的机会让我踏入教育领域。我发现，我在设计领域所积累的经验，完全可以传授给更多的人。于是，我开始制作"平面设计教程"课程。

随着时间的推移，我逐渐认识到做课程产品同样需要设计思维，这两者之间有着千丝万缕的联系。于是，我进一步研发了"用设计思维做产品"课程。

而后，就像"套娃"一般，我在每个阶段的经验都被巧妙地融入了下一个阶段，这就是做课的魅力。

若男也是如此，她过去有 8 年的时间从事与写作相关的工作，后来她把这些写作经验融入课程。谈及自己的转变，她说："自从开始做课，我发现过去的写作经验都用上了。"

你看，我们两个人曾经默默努力、日拱一卒的日子，因为投身于做课这一事业，而没被辜负。

做课是会上瘾的，让你既能复盘过去的高光时刻，又能感受分享带来的成就感。

我大大小小主导过几十门课程的制作，越来越发现，不是一定要考一个教师资格证在学校工作才能做课，每个人都可以做课。

做课只需要两步。

第一步：有本事。

相信我，大多数人都低估了自己，其实每个人在某个领域或多或少都有一些独到的见解，哪怕只是碎片化的生活心得，比如婆媳相处技巧。

第二步：把本事放大。

你有本事，何不把它放大呢？把它教给更多人，顺势扩大自己的影响力。

此刻，让我们试着"清空"脑海里对讲课的刻板印象。讲课不一定要站在讲台上面对着台下的学生。在这个自媒体时代，我们只需拿出一部手机，打开语音备忘录，像与朋友聊天一般，将自己的经验娓娓道来——讲课的行动成本是很低的。

绝大多数人停留在做课的第一步。如今，我们可以开启第二步了。

当然，做课需要系统的方法，否则容易"误人子弟"。

你可能会问："我没有资金、不会剪辑课程视频、没有经验、没有团队，一个人怎么做课呢？"

考虑到这是大部分人面临的问题，本书的受众定位为个人做课者，而不是企业做课者。

在看这本书的方法论之前，我先带你了解一下这本书的构思。

（1）取舍。本书舍弃了很多适合企业做课的方法，只保留了适合个人的方法。例如，新手第一次做课，输不起怎么办？没有高预算，无法用高端设备录制课程怎么办？要点评的作业太多，怎样高效省时地点评？诸如此类，本书帮你解决做课的现实问题。

（2）有真实故事。本书专门针对无团队、无流量的做课新手，采访了优秀的个人做课者，并将他们的真实故事展示给大家，相信你能从中获得启发。

（3）接地气。本书秉承"不卖弄，只说大白话"的原则，相信你能轻松地读懂这本书。

（4）融入 AI 工具。本书的实操篇会附上用 AI 做课的技巧，用好 AI 这个好搭档，既能帮你节省大量时间，也能让你突破思维局限。需要注意的是，AI 生成的内容或多或少地会有瑕疵，还需认真打磨。

下面是本书的写作逻辑。当你了解后，能更灵活地从你最需要的章节开始阅读。

第 1 章：简单启动。

帮你扫盲，全面了解做课，轻松开启第一步。第 1 章讲述做课的基础概念、类型、流程及需要的能力等。

第 2~9 章：实际操练。

从第 2 章起，就要开始实际操练了。第 2~9 章的每一章对应一个实操环节。

这部分以"若男的写作训练营"作为实操案例。若男会毫无保留地分享把这个训练营从 0 到 1 做出来的过程，包括选题策划、从过往的经验中提炼知识、设计课程大纲、设计每节课的内容、录制课程、做训练营服务、推广等。

你可以从自己最感兴趣的章节开始看。

第 10 章：锦上添花。

有些事情做了就能锦上添花，例如用户调研、产品测试。当你在某个实操环节遇到问题时，就跳到这一章来看看。

第 11 章：采访故事。

这一章以采访的形式讲述一些做课者的故事，包括喜马拉雅 84 亿次播放量的小说作者风尘散人、《VOGUE》中国版前编辑部主任曾焱冰、《小丰现代汉语广告语法辞典》作者小丰，以及本书的两位作者。这些做课者的故事有血有肉、细节丰富，每位做课者都有自己独特的做事风格和情怀。

考虑到大多数人多少会有点儿完美主义倾向，我想说，做课可以随时随地开始。

例如，打开抖音或小红书，发一条短视频，谈谈你在某个领域的经验，成为知识博主；通过朋友圈组建一个微信群，带着朋友们一起坚持一件你擅长的事；开一场直播，聊聊自己对一件事的见解。

至少，你可以存有一个念头——这辈子总要做出一门课程，证明你曾钻研过一个领域，能帮到更多的人。

我相信，你一定可以。

最后要感谢若男，她是我写作本书的搭档，也是一位小红书知识博主。我们合作设计的课程月营收稳定过百万元，这不仅源于她的才华，也源于她对自己严苛的要求。

范舟

2025 年 1 月

目　录

读者服务

微信扫码回复：49571

·加入"AI 应用"读者交流群，与更多同道中人互动

·获取【百场业界大咖直播合集】（持续更新），仅需 1 元

第 1 章
做课第一步

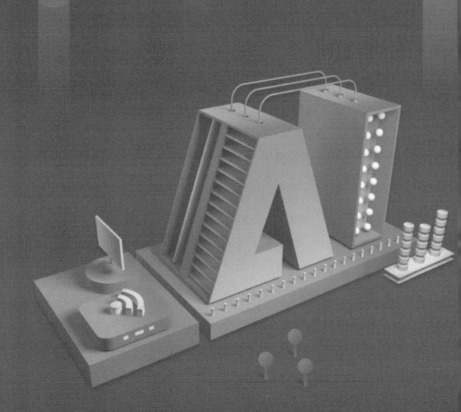

1.1 最小启动技巧

对于从未制作过课程的人来说，如何迈出第一步呢？

我不建议你一开始就深入研究复杂的理论，因为这会使你失去乐趣，失去灵性。就像一个原本会走路的人在过度关注自己的脚部动作时，反而会变得脚都不会迈了。

我建议首先找到做课的突破口，寻找最小启动技巧，先干再说，边干边学，快速上手启动，然后通过实践逐渐找到感觉。

这种最小启动技巧可以是任何让你开始动手的最小行动。接下来，我给你几个迈出第一步的最小行动。

1.1.1 从给外行人讲一个"内行技能"开始

给外行人讲内行人才懂的技能，是你此刻可以立即尝试的最小行动。

当你把一个技能讲到外行人都能听懂时，说明你已经会做课了，因为二者的本质是一样的，都是让用户听懂、学会。

举个例子，如果你的专业是做公众号运营，你要教一个连公众号都不知道的人如何在短时间内把公众号粉丝人数做到 1 万，那么你就要站在对方的角度考虑，设想他会有哪些疑问，用对方能听懂的语言讲给他听，而不是用业内人士才能听懂的行业术语。

比如，你要首先解释什么是公众号；然后教他给公众号起名字、做定位；接着教他发布文章、做排版，再教他与粉丝互动，等等。

这个过程会提升你的共情能力，以及和用户换位思考的能力。以我的经验来看，很多人做不好课，原因都是无法共情外行人遇到的困难。

除了"内行技能"，你还可以从讲述一些带有强烈情绪的观点开始，例如"为什么我们不应对容貌过度焦虑""如何应对孩子遭受的校园霸凌"或"是否应该原谅出轨行为"。你也可以从让你深有感触的话题开始，如"你想对十年前的自己说什么"或"你是从何时开始意识到祖国的强大的"。

从对外行人讲你熟悉领域的知识或见解开始制作课程，而不是一开始就执行做课步骤，如确定课程目标、课程大纲、课程逐字稿。降低当前的目标、持续练习，你会逐渐发现，制作课程并不是一件困难的事情。

1.1.2 把思路写在白纸上

抛开完美主义——这是我经常对自己说的。

我们总是觉得自己还没有准备好，或者名气不够，或者流量不够，或者经验不足，于是推迟行动。但这样做，事情往往会被搁置，导致"思想高远，行动难产"。

其实，有一张白纸就可以开始制作课程了，把你的想法先画出来，哪怕粗糙一些也无妨。例如，你擅长职场相关的领域，那么可以在白纸上写下你要讲的主题，然后在每个主题上画出分支，记录每个主题包括的知识、案例、故事等，反复细化。这里顺便说一句，本书后半部分的很多章节都是在白纸上构思的。

一开始不要纠结课程是以用户体验为中心的，还是以营收或品牌为中心的，这些都是无谓的空谈，不如先把思路写下来，让课程一点一点地变具体。

1.1.3 拆解优秀课程，试着模仿

模仿，在任何领域都是学习的必经环节，正如一个人未曾阅读过小说，便难以创作出小说一样。

你可以找一节优秀的课程，对其进行解构，找到突破口。

如何进行解构呢？如图 1-1 所示。首先，可以分析课程选题的独特之处；然后，观察讲师是如何开场的，包括开场用了多少时间、有哪些特点、采用了什么样的话术；接下来，分析一个视频包含了几个观点，每个观点的讲述结构是怎样的、有什么特点、平均需要多久才能完成一个观点的讲解；最后，分析结尾部分有什么特点，是提升了主题还是对内容进行了总结。解构得越详细，收获的知识就越丰富。

图 1-1

举个例子，解构一款叫作"设计思维"的课程。

开场部分，老师先给出了一个反例，讲解人们习惯性以产品为中心，觉得产品做得越完美越好，而不顾用户体验。有了反例以后，再点明主题：设计思维。

接下来，进入正课部分。先阐述理论，所谓设计思维，指了解市场、了解用户的需求，找到解决方案。随后，老师举例说明创新型创业如何用设计思维研发产品，并现场给出一个实操练习题目。

结尾，老师抛出理念：产品是试出来的，要放弃完美主义。

解构完成后，你可以按照同样的结构来讲述自己的观点或知识。

通过解构不同类型的课程，剖析不同讲师的讲课逻辑，思考"他为什么要用这个顺序讲"，你会快速学习到高手的创作方法。

1.1.4 公开尝试

尝试组建一个免费或低价社群，通过朋友圈进行宣传以获取第一批种子用户。每天通过语音在群内分享一些大家都感兴趣的知识，每周可以做一次直播。

同时，你可以开通一个自媒体账号，每隔几天发布一节 3 分钟的视频小课，公开尝试。这些小课并不需要有完整的体系，只需要确保内容有价值、有吸引力。

当你积累了一定的流量后，再投入精力去制作付费课程。

那么，为什么要公开尝试呢？

首先，公开尝试能让你接收到真实的用户反馈，而不是凭空想象结果，即使没有人观看，这个尝试过程也是有意义的，至少你能了解哪个选题应该避开，哪个选题讲解得不够到位。用户是用行动投票的，你会从真实的观看量、点赞量、转发量中更深入地了解用户的喜好。

其次，被看到也是一种督促。你会觉得有人在监督你，不好意思中途放弃，你的责任感和使命感也因此增强。

最后，在有人观看的情况下，你会更愿意制作出完整的作品，真正地进行换位思考，想尽一切办法来引发观众的共鸣。

我一直在思考一个问题：应该如何提供"迈出第一步"的有效建议？哪种建议才能算得上是真正可靠的？

于是，我开始回忆自己是如何"迈出第一步"的。我曾以为，我的第一步是在我正式入职并开始从事教研工作的那一刻迈出的，后来我意识到并非如此。

实际上，在那一刻之前，每次讲述故事，每次听课程，每次在自媒体上表达自己的观点，都是我向着做课迈出的一小步。

迈出第一步如此简单，我们不必把这个过程想象得过于复杂和艰难，只需走出那看似微小实则重要的一步。

1.2 在线课程的形式

以盈利为目标的在线课程的主要形式如表 1-1 所示。

表 1-1

形式	参考价位	特点	新手推荐指数	参考案例
小课	百元以内	体量小；针对单个问题或技能；制作周期短	★★★★★	喜马拉雅"杨天真的32 个高情商公式"

续表

形式	参考价位	特点	新手推荐指数	参考案例
大专栏	百元级	体量大；体系化；制作周期长	★★	喜马拉雅"蔡康永的201堂情商课"
训练营	千元至万元	课程与服务并行；在固定周期内进行；为效果、结果负责	★★★★★	得到"沟通训练营"
付费群	千元以内	以提供服务和营造学习氛围为主；周期长	★★★	刀法"刀法品牌操盘手俱乐部"

1.2.1 小课

小课是常见的课程形式。例如，喜马拉雅的"杨天真的 32 个高情商公式"就是一款经典的小课。

小课的特点主要体现在以下几个方面。

（1）**精练且实用的内容**：在这个快节奏的时代，成年人需要的不再是大学里那种需要长时间才能完成的大型课程，而是能够快速学习的小型课程。一款优质的小课一般包含十节左右的内容，结构简洁、体系化程度较低。每节课都是短小精悍、直击要点的，让用户能在短时间内获取所需知识。

（2）**明显的学习效果**：小课通常只提供课程内容，不包含额外的服务。然而，每节课都需要有明显的学习效果，因为用户主要通过听课这一方式来学习。因此，小课的设计者需要注重课程的体验，每节课都要有立竿见影的效果。

（3）**亲民的定价**：小课的定价通常在百元以内，这让用户既容易接受，也降低了学习成本。

（4）**制作简便**：小课非常适合初次尝试制作课程的人，因为它的制作成本低，制作周期短。同时，因为小课的内容相对集中和简短，讲师可以更专注于提炼和传递核心知识，而不需要花费大量时间准备和组织课程。

以小课为代表的微型课程以其独特的优势，满足了现代人快节奏生活中的学习需求，也为我们提供了一种轻量级的课程制作方式。

1.2.2 大专栏

在在线教育领域，大专栏是一个独特的产品类型，例如，得到的年度专栏"和菜头·成年人修炼手册"，一般会进行日更，总计约 300 节课。还有一些大专栏是围绕大主题构建的，例如，喜马拉雅的"蔡康永的 201 堂情商课"，包括 201 节课。以下是大专栏的主要特点。

（1）**大体量**。大专栏的显著特点是内容丰富，课程数量一般在 200 节以上。这些课程并不是一次性录制完毕的，而是逐轮录制的。这样做的目的是让大专栏课程充当陪伴的角色，与用户共享相同的时间和空间。同时，大体量课程可以根据用户的反馈灵活调整内容，例如，有的课程会解答上节课评论区的问题，有的课程会将当天的热点事件作为素材进行讲解，有的课程会根据用户的需求增加一些原本未计划的内容。

（2）**强体系化**。小课往往以单个主题或技能为主，侧重于讲解具体知识点，内容相对独立、更侧重于解决问题。大专栏则更加注重系统性和全面性，通常会围绕一个大的主题或领域，多个角度、多个层次，从基础理论到实际操作、从入门到精通地进行全面讲解。大专栏的课程之间往往存在强关系，后一节课的内容可能基于前一节课的知识进行深入讲解或扩展。

（3）**讲师有影响力**。大专栏的讲师通常在行业内有很高的知名度和影响力，如果讲师没有名气，那么用户不会愿意花费大量时间追随他们，也不会相信他们有能力持续更新课程。因此，大专栏的讲师需要有强大的个人影响力。

（4）**定价在百元级别**。大专栏的定价一般在两百元以上，由于授课形式为录播，不提供服务，所以定价通常不会超过五百元。虽然这个价格比精品小课高，但考虑到大专栏的体量和内容，是相对合理的。

（5）**纯粹的课程体验**。大专栏通常只提供内容，不包含额外的服务。

（6）**需要长期稳定的输出**。大专栏不适合新手尝试，主要原因是这类课程需要讲师进行长期稳定的输出，大多数人做不到。此外，大专栏最好和知名品牌合作，由专业的教研团队协助，这样更利于长期制作课程。

1.2.3 训练营

小课和大专栏都由一节节的课组成，主要由讲师单向输出。训练营则不仅包括课程，还包括服务，更注重用户的学习效果。如果将小课和大专栏比喻为"师傅领进门，修行看个人"，那么训练营就是"师傅不仅领你进门，还要站在一旁辅导你修行"。例如，得到的"脱不花·沟通训练营"就是典型的训练营。

训练营的特点如下。

（1）**解决特定问题**：训练营专注于解决特定的问题。我们常说"听过很多道理，却依然过不好这一生"，很多时候，我们做不好事情并非因为听过的道理不够多，而是缺少实践。因此，训练营并不强调知识的数量，而是注重用户在有限的时间能把有限的知识掌握到什么程度。

（2）**课程与服务并重**：训练营不仅提供课程，还提供服务。训练营提供完整的学习闭环，例如"学习—练习—测试—评估反馈"。

　　这个闭环的第一步是学习，用户通过听课等形式，学习新的知识和技能；其次是练习，用户学习之后，将学到的知识和技能应用到实践中；接下来是通过测试了解自己是否真正掌握了所学的知识和技能；最后是通过评估反馈了解自己在哪些地方需要改进，再进一步改进。

　　以上每个阶段都是必不可少的，它们构成了一个学习闭环，如图 1-2 所示。

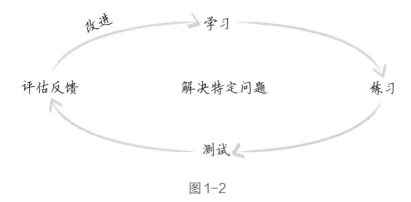

图 1-2

　　（3）**集中的时间**：在线训练营都有明确的时间，期间集中提供服务，这个时间通常不会过长，例如 21~40 天，不会轻易挑战用户的耐力极限。

　　（4）**限制招生数量**：为了保证每位用户的体验，每期训练营的招生数量会有限制。除此以外，也会限制每个班级的人数，通常不会超过一百人。

　　（5）**较高的定价**：训练营需要的人力和时间成本较高，所以价格通常较高，一般在一千元以上。服务强度越高，价格也会越高。

　　训练营可以提供多元化的收益，同时能提升用户黏性，增加师生互动。训练营制作周期短，同样适合新手，但需要创作者有强烈的责任心，提供周到的服务。

1.2.4 付费群

　　付费群的常见形式包括但不限于付费微信群、付费 QQ 群，以及付费社区。许多付费平台如知识星球等，已经具备了完善的功能，如提问、答疑、交作业、互相点赞评论等。

　　相较于小课和训练营，付费群有以下几个特点。

　　（1）**注重交流**：付费群的核心并不仅仅是传授知识，还在于打造学习氛围，提供一个可以让人们共同学习并产生能量的环境。它将有相同兴趣或需求的人聚集在一起，利用群体的力量，放大学习效果。

　　（2）**持续活跃**：付费群的运营者需要在群内 / 社区持续发声，分享自己的见解，提供有价值的信息和资讯，并解答用户的问题。这并不意味着所有事情都需要由运营者来做，可以找一位助手或者有影响力的用户协助运营者组织活动，打造交流分享的学习氛围。

（3）长周期：付费群的学习周期通常较长，例如以年为单位，价格通常在千元以内。这相比于小课和训练营的一次性收费，更为亲民和可接受。

运营付费群是一项长期且需要投入精力的活动。它并不需要你有极高的行业知名度，却需要你持续且用心地经营。只有这样，用户在服务期结束后才有可能续费，社群才能保持活跃和繁荣。

1.2.5 引流课

引流课并不以传统意义上的教学为主要目的，它更像一种营销策略，旨在引导并说服用户购买正式课程。如果把销售正式课程比作钓鱼，那么引流课就是用来吸引鱼儿的诱饵。这个"诱饵"的形式多样，如常见的"0元训练营""1元训练营"，或我们在各大平台上经常看到的知识短视频、知识分享直播等，这些内容下方常常会附带正式课程的购买链接。

在当前的知识市场中，几乎所有的课程都需要配备引流课，引流课的特点主要体现在以下几方面。

（1）低门槛：引流课的主要目的不是盈利，而是吸引更多的潜在用户购买价格更高的正式课程，因此引流课往往是免费的。如果需要筛选出有付费意愿的用户，那么可以将引流课设计为付费的，定价通常在百元以内。

（2）埋设诱饵：引流课需要设置许多"诱饵"，以激发用户对正式课程的兴趣。这些"诱饵"可以是正式课程的精彩片段、优惠信息和用户评价等。

（3）极致体验：引流课的质量必须高、体验必须无可挑剔。这样才能让用户对正式课程产生兴趣和信任。

（4）强调转化：引流课的最终目标是用户的转化，即从引流课的用户转化为正式课程的付费用户。因此，在设计和推广引流课的过程中需要重点考虑如何提高转化率，例如加入引导性的语言、明确的购买链接等。

1.3 在线课程的设计

设计在线课程前需要注意以下几点。

1. 站在用户角度而不是专家角度设计

课程的目的是帮助用户获得知识和技能，如果从专家的角度出发进行设计，则可能过于注重理论，而忽视了用户的实际感受。站在用户的角度设计课程，能够更好地考虑用户的基础、兴趣和体验，从而更好地满足他们的需求。

2. 解决用户最核心的少数问题，而不是全部问题

课程不可能包含所有的问题和知识点，如果试图解决全部问题，那么课程会变得冗长和琐碎，让用户感到厌烦并失去兴趣。相反地，将焦点集中在针对用户的几个核心问题上，有助于我们深入挖掘关键的概念和技能，帮助用户提升对于重要知识点的理解和运用能力，从而有效地处理现实世界中的问题。

3. 尊重用户感受

在某种程度上，学习挑战了我们的本能，可以说是"有违人性"的活动。这就要求我们在设计课程时充分考虑用户的感受，更加人性化。例如，人们在长时间集中精力的情况下特别容易感到疲劳；人们通常抵触马拉松式学习；枯燥无味的内容很难吸引人们的注意力；过多的任务往往是压力而不是激励；千篇一律的学习材料和方法也会导致用户的学习兴趣下降。

1.3.1　在线课程设计的 6 个关键点

要想课程卖得好、好迭代，在设计课程时还要注意以下 6 个关键点。

1. 课程主题

课程主题应该能够准确地描述课程的核心内容和要解决的问题，通过直击用户痛点，吸引目标用户的注意力，让他们对课程产生兴趣。

2. 课程大纲

课程大纲是课程设计的框架和纲要，也是用户决策的重要依据，应该清晰地呈现课程的核心要点和学习目标，帮助用户全面了解课程内容。一个明确、有吸引力的课程大纲能够帮助用户更好地了解课程的价值和内容，帮助用户进行决策。

3. 适用人群

在课程设计中，明确目标用户的现状和需求非常重要。通过描述目标用户的现状，能够更好地定位和吸引用户。相比于简单地描述用户范围，描述目标用户的现状能够帮助用户更好地判断课程是否适合自己，从而提高用户的购买意愿和学习效果。

4. 试听板块

试听板块是课程设计的重要组成部分，它为用户提供一个体验课程的机会。通过描述课程能够解决的问题和解决后的愿景，激发用户的兴趣和期待。通过试听板块，用户可以更好地了解课程的实际效果和收益，从而更加有信心地购买和学习课程。

5. 课程录制

课程设计应该灵活和可迭代，不要一次性录完。选择边录边卖的方式，可以更好地根据用户的反馈和需求进行调整和优化。这种快速迭代的设计方式能够更好地满足用户的需求，提高课程的质量。

6. 组合销售

当课程过多时，学会将其进行拆解并组合销售，以提高用户的选择和购买意愿。通过一拆二的方式，将课程划分为更小的模块或主题，用户可以根据自己的需求和兴趣选择购买。同时，采用买一送一的方式可以增加用户的购买欲望。

综上所述，注意在线课程设计的 6 个关键点，能使课程更灵活，利于长期售卖。

1.3.2 在线课程的研发流程

我们要先了解课程的研发流程，才能有条不紊地执行。原因有二：一方面，只有了解了整体流程，才能制订出合理的计划，并拥有全局视角；另一方面，了解整体流程能让我们明确当前的工作重点，把精力集中在当前的任务上，而不会为未来的不确定感到焦虑。毕竟，当我们对一件事情了解不足时，往往会将其想象得过度困难。

很多人（包括我自己）都是急性子，总是想尽快完成任务。例如，很多人在课程设计初期就开始做逐字稿。然而，这种早期阶段的"快速"反而可能导致后期的大量修改和调整，看似节省了时间，实际上反而拖慢了整体进度。

课程的研发包括启动阶段、中期开发阶段、上线阶段和上线后的反馈迭代阶段。为了确保课程的顺利开发并按时上线，有必要事先进行详细的规划。

1. 启动阶段

◎ 策划选题：确定课程的主题和目标，明确授课人和课程制作形式。

如果是企业内部的课程，那么还需要进行分工，例如确定录音负责人，确保录音质量和效果；确定课程编辑，保证课程的逻辑连贯和完整性。

◎ 统筹规划：考虑录制课程所需的费用、设备和支持，确保开发过程中的资源供应和协调。

2. 中期开发阶段

◎ 确定目标：确定全套课程目标，以及每节课的目标。

◎ 提炼知识：确定每节课要讲哪些知识点，会涉及讲师过去的哪些经验。

◎ 确定大纲：根据课程的主题和目标确定课程大纲。

◎ 制作课件：制作每节课的教学材料和课件，包括文字、图表等。

◎ 生成内容：准备每节课的相关案例、故事、逐字稿等。

◎ 录制和剪辑课程：录制课程，并进行后期剪辑和修饰。

3. 上线阶段

◎ 课程包装：对课程进行包装，包括设计课程封面、打造讲师个人 IP 等，提高课程的吸引力和知名度。

◎ 推广运营：确定课程的推广运营策略，包括直播课、导流计划等，以吸引更多的用户。

4. 上线后的反馈迭代阶段

在课程上线后，需要及时收集用户的反馈，可以通过用户评价、问卷调查等方式进行。根据用户的反馈，对课程进行调整和改进，以提高课程的质量和学习效果，同时增加用户的满意度和参与度。

以上是课程研发的一般流程，具体的步骤可能根据实际情况不同而有所调整。

1.3.3　高效做课技巧

最后，再告诉你三个高效做课的技巧。

1. 不必一锤定音

研发课程时，最怕在某个环节一锤定音。事实上，即便到了课程上线前的最后一刻，依然有可能进行调整，例如，课程的价格经常是上线前最后一刻才确定的。

每个环节都不必过于追求完美，先完成、再完善，因为在下一个环节还可能修改。做课的过程环环相扣，我们经常会遇到一边做当前环节的事，一边返回上一个环节修改的情况，例如，在做课程的逐字稿时，很可能发现课程大纲设计得不合理，于是返回修改大纲。我们要动态调整课程，而不是确定后就不再变。

2. 直接做用户可见的版本，减少费工

很多人会在用户看不到的内容上投入太多精力，例如，花大量时间制作精美的调研报告、竞品分析 PPT、十几页的课程设计方案，这些通通没有必要。最省时的方法，就是直接做出用户可见的版本，例如，课程卖点、课程大纲、课程核心竞争力都可以使用课程详情页来表现。

3. 使用课程设计和开发进度表

使用课程设计和开发进度表来跟踪进度。在开发课程之前，需要做好计划，严格按照进度执行，才能保证课程按时上线，否则可能一年都做不完，示例如表 1-2 所示。

表1-2

启动时间	课程上线时间	关键时间点
3 月 15 日	5 月 10 日	4 月 1 日：完成每节课的知识提炼
		4 月 10 日：完成课程大纲
		4 月 30 日：录完 1/3 课程
		5 月 5 日：做完课程详情页
		5 月 10 日：线上招生
		5 月 20 日：正式开课，录完 2/3 课程
		6 月 1 日：录完全部课程

参照上表，试着做一张课程设计和开发进度表，你会对进度更有掌控感。

1.4 小步快跑，边测边做

在一次部门培训中，我向四十多名参与者提问："谁是完美主义者？请举手。"几乎所有人都举起了手，我当场掐住了自己的人中穴，然后解释了这个动作的寓意。

在设计课程时，我们不能过度追求完美，也不能固守自己的设想。许多时候，我们的想法只是未经验证的假设，并不一定是用户真正需要的。

爱迪生在发明电灯之前，进行了两千多次实验。当记者问他为何反复失败时，爱迪生回答："我从未失败，只是经历了两千步的过程。"

打造课程同样需要过程，所谓的完美非瞬间可得，你所看到的完美课程，往往已经经历了多轮的测试和调整。

我们需要快速测试、快速验证，然后不断调整。

所以，放弃"我要悄悄努力，然后惊艳所有人"的想法吧。因为悄悄憋大招往往并不能惊艳所有人，反而可能让所有人大吃一惊。

我在这里分享一个在互联网行业中非常常用的方法——最小可行产品（Minimum Viable Product，MVP）测试。如图 1-3 所示，第一种方法是"闭门造车"。这种方法一开始就设定好产品的最终样式，然后逐步实现，直到最后才能看到产品的全貌。例如，将不同的零件组合，最终形成一辆完整的汽车。这种方法适合有成熟流水线和精确生产流程的大企业，但并不适合做课，因为一旦出错，就需要从头开始。

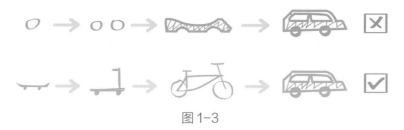

图 1-3

第二种方法是开放迭代式。这种方法一开始只有一个产品概念，然后快速实现并进行验证，再根据用户的反馈进行迭代。还是以制造汽车为例，可以先制造一个滑板，满足用户的基本代步需求，再根据用户的反馈逐步将其升级为滑板车、自行车、轿车。

MVP 测试就是第二种方法，它是一个快速的"研发—测试—反馈—迭代"循环。如图 1-4 所示。

图 1-4

许多互联网从业者可能对 MVP 测试有所耳闻，但并不一定理解其本质。如果忽视了本质，MVP 测试就可能变成一种"快速执行，但对结果无实质性帮助的空转"。

要想有效地实施 MVP 测试，必须遵循以下 5 个原则。

1.4.1 最小可行性：追求时间和成本效率

利用最短的时间和最小的成本创造出用户可使用的产品，实行"小步快跑"策略。

策略一：先直播、后录播，快速迭代

对于初次尝试的人来说，一个稳妥的方式是，首期课程全部采用直播形式。如果首期课程直接做成录播，那么可能消耗过多时间，且存在大量返工风险。如果首期课程采用直播的方式，就可以省去写逐字稿、搭建拍摄环境、调整拍摄机位、精细剪辑制作等一系列耗时的步骤。

图 1-5 为典型的直播测试路径。

第一步，将课程的重点整理出来，预先排练几遍。

第二步，直播讲课。

第三步，直播结束后，获取课程评分、满意度、作业提交率、讲师评分、完播率等数据，并进行用户调研。

第四步，分析调研结果。

第五步，制作录播课。

图 1-5

策略二：先测模块课，再做体系课

不要一开始就全力打造大规模的课程体系，而是打造小而美且坚韧的模块。先测试模块课，再做体系课，如图 1-6 所示。

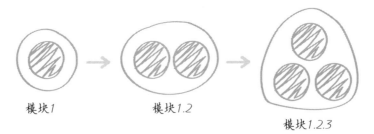

图 1-6

举个例子，你计划做 200 节课，定价是 299 元，那么你可以先录制 50 节，售价在 59 元左右，然后收集用户反馈。如果反馈良好、差评少、退款少，那么再继续录制 50 节，总售价在 199 元左右。等更新到 200 节，再把定价改为 299 元。

对于新手来说，做课程一定要小步快跑，边迭代边前进。

策略三：测产品概念

实际上，课程概念也可以被视为最小可行产品。你可以将你对课程的想法做成海报，这是最简单的 MVP 测试。例如，你计划做一门"10 节课教你职场向上管理"的课程，那么你可以将你对课程的想法做成思维导图或海报，向你的朋友、身边的职场管理者、职场执行层展示，询问他们是否感兴趣。没错，当你有一个概念的时候，你就已经可以开始测试了。

1.4.2 与终局设想一致：不折损价值

在进行产品或服务测试时，我们需要确保测试的内容恰当地反映了产品或服务最终的面貌，这样的测试才有意义。例如，你需要测试一节课程的质量，早期的课程形式可能相对粗糙，但是课程要传达的知识和观念必须完整，不能因为是早期测试就变得面目全非。

MVP 原则并不代表形式粗糙、内容简陋、用户体验差，而是需要在保证核心价值的前提下，通过最少的资源获得反馈。如果因为 MVP 的体验过差，导致一个优秀的想法收到负面反馈，那么测试结果反而可能误导你的决策。

此外，还存在许多常见的"测试与终局设想不符"的情况。例如，课程计划在小红书平台推广，在测试阶段却选择了抖音平台；或者，课程是为零基础人群设计的，在测试时却忽略了"适合零基础人群"的宣传；再或者，课程最终由 A 讲授，在测试阶段却更换了主讲人。这些都可能导致测试与终局设想不符，从而产生误导。

因此，我们需要明确一点：MVP 的粗糙只应体现在形式上，而绝不是价值上。MVP 所提供的价值，必须与终局设想一致。

1.4.3 保证结果客观：目标导向，数据驱动

在进行测试时，我经常向团队提出两个看似简单却至关重要的问题："你在测试什么？又用什么来验证它？"如果仅仅依赖"好或坏"的评价进行验证，那么结果往往过于主观，我们要尽可能让测试结果以数据的形式呈现。

为了实现这个目标，我在进行 MVP 测试时，会整理如表 1-3 所示的表格。

表 1-3

项目	例子	描述
测试目标	测试课程满意度	定义你想要测试什么，你想要验证何种假设。例如，一门课程至少需要测试用户对课程的兴趣、付费意愿，以及满意程度
用户行为	用户听完课程后，为课程打分	描述为了测试这个目标，用户需要进行哪些行为
数据指标	课程评分	定义用户行为对应的数据指标
目标评分	8 分	设置一个有挑战性的目标评分，达到这个分值意味着测试结果是积极的

续表

项目	例子	描述
实际评分	6分	记录实际得到的评分
数据分析	课程冗长，不够有趣	分析目标评分和实际评分之间的差距，找出未达标或达标的原因
迭代方案	增加课程里的趣味性元素	根据数据分析的结果，提出迭代方案

这个表格有助于我们更好地理解测试的目标、明确用户行为、设定和追踪数据指标，同时能帮助我们更有效地分析数据，做出更有针对性的迭代方案。

通过这样的方法，我们可以更加有目的地进行测试，更精确地评估测试结果。

1.4.4 主动"求喷"：不能闭门造车

在我从事文字工作的日子里，每天都需要在公众号上发布文章。每天早上，我到达办公室的第一件事就是与团队一起讨论选题。我们会轮流分享今天打算写作的主题、写作的原因、网络上对这个主题的态度，以及自己对这个主题的见解。如果选题得到大家的认同，那么每个人都会从自己的角度提出观点。

在这个过程中，我们会看到多角度的观点，激发出新的灵感，那些让人拍案叫绝的想法往往就是在这些充满活力的选题会议中诞生的。

我发现，某个观点无论经过了多么深入的思考，到了办公室都会经历一番重塑。制作课程也是如此，无论你对课程的设想有多么深入细致，与他人的交流总会带来新的观点和策略。

这种主动"求喷"和不断改进的过程，能让你摆脱闭门造车的状态，让你的想法像滚雪球一样不断壮大。

在开发新产品前，你只需简要列出用户的痛点和课程大纲，然后发给朋友，询问他们："你会购买该课程吗？如果不，那么原因是什么？需要怎样的改进你才会考虑购买？"经过几轮调研，你会获得很多宝贵的建议。课程的打磨不应该等到课程完全制作完毕再进行，有了新的想法就应当随时修改，随时与用户和其他人沟通。

请记住，好的课程设计不是你觉得好，而是得到大家的认可。

1.4.5 与用户共创：真诚"脑暴"

在进行 MVP 测试时，最理想的角色分配并非我们是产品设计者，用户是使用者。相反，我们应当让用户成为设计者的一部分，毕竟一个人的创意是有限的。

我们的用户来自不同的行业，拥有不同的背景，可以为我们带来全新的灵感和独特的视角，只要被赋予足够的参与感和意义，他们通常会积极参与到产品的研发中来。

以写作课程MVP测试为例，我全程与用户保持紧密联系和互动，建立了一个用户群，每天都在群里真诚地分享写作技巧，组织写作接龙游戏，并与用户一起创作。

我发现，只要表现得足够真诚，用户的热情和智慧往往超出预期。几乎所有的用户都愿意参与到课程设计中来。在这次测试中，我收到了三份超过千字的课程构思，其中一份甚至多达两千字。此外，我还收集到了六十九个写作痛点，这些对设计课程都有极大的帮助。

测试结果不仅包括冷冰冰的数据，还包括充满温度的真实体验、创新的想法和有建设性的建议。相对于前者，后者往往能带给我们更多惊喜。

MVP测试还有一个底层心法：不要执着于追求最优资源，接受资源的有限性，把现有的牌打好。

这方面，我们可以学一学无师自通的"MVP测试鬼才"——温州商人。

我听过一位温州商人的故事。她是一家餐饮连锁店的老板，她的创业之路从在饭店刷盘子开始，攒够了钱就开设了第一家店。从选址、装修，到食物的采购控量，再到招聘和管理，她都是一边做一边学。

温州商人身上有一种恰到好处的魄力，不会等一切准备就绪后再做，而是差不多了就开始，剩下的边干边学。

我们也一样，很难拥有专业的讲师、充裕的时间、充足的启动资金、华丽的录制环境、最"抗打"的方法、最专业的团队。因此，我们需要接受资源的有限性，接受课程在有限条件下开始的现实。

1.5 3个角度，长期提升做课能力

课程设计的基本能力是什么？

许多人误以为，只要能够生动有趣地讲课，就等于掌握了课程设计的技巧。其实，擅长讲课并不等于擅长课程设计。

简单来说，课程设计就是将你的认知转化为一个产品，转化的过程大致可以分为三个阶段。

（1）知识获取：首先，你需要有丰富的知识和经验。例如，如果让一个刚毕业的大学生设计一个关于职场领导力的课程，那么他可能无从下手，因为他没有职场经验，没有带过团队，更没有通过实践总结出的方法论。仅仅依靠看过的职场剧、听过的职场课程、读过的职场书籍，是无法设计出实用的课程的。

（2）知识消化：在这个阶段，你需要深入思考，从多个角度审视问题，提出独特的解决方案。

（3）知识输出：知识输出阶段就是讲课。在这个阶段，你需要将你的知识和见解以易于理解和接受的方式传达给用户。

如果你只是接受了知识，没有将知识消化，那么你的课程可能显得平淡无奇；如果你的知识储备不足，仅仅依靠别人传递的信息，那么你的课程可能显得空洞无物；如果你的知识获取和消化能力都很好，但是知识输出能力不足，那么你的课程可能很难被更多人接受。

接下来，我将详细介绍如何提升知识获取、知识消化和知识输出能力。

1.5.1 提升知识获取能力

在写这本书时，我的脑海中不断地浮现出过往做课的经历：在会议室开过的大大小小的会议、让我受教的一次次聊天、和同事的每次协作，以及看过的书、听过的课……我知道，这些都是我的输入。

这些有意或无意获取的知识，都在我脑海中储存，甚至很久没有被调动。但在需要输出时，它们便逐渐苏醒，为我所用。

你看，只有在输出的时候，我们才会无比感谢曾经的输入。

做课是一个需要长期获取、积累知识的过程，量变才能引起质变，我们要相信时间的力量。为了防止"用时方恨少"，我们平时就要进行足够的输入。

1. 提升知识获取深度：实践出真知，挑战升维

若要提升课程质量，必先亲身实践，产出实际成果。例如，如果要打造一门"如何克服拖延症"的课程，那么必须有过与拖延症斗争并取得胜利的经历。

只有一线执行者才能明白哪些困难是出乎意料的、该如何解决问题、惯性思维与正确思维的区别、需要避免哪些问题、哪些方法难以实施、哪些方法易于执行。只有进行实践并产出的方法论才不会空洞无物。如果只进行理论学习而不实践，那么我们最多只是知识的搜集者，无法将这些知识应用到实践中。

要有意识地增加实践难度，挑战更高的维度。在舒适区内，我们的认知无法显著成长。再以"如何克服拖延症"为例，你的第一次实践可能是连续一周每天都要完成当天的任务，那么在下次实践中，你可以提高难度，尝试完成一项需要长期坚持的任务。只有不断增加实践难度，你的方法论才能经受更多挑战。

2. 提升知识获取广度：寻找知识源头与知识流沙

仅靠个人实践得出的方法论是有局限性的，因为你的时间有限，而且对于你遇到的大部分问题，很可能前人已经经历过并给出了解决办法。这时，需要提升知识获取的广度，寻找知识源头和知识流沙。

知识源头指知识的发源地，那里的知识密度高、深度深，经得起推敲，能够校正你的方法论。我们很难成为知识的源头，但我们可以结合自己的实践，对源头的知识进行加工整理。获取知识源头的主要方法如下。

◎ 阅读原始论文、行业最新研究报告。

◎ 阅读深度思考类书籍。

◎ 学习各行业经典思维工具和思考模型（常见于 MBA 领域）。

◎ 学习百度百科的内容。

◎ 阅读大学教科书。

◎ 听取行业代表性人物的见解。

知识流沙指传播度高的社会舆论，虽然可能零散，但具有强烈的娱乐性，并能让你更好地了解用户。获取知识流沙的主要方法是阅读公众号、小红书、微博、知乎等平台上相关话题下的高赞内容、金句。

3. 提升输入密度：随时收集素材

刻板的输入方式可能让我们变成枯燥的"书呆子"或"老学究"，从而让课程失去灵气。实际上，很多知识都源于生活中微不足道的感悟。

例如，在研发小说课程的过程中，我将创作的头脑风暴练习和拆盲盒的乐趣结合在一起：每个盲盒中都装有一句话，如"五年，整整离开了五年，今天我终于回来了""有些记忆，永远不会死去""最开始的时候，我们以为这只是一场再寻常不过的旅行"，用户以抽中的盲盒中的句子作为开篇，创作一段剧情。这个小游戏一经推出，立即在社区中引发了热烈的反响。

因此，看似无关的两个事物，往往能碰撞出令人惊讶的火花。在决定开展课程后，我们可以更加留心生活中的细微之处，寻找它们与课程的联系，一旦找到，就立即记录下来，以便在输出时调用。

1.5.2　提升知识消化能力

知识消化能力其实是做课最核心的能力，你也可以将其理解为学习力。

也许你和别人看过的书、经历的事情差不多，但知识消化能力拉开了你们之间的差距。我们该如何提升知识消化能力？

1. 反思复盘：珍视每一次成长的机会

职场中有一种人的成长速度非常快，仿佛拥有"最强大脑"，他们的秘诀在于善于反思复盘，珍视每一次成长的机会。

对于他们来说，每次经历都是成长的基石，他们从中学习、反思、提升。相反，对于那些没有复盘习惯的人，他们总是在重复过去，浪费宝贵的经验。

因此，如果你想将经验转化为课程，就需要养成及时复盘的习惯，例如，我们可以对如下内容进行复盘。

◎ 回顾这次实践，哪里做得不够好，下次需要避免？

◎ 在这次实践中，有哪些行为是正确的，值得赞扬？

◎ 你在实践过程中遇到了哪些问题，如何规避？

◎ 遇到问题后，你是如何解决的，有没有更好的解决方案？

◎ 如果换一个角度或立场，你会如何处理这件事？

◎ 你对这件事的理解是什么，它的本质又是什么？

◎ 对于哪些细节，你被表象所迷惑？

需要注意的是，实践的结果并不能完全代表过程：我们可能成功，但并不意味着过程中所有的选择都是正确的；我们可能失败，但也并不意味着所有的选择都是错误的。只有通过深入的反思复盘，才能让经验产生价值。

2. 净化：提炼核心干货

在消化知识时，我们需要将有价值的内容提炼出来，这样可以减轻记忆负担，增强实用价值。有价值的干货通常具有以下特点。

◎ 可以直接解决问题，产生结果。

◎ 可以被他人复用。

◎ 客观，过滤了情绪和感受等主观因素。

例如，如果你的公司刚刚成功应对了一次公关危机，你就可以提炼出危机公关的方法论，供新人使用。复盘和净化通常是同时进行的，先复盘、再净化。

3. 结网：搭建知识体系

你是否很羡慕一种人，他们无论聊起什么话题，都能侃侃而谈，并抛出有价值的信息。而我们中的大多数人，阅历也很丰富，就是很难将自己的经验讲出来。

这其实不是因为口才差、记忆力差，而是因为大脑中的知识没有"结网"。

知识在大脑中储存时，如果只是零散的存在，就是混沌的，容易"走散"，也容易被忘记。而如果你能及时找到知识点之间的关系并把它们结成"网"，知识便形成了体系，不仅方便提取，也不容易被忘记。

我发现身边擅长连接知识的人，普遍有绘制思维导图的习惯，能清晰明了地梳理知识点之间的关系。常见的知识点之间的关系包括以下几种。

◎ 流程关系，例如实操步骤、工作流程图。

◎ 分支关系，例如一个知识点包括三个要点。

◎ 因果关系，例如 a 导致 b，b 导致 c。

◎ 递进关系，例如从理论到技巧到应用，从简单应用到复杂应用。

一旦养成及时绘制思维导图的习惯，我们对知识的记忆、理解程度就会加深，输出时便能信手拈来。

4. 举一反三

"举一反三"是一种深入理解和应用新知识的方法，源于孔子的《论语·述而》。这种方法强调的是，当我们接触新的知识时，不应只是被动地接受和记忆，而是要主动寻找其与自己知识体系中的联系，以深度消化和理解新知识。这种新知识可能来自他人的经验，可能是一种理论，可能是一个观点，也可能是一种技巧或方法。

如何将"举一反三"的方法落实到实践中呢？当你接触一个新知识时，可以尝试向自己提出以下几个问题。

◎ 我能否为这个知识举出一个新的例子？

◎ 这个经验能够如何解决我的问题？

◎ 如果我在另一个领域实践这个知识，我会如何操作？

◎ 这个知识与我已经掌握的哪些知识有关联？

我常常会边思考边像讲课一样自言自语地阐述这些问题。虽然完成这个过程可能有些吃力，但是吃力的程度通常与你对知识消化的深度是成正比的。

例如，即兴喜剧中有一个法则叫作"yes and"，它要求我们无论对方说什么，无论说得多么荒谬，都要无条件地同意，并在此基础上补充新的信息。当我知道了这个法则后，我开始回想过去因为否定他人导致聊天变得尴尬的场景。我想象如果我回到那个场景，会如何运用"yes and"来回应。然后，我发现"yes and"与沟通中的正向反馈是相通的，在直播时，如果评论区出现了与我意见相悖的言论，那么我也可以运用这个法则。通过这样与自己对话，我真正消化了这个法则。这就是知识"结网"的过程，不断地寻找知识之间的关联，深化理解并应用。

1.5.3 提升知识输出能力

我们在吸纳并消化知识之后，需要以讲课的方式传递这些知识。我们经常听到一种说法：会讲课的人能成为"超级人类"，这是因为，能够讲课的人往往具有出色的演讲和写作能力。讲课、演讲和写作有许多共通之处，例如都需要共情力、感染力和语言组织力。

在本书的第 7 章和第 8 章中，我们会详细探讨如何提升课程质量。在这里，我想分享一些提升授课水平的小技巧。

1. 共情：以用户的语言讲述

讲课是有技巧的，这些技巧的基础是共情。你需要了解你的用户是谁、他们的问题是什么、他们能听懂什么、有什么样的情感和情绪。只有清楚这些，你才可能打动用户，获得他们的认同。如果给外行人讲课，那么应该使用他们能理解的语言；如果给父母讲课，那么应该使用他们熟悉的生活场景；如果给儿童讲课，那么应该让课程充满趣味。要提高授课水平，我们应该从"我是谁"转向"用户是谁"，试着以用户的语言讲述。

2. 故事：学会讲故事

故事有改变世界的力量，能让不同年龄、不同认知水平的人理解同样的道理，我们小时候就是通过听童话故事来理解世界的。人们天生喜欢听故事，所以如果你能讲故事，就不要只讲道理；如果你能讲案例，就不要只讲理论。这是行业的公开秘密，大部分讲师都会听郭德纲的相声、听脱口秀，这不仅能锻炼我们讲故事的能力，也能提升我们的幽默感。

3. 逻辑：使用思维导图讲课

一旦我们用思维导图梳理完知识结构，就可以拿着它"开讲"了，这能让你的语言更具逻辑性。我平时不会用"开讲"这个词，我喜欢用"开喷"，因为"开喷"听起来更自由，更能激发人的灵感和情绪。

4. 质感：写逐字稿

新手在讲课之前一定要写逐字稿，以此来把控语言的质感。尤其是讲师不出镜的音频课，它对语言的精炼度要求更高，音频课的逐字稿要改到没有一句废话的程度。

本章提到了讲课的三个底层能力：知识获取能力、知识消化能力、知识输出能力。之所以把这些内容安排在第 1 章，是因为这三种能力不是瞬间就能养成的，它们都需要时间的滋养。越早提升、越早受益。

当然，最重要的还是知行合一。在看完本章之后，一定要行动起来，从培养小习惯开始。我会在后面的章节中，更有针对性地告诉你每个环节的实操技巧。

第 2 章
从选题开始，
打造爆款课程

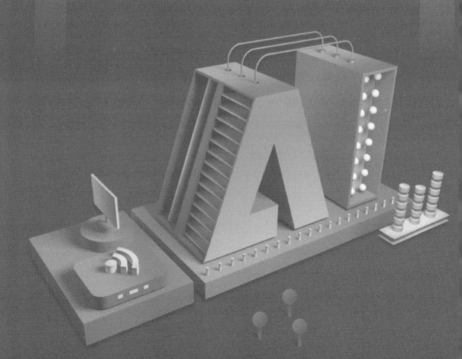

2.1 课程选题的重要性

所谓确立课程选题，就是选择合适的课程主题，这个环节的重要性总是被人低估。

在做课的过程中选题问题是很难被察觉出来的，只有到了课程卖不出去的时候，才会明白选题有多么重要。

因此，在制作课程之前，我们就要正视选题，明白它的重要性。我将选题的重要性梳理为以下两点。

1. 选题决定了销售潜力

我有一个朋友，曾在 2018 年制作了一门艺术类课程，售价 299 元，销售了 3 万份。即使放到现在，这也是一笔不小的数字。然而，这样一门课程，却是一群新手"误打误撞"做出来的。当时，课程所在团队对课程制作的认知尚浅，连逐字稿都是团队人员一边学习如何写文案一边完成的。

尝到胜利的滋味后，他们准备推出新课程。这次，主创团队的实力更强、技术更硬、投入更大，结果却不尽人意，销量连之前课程的二分之一都不到。

明明技术更强了，为什么销量却下降了呢？这个团队复盘后发现，之前的课程之所以能热卖，是因为课程选题恰巧与品牌属性吻合，更容易获得用户的认可。

选题决定了课程的销售潜力，品质则决定了课程口碑及生存周期。

如果选题错了，那么即便课程品质再好，用户也没有机会感受，因为他们根本就不想购买。俗话说，选择有时候比勤奋更重要，这一点可以在各行各业中找到佐证。例如，一部电影的票房往往与它的题材有很大关系，超级英雄主题可能吸引更多的观众，而非主流的艺术电影大概率只能吸引少数人。

2. 选题决定了课程的根基是否牢固

在策划课程选题时，需要思考三个关键问题。

◎ 你要为谁解决问题？

◎ 你要解决哪些问题？

◎ 你要如何解决问题？

只有当以上三个问题都得到明确的回答时，选题才能真正成立。

此外，选题还需要考虑市场需求和竞争情况。了解目标人群的需求，以及市场上类似课程的情况，寻找差异，从而提高课程的竞争力。

选题越成熟，课程的根基就越牢固，可以避免后期大量返工。

因此，在选题策划阶段要充分考虑各方面的因素，确保选题的全面性和可行性。

2.2 爆款选题的特点

2.2.1 爆款选题的"铁三角"标准

任何一门课程，只要能真正解决用户的问题，就有它的价值和市场。但如果想做爆款课程，就要遵循爆款课程的规则。

我分析了多个销量过万的爆款课程，得出爆款选题的"铁三角"标准——实用性、普适性和刚需性，如图 2-1 所示。

图 2-1

1. 实用性

实用性指课程能否解决用户的实际问题。用户学完这门课，能够做什么？在哪些场景下可以应用所学的知识？

假设你设计了一门关于时间管理的课程，这门课程的实用性在于，学完课程后，用户将能够更好地管理时间，提高工作效率。

2. 普适性

普适性指课程的适用人群是否广泛。

举个例子，培养幽默能力的课程具有较强的普适性。一方面，幽默是一种普遍被认可和欣赏的能力，不需要额外解释或定义。另一方面，幽默的人可以在社交场合中赢得更多好感，幽默是大部分人都希望具备的能力。

相比之下，教授相声的课程面向的人群相对较窄，只有少数人对此感兴趣，因此它的普适性较弱。

需要注意的是，如果需要一段话来解释才能让人们知道你的课程在教什么，那么课程的普适性较低。

在对多个课程平台进行调研后，我发现课程大致可分为 5 类：岗位技能、兴趣与副业、职场通识、个人提升和知识普及。具体如下。

◎ 岗位技能：例如产品经理、设计师、程序员等。

◎ 兴趣与副业：例如摄影、手绘、小说写作、短视频剪辑等。

◎ 职场通识：例如领导力、团队管理、项目管理等。

◎ 个人提升：例如健身、早起、写作、口才、人脉、阅读、社交、理财等。

◎ 知识普及：例如艺术、文化、历史、哲学、心理学、经济学等。

3.刚需性

刚需性指课程所解决的问题是必须要解决的问题。如果不解决这个问题，就会给人们带来困扰，甚至痛苦。一旦这个问题得以解决，用户的生活、工作或精神面貌就能得到质的提升。

举个例子，如果你的课程解决的是人们在职场上遇到的痛点，例如如何有效管理时间、如何提高领导力等，那么课程就具有刚需性。因为这些问题是真正困扰职场人士的，解决了这些问题能够帮助他们在职业生涯中取得质的飞跃。

如果课程解决的是人们的痒点，即并非迫切要解决的问题，那么可能需要一定的说服成本来让他们购买课程。课程的刚需性由以下三点决定。

（1）痛苦程度。

用户的痛苦程度越高，课程的刚需性就越强。例如，若社交障碍导致工作无法开展，严重影响了升职加薪，那么解决社交障碍问题课程的刚需性就很强。不同痛苦程度的表现如下。

◎ 强：用户明显感受到痛苦，不解决会影响生活或工作。

◎ 弱：用户痛而不自知，或者不知道哪里痛。

◎ 无：用户不会感到痛苦，但解决了会让生活变得更好。

（2）痛点覆盖人群基数。

如果受痛点影响的人群数量庞大，那么课程选题的刚需性也会相应提高。例如，如果某个职业群体普遍面临职业发展瓶颈，那么针对这个群体的职业规划课程就会有很高的需求。

（3）痛点发生频率。

如果痛点频繁出现，那么课程选题的刚需性也会相应提高。例如，如果某个行业经常需要处理客户投诉，那么针对这个行业的客户服务技巧课程就会有很高的需求。

根据你的课程体量，筛选出优先要解决的痛点，可以增强选题的刚需性。

2.2.2 选题是可以调整的

1. 动态调整选题

在确定选题的过程中，需要避免僵化不变。选题是可以修改和调整的。

举个例子，以前我和一家公司合作开发一门传统写作课，当 AI 技术出现后，我们当即决定在课程中加入 AI 元素，于是课程定位调整为 AI 写作课，课程大纲也随即调整。再后来，我们分析了同类课程，也多次微调了课程定位。

市场是变化的，随时有可能迎接新热点、新技术，遇到新对手，因此选题必须灵活，不能一成不变。我们最不想听到的话是："既然选题已经确定，就不要再改变了"或者"你怎么又改变主意了"。我们需要持续思考如何让课程具有更高的价值，并不断进行优化和调整。

2. 用测试，决定做哪个选题

当面对多个选题时，往往难以决定先做哪一个，最高效的方法就是进行 MVP 测试，收集关于各主题的咨询，进行横向对比。这样的做法可以降低决策失误的风险，避免反复纠结和浪费时间。

2.3 从什么选题出发

《孙子兵法》曾提道："善战者之胜也，无智名，无勇功。"意思是那些功名显赫、擅长打仗的人，未必总是抱着赴死精神背水一战，他们只是算准了什么仗胜算小，不能打。

棒球高手泰德·威廉姆斯也曾提出"最佳击球区"的概念：他把棒球击球区划分为 77 个格子，只打胜算高的格子中的球，这些"胜算高的格子"就是"最佳击球区"。

2.3.1 找到你的能力圈

梳理过往的经验，找到你最擅长、最有胜算的做课方向。

一方面，你有实践经验，从经验出发可以保证课程的质量，提高用户的学习效果。另一方面，根据自己的经验设计课程，往往能够更好地结合实际，使课程更具实用性。

关于经验储备，我们要回答以下三个问题。

◎ 你是谁？你擅长什么？

◎ 你在什么领域成功过？有哪些经验可以分享？

◎ 你有哪些高光时刻？

那么，如何找到自己最擅长的方向呢？

试着将自己的能力划分为三个圈，分别是陌生圈、认知圈、能力圈，我们把陌生圈之外的领域称为未知圈，如图 2-2 所示。

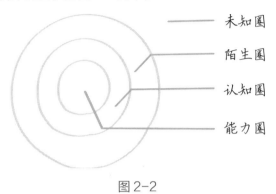

图 2-2

陌生圈指"一知半解"的领域，你对这些领域稍有了解，但并不擅长。你可能看到有人在这个领域赚得盆满钵满，所以你也想试试。不过不好意思，这和你没关系。

例如，你是"社恐"，喜欢宅在家里，那么社交能力类的课程再火也不适合你做。面对陌生圈的选题，我们需要克制，不要因为一个领域火就武断尝试。

认知圈指你"知道"的领域。你也许听过相关的课程，看过相关的书，研究过相关的课题，但你缺乏实操经验，仅仅是知道而已。

对于认知圈的选题，同样要慎重。例如，你听过不少与领导力相关的课，也看了不少书，熟知很多真实案例。但如果你没有带过团队，没有实操案例，那么这类课程就不适合你做。

能力圈指你"长期践行"的领域。你不仅熟知这个领域，也通过长期实践取得了一定成果。你在这个圈内的知识才可以被产品化，构建一套解决问题的方法论，交付给更多人。

我们要在能力圈内寻找做课方向。

接下来，回忆你的高光时刻，画出你的能力圈。按照表 2-1 中的内容对自己提问，发现自己的优势。

表 2-1

方向	具体问题
找到天赋	在你过去的人生中，你最常因为什么特质或行为而得到夸奖（注意：不是自己夸奖自己，而是得到别人的赞美）
	在什么事情上，你总是学得比别人快，进步速度比别人快
	你总是因为什么特质受益

方向	具体问题
梳理经验	你过去人生中的高光时刻是怎样的？例如快速升职、破格加薪、被邀请当众分享经验、发了某个视频导致粉丝量暴涨
	你曾以第一责任人的身份主导过什么事情并取得成绩
	你曾以参与者的身份参与过什么事情并取得成绩
	你在什么领域有成熟的方法和见解，并已取得成绩
	你是否做到你所擅长领域的管理者，能辅导下属
发现兴趣	如果此刻你要上讲台，那么你最想分享什么
	你曾长期喜欢研究过什么
	你曾为什么事情倾注过所有热情

如果你曾以第一责任人的身份主导项目并取得成绩，那么你可以复盘经验，分享全局视角的实操流程；如果你曾以参与者的身份参与某个环节并取得成绩，那么你可以单独拉出这个环节复盘经验，帮助用户把细节做深；如果你在擅长的领域能辅导他人，或者你已熟练到能用直觉做判断，或有成熟的见解，那么你也可以将个人能力产品化。

提示一下，尽量梳理别人可效仿的成功经历，如果你梳理的经验难以被借鉴，那么做出的相关课程会经不起推敲。例如，一个人升职加薪比别人快，主要原因是他爸爸是企业的董事长，那么他来教授"如何快速升职加薪"是无法让人信服的，经不起推敲。

我们从小接受的教育总是让我们习惯否定自己、反思自己，这固然重要，但实际上，你的优势比你的劣势更值得被关注。与其与劣势较真，不如让优势发光。同时，要持续精进，努力成为你所在领域的精钻者，将你的个人能力产品化，交付给更多人，而不是仅仅做好一份工作。

2.3.2 品牌贴合度

课程定位最好与品牌贴合，顺势而为。一方面，可以向品牌借力；另一方面，可以强化品牌，这是绝大多数做课者容易忽略的。

很多做课者为了盈利，会做一些很火但和自己没什么关系的课程，这样容易被用户质疑"为什么是你来做"，在销售课程时，说服成本也会更高。就像买衣服，我们最终买的不是最好看的衣服，而是穿起来没有违和感的衣服。

那么，只有企业才有品牌吗？并不是。每个人都是行走的品牌，别人对你的印象就是品牌。

关于品牌，我们要回答以下几个问题。

◎ 用户对你 / 企业品牌的印象是什么？

◎ 你做什么课程，对外说服成本最低？

◎ 你做什么课程，能比别的品牌有优势？有哪些优势？

你可以从品牌的印象、资源、战略几个角度思考，如图 2-3 所示。

图 2-3

1. 从品牌印象出发

品牌印象，在我看来，就是"用户想到你时，会条件反射想到的那个关键词"。它不由我们说了算，是用户对品牌的印象，源自客观的品牌历史。例如，你的公众号里 90% 的粉丝都是因为看了一篇关于绘画的文章点击关注的，但是你的公众号的定位是女性成长，那不好意思，你说了不算，用户对你的公众号的印象大概率是绘画，而不是女性成长。

很多品牌发展数十年，不断在用户心中植入并强化一个关键词。因此，轻易不要破坏它。

要注意的是，不要将用户对品牌的印象复杂化。我相信任何一个人对自己的品牌都有全方位的理解，但用户对一个品牌的印象顶多包含两个关键词，因为用户不会专门去研究一个品牌。

2. 从品牌资源出发

在设计课程时，考虑品牌现有的资源是非常重要的，我们要更好地整合内外部资源，提高资源利用效率。品牌资源主要包括以下几个方面。

◎ 人力资源：品牌的讲师、培训师等专业人才是课程开发的关键，要充分考虑品牌现有的人力资源，发挥他们的专业优势。

◎ 内容资源：品牌已有的课程、案例、教材等可以为新课程提供参考，要充分挖掘和整合现有的内容资源，避免重复投入，提高资源利用效率。

◎ 合作资源：品牌与其他企业、机构、专家等的合作关系也是一种重要资源，可以考虑与合作伙伴共同开发课程，共享资源，实现互利共赢。

◎ 市场资源：品牌在市场上的定位、目标客户群体、竞争对手等也是影响课程选题的重要因素，要充分了解市场资源，确保课程能够满足目标用户的需求，提高市场竞争力。

例如，喜马拉雅平台推出有声课程，对用户的说服成本更低、更有优势，因为它在讲师、内容案例、合作资源、市场资源上皆有优势。

3. 从品牌战略出发

设计课程时，也要从品牌战略出发。

战略，是不能轻易推翻的，而你所做的课程，可能就是战略中的一步。因此，如果你的品牌有清晰的战略，那么课程定位最好与品牌战略高度贴合，这样更有利于可持续发展，有针对性地开发课程，提高市场占有率。

2.4 课程选题的误区

我总结了课程选题的三大误区，接下来，我们逐个突破。

2.4.1 误区一：受众越多，课程越好卖

很多人认为课程的受众越广，就越容易销售，一味地追求普适性。

很多人设想的目标客户常常是"爱学习，有自我要求，追求个人成长的人"，或者"所有职场人士"。我们需要更新这个观点：一门课程应该只针对特定的一部分人，解决他们的特定问题。

首先，我们必须承认一个事实：主题越宏大，内容越广泛，就越难以进行有针

对性地深入探讨。因为如果只是大而化之，我们在教学过程中就可能无法深入讨论多个实践情景。

课程的终极目标是解决用户在真实环境中面临的棘手问题，因此，我们必须不断提醒自己："课程真正解决了用户的问题吗？"

其次，如果课程的主题过于宏大，那么用户很难对号入座，反而会降低宣传效率。

一个有效的方法是，将大主题细分为更具体的小主题，这样就可以更精准地定位用户群，有效吸引他们。尽管会让受众变窄，但购买率会提高。

例如，表达是一个大选题，这个大主题可以细分为公开演讲、口才训练、幽默演说等小主题，这样就可以有针对性地满足用户的具体需求。

面对激烈的市场竞争，选择更具体的主题可以增强课程的竞争力。可以将大主题细分为小主题，就像将大蛋糕切成小块，提高课程的独特性，使用户更清楚地了解他们需要学习的内容。例如，"小红书运营"比"新媒体运营"更具体，如果你有独特优势，还可以将主题进一步缩小为"如何在小红书美妆赛道脱颖而出"。

最后，要记住，课程定价越高，需要越谨慎地控制主题范围。这是因为我们只能对一个有限的领域承担较高的责任。举个例子，我们想开设一门职场晋升课程，如果只是 29.9 元的小课，那么主题可以直接定为"职场晋升"，解决一些阻碍晋升的高频且共通性强的问题。

但如果是售价 2999 元的训练营，就需要更精细地划分目标群体，例如基层工作者、小团队领导、高管等，并针对其中的某一群体，进行精细化的设计。因为我们需要对训练营的效果负更高的责任。

2.4.2 误区二：只看当下热度，不看趋势

很多新手只关注选题在当下的热度，而忽视了发展趋势。

在设计选题时，不仅要看选题的当下热度，也要看它的发展趋势。课程选题要具有前瞻性，能够顺应行业的变化。发展趋势不同，选题策略也不同。

例如，微信公众号在 2014 年刚刚兴起，发展势头迅猛，而在 2017 年用户几近饱和，发展空间变小，竞争也白热化。和 2017 年相比，2014 年做公众号运营课更占优势，更能抓住红利。

如图 2-4 所示，一个选题的热度可以分为苗头期、飙升期、平稳期和衰退期。

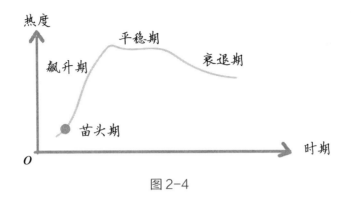

图 2-4

1. 苗头期：初露锋芒，可以观望

苗头期指话题较新、初露锋芒，关注的人较少，大多数人缺乏对它的了解的时期。

苗头期选题的特点是新、未来潜力不确定。例如，ChatGPT 在 2022 年年末横空出世，短短 4 天时间，注册用户数量达到百万级。但此时大多数人没有意识到它的重要性，人们注册可能只是因为新鲜或者好奇。此时产品的功能也不稳定，用户尚未产生黏性。

苗头期的选题竞争者很少，但苗头期是最佳入局时间吗？我觉得不是，因为此时选题的发展潜力不确定，很多行业最初发展势头迅猛，但只是昙花一现。

我们现在站在上帝视角，知道 ChatGPT 后来迅猛发展，但当时的我们是不知道的。如果在 2022 年年底做 ChatGPT 写作、ChatGPT 设计课，那么受众未必多，因为当时人们还在观望中。

2. 飙升期：最佳入局时机，竞争者涌入

飙升期指课程选题热度飙升，潜能爆发，参与者已产生黏性，用户规模甚至呈指数上升的时期。

如何判断飙升期呢？当你关注的大 V、意见领袖都开始宣传和呼吁时，那么这个话题大概率已经处于飙升期了。

还是拿 ChatGPT 举例，2023 年 3 月，使用 ChatGPT 写作、做 PPT、写报告的人越来越多，人们逐渐发现这个技术可以自动完成重复性高的工作，能大大提升工作效率。你会发现，在这个时期，得到和喜马拉雅平台陆续推出多款与 ChatGPT 相关的课程。

热度飙升期是很好的入局时机，此时，哪怕你的课程构思得不够完美，我也建议你快速上线，占据时机优势。

回想一下，2018 年是短视频运营、短视频剪辑的热度飙升期，那个时期做相关课程，会比 2023 年做更占优势。

3. 平稳期：竞争激烈，入局需差异化

平稳期指普及率高，入场人数增长缓慢，竞争开始白热化的时期，这时需要对课程进行差异化设计。

例如，我曾在 B 站观看了一节编剧课。课堂上，一位光头男性讲师站在黑板前，他以一种"一本正经的幽默"的风格授课。他并没有使用繁复的课件，而是简单地在黑板上标注几个关键词；他将那些看似深奥的编剧技巧讲解得浅显易懂，并且每隔一段时间讲一个段子；他敢于直言不讳地批评编剧行业的现状，说话大胆犀利；他光头的形象也让人忍俊不禁。

仅仅通过试听他的公开课，我便决定购买整套课程。

理论上，编剧课程并不容易导致冲动购买，也不属于必需品，但这位讲师凭借个人魅力和通俗易懂的讲述方式，吸引了很多人购买他的课程。

B 站上涌现出许多新晋 UP 主，尽管他们的名字可能还未广为人知，但观众们愿意为他们付费，这背后的驱动力应该就是他们独特的风格。

因此，你完全可以走出自己的道路。就算不是业界顶尖人物，风格和个性同样能给你带来用户。

4. 衰退期：错失最佳时机，融入新元素

衰退期指用户的新鲜感开始下降，关注人数也开始下降的时期。

这时没必要强行入局，而是可以换个思路，将选题和新领域结合，融入新元素。

例如，微信公众号写作过时了，但可以和处于飙升期的 AI 写作结合；纯健身类课程可能已经处于衰退期，但是结合智能穿戴设备、数据分析和人工智能技术，可以为用户提供更个性化、精准的训练方案；传统的财经课程可能已经过时，但是结合区块链技术，能带给用户新鲜感；美食类课程可能已经有些过时，但是结合轻断食、健康生活等新元素，可以研发出更具特色的美食课程，满足用户的个性化需求。

将热度过时的选题和新元素结合，可以让课程重新焕发生机。毕竟，热度过时不代表用户不需要，他们只是需要被刺激一下。

2.4.3 误区三：选题适合自己，但因竞争激烈而不敢入局

很多没有流量的新手会畏惧激烈的市场竞争，从而放弃选题。

在面对白热化的竞争和强劲的对手时，千万不要看低自己，不要因为惧怕别人的锋芒而不敢入局。没有一款课程能做到垄断，市场永远有你的一席之地。

我为你总结了以下 4 条参考策略。

1. 缩小用户群，实现人群差异化

有些选题的热度很高，竞争同样激烈。例如职场、个人提升、热门岗位技能类的课程比比皆是。面对激烈竞争，你可以将你的课程聚焦于一小部分人群，实现差异化。

没有一款课程能满足该领域所有用户的需求，课程主题越大，针对性越弱。相反，课程主题越小，针对性越强。

举个例子，你要做写作课，而写作这个题材太火、竞争激烈，那么你可以从写作的风格切入，例如演讲写作、影评写作、采访写作、自由写作、读书写作，这样可以减少竞争强度；如果你要做亲子关系沟通课，那么可以针对某个年龄段孩子的家长，毕竟学龄前儿童和青春期孩子需要的沟通方式是不同的。

2. 找到自身独特价值，实现讲师差异化

很多时候，我们会发现，竞品课程的讲师在行业有着不可撼动的地位，流量高、知名度高，自己的课程几乎毫无胜算。这时候，我们要找到自己的独特价值和记忆点。

你无须做到行业头部，也许发生在你身上的一个故事便足以说服用户跟着你学。

举个例子。某位小红书博主在小红书平台推出了零基础写作课，售价 99 元，一共 12 节，已卖出 400 份。她没有耀眼的头衔，形象也并不出众，但她的故事很有说服力。她是一位 35 岁的宝妈，大专学历，生了孩子后便全职带孩子，之前的工作也与写作毫无关系。在全职带孩子期间，她不断尝试投稿，半年后小有成绩，每月的稿酬能有两三千元。

她的说服力在于她的故事能引起很多人的共情，35 岁已过了大众刻板印象里的黄金年龄，但她没有放弃自我，通过写作找到了副业，开启了新的人生，这吸引了很多有相同经历的宝妈。

关于讲师的独特价值，我们要思考清楚以下几个问题。

◎ 如何说服用户跟着你学？哪些人认可你？

◎ 相比于竞品课程的讲师，你有哪些辨识度高的点？

你可以从以下几个方面梳理自身的说服力、找出辨识度高的点。

◎ 头衔：例如某知名公司高管、某本书的作者、万粉博主。

◎ 过往职业：例如曾担任某公司的创意总监。

◎ 身份：例如宝妈。

◎ 形象风格：例如文艺范儿。

◎ 表达风格：例如毒舌、幽默、激情。

◎ 闪光点：例如励志、逆袭。

3. 下沉市场，实现渠道差异化

如果你要做的课程已经竞争白热化了，而且你很难打造差异化优势，那么该怎么办？这时你可以下沉市场。我常年在一线城市和老家所在的小城市之间奔波，深有感触，在一线城市竞争到白热化的行业，在小城市却尚未受到重视。

举例来说，职场类课程在一线城市已经普及，但在四、五线城市尚未引起充分的关注。假设你要开设一门关于职场技能提升的课程，如果你选择在一线城市与对手直接竞争，那么很难脱颖而出。然而，如果你将目标市场转移到四五线城市，就可以在竞争较少的环境中建立声誉和品牌影响力。

4. 找到竞品短板，实现内容差异化

通过分析竞品课程的用户评价，找出用户在其他课程中遇到但未得到解决的问题，并在你的课程中加以解决。举个例子，假设你要开设一门关于亲子教育的课程，在竞品课程的评论区发现很多用户抱怨现有课程没有覆盖实际应用场景，这时，你便可以将注意力放在实际应用场景上。

如果你发现竞品课程偏理性，但缺乏趣味性和感染力，那么可以在讲课风格上下功夫，让讲课风格成为课程的核心竞争力之一。

如果你发现竞争对手拥有多个成熟的协作团队，所提供的服务偏流水线式，效率有余细腻不足，那么你可以在学习体验上下功夫，例如提供更灵活的服务、增加服务的温度。

当然，在面对竞品时，我们不仅要实现差异化，还要找到可借鉴的点，并加以学习，这样才能更好地了解自己和竞争对手，做到"知己知彼，百战不殆"。

AI 锦囊：设计选题时，把 AI 当作"启发型军师"

① 使用要点。

选题阶段，可以把 AI 当作一个考虑问题比你全面的军师，让它多给你启发。可以采用"启发式反问"的方式向它提问。

② 提问示范。

◎ AI 指令。

我想做一款小红书图文笔记写作训练营，希望你能向我提 10 个启发式问题，帮我梳理思路。

◎ AI 回答。

好的，以下是我为你准备的 10 个启发性问题，帮助你梳理关于小红书图文笔记写作训练营的思路：

你希望这款小红书图文笔记写作训练营的主要受众群体是哪些人？他们的需求和痛点是什么？

你认为一款成功的小红书图文笔记写作训练营应该具备哪些核心要素或特色？

在训练营中，你打算如何设计课程内容，以确保用户能够系统地掌握小红书图文笔记的写作技巧？

除了基础写作技巧，你还打算教授哪些与小红书平台相关的知识或策略，以帮助用户更好地在平台上进行内容创作？

你计划如何评估用户的学习成果？是否有相应的考核机制或证书认证？

对于训练营的教学方式，你更偏向于线上还是线下？如果是线上，你将如何利用平台优势提高教学质量？

在推广方面，你有哪些具体的策略或渠道来吸引目标受众参与你的训练营？

你认为在训练营中，如何平衡理论与实践，让用户既能掌握理论知识，又能将其应用到实际创作中？

对于训练营的收费问题，你计划如何定价？你的定价策略是基于哪些因素考虑的？

最后，你希望这款小红书图文笔记写作训练营在用户中产生什么样的效果或影响？你如何衡量它能否成功？

2.5 设计课程的标题

所有爆款课程都需要一个足够有吸引力的标题，这个标题有两个重要作用。

首先，课程标题有效地传达了课程的定位，无论我们在设计课程主题时花了多少心思，用户都会通过标题来初步判断是否要了解更多细节。

其次，如果课程标题缺乏吸引力，就不太可能吸引用户购买，即便课程质量再高，也难以热销。

我们可以将课程标题拆分为主标题和副标题。主标题应在 10 个字以内，用以传达课程的主题和定位；副标题则作为课程的辅助介绍，通常只有一句话，但需要言简意赅、力量十足。

2.5.1 主标题的设计方法

主标题设计的关键点在于直接，理解成本要低，能快速吸引目标人群。主标题往往由以下元素中的 2~3 个构成。

◎ 课程体量：例如，"杨天真的 32 个高情商公式"。

◎ IP 讲师、课程体量：例如，"蒋勋带你读红楼梦""蔡康永的 201 堂情商课"。

◎ 课程定位：例如，"读书写作训练营""创意故事创作训练营"。

◎ 岗位名：例如，"产品经理必听的 10 节课"。

◎ 课程代号：例如，"马东的职场 B 计划""置爱早起光芒计划"。

◎ 适合人群：例如，"零基础 AI 设计训练营"。

如果课程是训练营模式，那么最好以训练营、计划、集训营为后缀，避免用户设想的和实际不一样。

2.5.2 副标题的设计方法

课程的副标题是第二层说服用户购买的信息，要给出主标题以外的更多信息。例如，主标题中已经包含体量，那么副标题可以补充学习的获利点，而不适合再强调体量。很多时候，副标题也会成为课程的宣传口号。所以一定要简短、易记、不拗口。

1.强调改变和效果

在副标题中阐明通过该课程能学会什么，能发生怎样的改变，从而激发用户的购买欲望。

举例如下。

◎ 主标题：高岚的心理学课：100 堂课读懂性格

副标题：对抗焦虑，学会专注当下

◎ 主标题：哈佛幸福课

副标题：改变万千人命运的超级幸福法则

◎ 主标题：刘媛媛：30 天搞定当众说话

副标题：让你一开口就成为焦点

◎ 主标题：职场达人秘籍

副标题：让你的职场如鱼得水

◎ 主标题：配音课

副标题：用声音，开启你的第二职业

有些课程能够改善大多数人的生活，只是人们还没有意识到，一旦人们意识到这个问题，就会产生强烈的购买需求。

对于这类课程，我们可以在副标题中强调学习的获利点。

例如，冥想这门课程，如果没有被普及，很多人只会将它理解为闭眼思考甚至念经，鲜有人会自愿购买。

但如果人们的误解被消除，知道冥想能够缓解精神压力，提升专注力，那么购买需求就会被激发。再例如早起这门课程，人们如果不早起，就不会知道早起的好处，但如果人们意识到早起可以提升专注力，对一天的精神状态有好处，那么购买欲望就会被激发。

2. 强调解决问题

在副标题中强调学习课程可以解决怎样的问题，会让课程更有说服力。

举例如下。

◎ 主标题：职场软实力课

副标题：告别职场老实人

◎ 主标题：家庭教育课

副标题：一站式解决父母的育儿焦虑

3. 强调理念

在课程副标题中强调底层思维、核心理念、价值主张。它的优势在于很有感染力，像一种呼吁。

举例如下。

◎ 主标题：创意写作课

副标题：不要浪费你的天马行空

◎ 主标题：马东的职场 B 计划

副标题：告别委屈，拒绝"死磕"

◎ 主标题：蔡康永的 201 堂情商课

副标题：被人喜欢是一种能力，你想拥有它吗

◎ 主标题：余世维：家庭教育必修课

副标题：不必冷漠地打败别人，带着温情去生活

AI 锦囊：用 AI 设计课程标题

① 使用要点。

简单告诉 AI 你的课程具体教什么，避免 AI 的理解和你的理解不一样。

②提问示范。

◎ AI 指令。

我想做一门"AI 做课训练营"，教授大家通过 AI 工具，把自己的个人经验做成课程或者知识产品。我希望你给这门课程起 4 个主标题和副标题，以此来吸引大家购买。

◎ AI 回答。

课程主标题一：

AI 做课大师班：个人经验转化为知识产品的秘密武器

副标题：

让 AI 成为你的知识传播者，将个人经验转化为价值无限的课程

课程主标题二：

智慧分享新纪元：AI 助力打造个人知识 IP

副标题：

AI 做课，让知识更有价值，个人 IP 从此闪耀

课程主标题三：

AI 做课实战营：将个人经验转化为畅销课程的秘诀

副标题：

解锁 AI 做课秘籍，让你的个人经验成为市场热门课程

课程主标题四：

AI 赋能知识变现：个人经验课程化的创新之旅

副标题：

AI 做课，让知识变现更轻松，个人经验课程化，创新无止境

2.6 选择合适的课程呈现形式

线上课程的呈现形式包括音频、视频、直播。你可以先选择呈现形式，再确定录制方式。

2.6.1 音频

如果课程不需要演示实操流程，不需要展示大量的视频和图片、文字案例，只讲解知识，那么适合做成音频的形式。例如讲解历史类课程、心理学类课程等。

相对于视频课程，音频课程更注重声音的质量和讲述的连贯性。在制作音频课

程时，一定要准备逐字稿，确保每句话不出错。因为用户看不到你，仅仅凭借声音来获取信息，你说错一个字，或卡壳一次，都会很明显。所以纯音频课的准备工作可能比视频课还要麻烦一些。

音频课有两种录制形式。

◎ **棚录**。如果对声音的品质要求较高，那么最好选择棚录。例如，喜马拉雅、蜻蜓等平台都需要高质量的音频课程，棚录可以提供更高的品质，但也需要更高的成本。

◎ **自己录制**。如果成本有限，那么也可以考虑利用录音软件或手机录制音频，在制作过程中一定要注意声音的质量和噪声的处理，确保音频的清晰度和质量。

2.6.2 视频

几乎所有的课程都可以通过视频的形式呈现，视频课可以通过画面、声音和文字等方式展示授课内容，更加直观生动地呈现知识点。

如果你选择视频课，那么可以不必准备逐字稿，只准备课件和细纲，这样讲课会更顺畅、更有互动感、更真实，但要事先多排练几遍，提前找到感觉。

你可以出镜，也可以不出镜，如果不出镜，则需要准备课件，常见形式为 PPT。如果选择出镜，那么可以同时展示课件，让用户既能看到你的神态，又能看到课件内容。

视频课的录制形式可以分为以下两种。

◎ **出镜棚拍**。棚拍的操作比较复杂，需要在影棚里面集合一个团队，这个团队通常包括化妆师、摄影师、录音师和灯光师等角色，以确保最好的拍摄效果。这种方式成本比较高，但是效果好。

如果你的课程定位就是高端人群，或者需要一堂高水平的视频课来展示你的专业性和气质，那么棚拍是最佳的选择。

◎ **电脑录屏**。预算低的课程可以选择电脑录屏的方式。

如果你的课程需要演示操作，或实操强度很大，那么最好不要用音频和出镜棚拍的方式，而是采用电脑录屏的方式，逐步演示操作过程，如使用 Photoshop、制作 PPT、制作思维导图、制作电子表格等。

2.6.3 直播

如果要做高客单价的课程，那么建议包含直播课。因为直播课能够提供更多的互动机会，更有沉浸感，用户单位时间的学习效率更高。如果只有录播课，会不符合用户高消费后的预期。

强实操性课程适合包含直播课，例如语言学习、编程、设计等课程，需要大量实操，用户一定会遇到问题。这类课程可以包含一些直播，用户在直播过程中提出问题，讲师即时回答并提供指导。

需要实时反馈的课程也适合包含直播，例如表演艺术、演讲技巧等。直播课程能够提供即时的评价和建议。

涉及热门和新兴话题的课程，例如最新的行业案例、行业动态等，也适合包含直播课。直播课能够迅速传递最新信息，满足用户对于时效性的需求。

如果你正在进行 MVP 测试，那么可以用小鹅通 App 录屏直播，只需要准备一份课件就可以随时开讲，成本比较低。

此时，你的目标是快速地测试是否有用户对你的课程感兴趣，快速获得用户反馈，然后及时进行迭代，所以不必将课程打造得过于精致，能够简单展示课件和讲解即可，后期再进行精细化制作。

录屏直播需要课件，不需要逐字稿。不过别忘了，MVP 测试只允许形式上的粗糙，课程内容不能打折扣，所以录屏直播也需要提前排练，以免影响测试结果。

小贴士：一定要根据自己的课程特点选择合适的呈现形式。

第 3 章
洞察用户群体

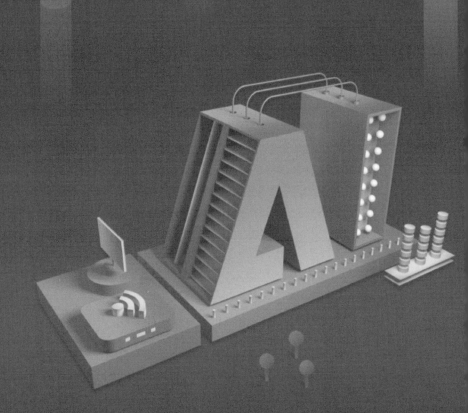

确定课程定位时需要思考三个根本问题：用户是谁？用户面临什么问题？课程的目标是什么？

只要想清楚这三个问题，那么后面无论是构思课程内容、编写宣传页，还是确定课程大纲，都不会出现太大问题。而如果没有思考清楚根本问题，那么接下来就算细节做得再好，课程的口碑也不会好。

如果将做课比作盖楼，那么思考根本问题就像打造地基，只有地基够稳固，大楼才能盖得好。如果地基不稳，那么大楼随时可能倾倒。

3.1 洞察用户需求，筛选目标用户

不要在确定选题后立即开始做课程的具体内容，要先花时间洞察用户需求，筛选目标用户。

明确目标用户，至少在以下三个场景下可以起到关键作用。

◎ **研发课程时，内容更有针对性。**一旦我们明确了要服务的人群，就可以开始研究他们的需求、他们面临的挑战，以及他们在什么情况下需要这门课程。这样可以帮助我们设计出更具针对性的课程，解决用户的特定问题。

◎ **推广时，面对的人群更加精准。**一旦我们知道课程是为哪些人设计的，就可以更加精准地进行营销和推广。可以在推广中明确地说明，这门课程是为哪些人设计的，他们将从课程中得到什么。这样，当潜在的用户看到我们的推广时，就可以根据我们的描述来判断这门课程是否适合他们。

◎ **推广时，找对渠道。**明确目标人群还可以帮助我们确定最有效的推广渠道。不同的人群可能在不同的平台上活动，例如，年轻人可能更喜欢在社交媒体上活动，而老年人可能更喜欢看电视或读报纸。因此，了解目标人群可以帮助我们找到最有效的推广方式，这也能够提高我们的营销效率，我们不需要在目标人群不常去的地方浪费资源。

那么，如何明确目标人群呢？有两个关键点。

3.1.1 描述用户画像

很多人会在做课早期投入大量的时间和精力，以期得到全面的用户画像。例如我们常见的用户画像可能是这样的：年龄在 28~45 岁，月收入约为 6000 元，有自我提升的强烈欲望。居住在二线城市，喜欢阅读书籍、浏览抖音视频、在线购物等。然而，你会发现，这些详尽的信息反而让人不知所措，我们并不清楚这些信息该怎么用。

这就好比，当医生为病人开药方时，他们只会询问病人有什么病症，而不会询问病人的月收入、居住地或者梦想，因为这信息对于确定治疗方案并无实际意义。

同样，我们应该关注用户的核心需求、区分适合人群和非适合人群的关键标签，而非他们的全部信息。

用户需求是推动用户购买课程的根本动机。这可能是一个可量化的目标、一项要完成的任务，也可能是一种欲望或一个憧憬。不同的需求会导致用户的购买决策不同。

因此，我们需要进行深入的用户需求调研，将用户的关键需求一一列出。举例如下。

◎ 乙方品牌人的工作主要是为甲方客户提供品牌策略、品牌设计、品牌推广等服务。他们的需求主要集中在更好地理解和满足客户的需求；提升自己的提案能力和服务水平；掌握更多的品牌策略、市场研究、品牌定位、品牌传播等方面的知识和技能。

◎ 自媒体人的需求主要包括提升自己的内容创作和推广能力；增加自己的影响力和粉丝数量；通过数据分析、用户研究等方法，更加精准地把握用户需求和市场趋势；掌握各平台各赛道的流量趋势分析方法。

◎ 起步阶段的企业品牌方对于品牌运营类课程的需求主要包括洞悉用户需求、精准定位；提升品牌知名度；建立品牌形象；打造爆品；增加用户黏性；扩大用户规模。

◎ 已经初具规模的企业的需求主要包括提升品牌美誉度；扩大市场份额；提升品牌影响力；处理公关事件。

◎ 已经具有一定市场影响力的企业的需求主要包括维护和管理自己的品牌形象和品牌价值；建立完善的品牌管理体系；提升品牌忠诚度；加强品牌危机应对能力；了解品牌管理的前沿理论和实践，为自己的企业打造更加稳健和可持续的品牌发展之路。

深入了解用户需求，可以帮助我们更好地定位课程，提供符合用户需求的产品。

需要注意的是，若想洞悉用户需求，则最好亲自调研。这种调研可以源自观察，可以源自调查问卷，也可以源自访谈。

我们习惯性地认为自己了解用户，其实只是习惯性地把用户想成了和我们一样的人。如果不了解用户，就会凭着过往经验主观臆测用户需求，那么这些需求可能只是一种假设，是伪需求，不是真需求。

有真需求，课程才有市场。

3.1.2 感性描述用户处境，与用户共情

我有一个习惯：在分析用户时，不会只是冷冰冰地给出标签，而是用感性的语言描述他们的处境，尽可能地还原他们正在面临的真实场景，充分与他们共情。

这样才能建立一种面对面的对象感，在设计课程或讲课时，我会脑补这样一个人就坐在我面前。

以写作训练营为例，我在准备课程时，设想对面坐的是我来自县城的表姐。她是全职妈妈，长期生活在小城市，没接触过"精英"文化，不一定听得懂商务"黑话"；她所看过的文学作品不多，并非学富五车，但她听说过余华、莫言这样知名度高的国内作家；她没什么写作经验，但是有一定的感知能力，也有表达欲。

当我建立这样一种对象感后，我在设计课程、讲课时，便清楚该用怎样的案例了。比如，在选取课程案例时，我倾向于避免使用那些高冷的国外文学作品，而引用像董宇辉、伊能静这样的知名人物在直播间中的卖货语录，因为这样不会让用户有距离感。

再举个例子，朋友在研发品牌运营课时，我帮她将目标人群要面临的挑战梳理成以下有画面感的情景，让她沉浸其中。

◎ 场景一：你在创业公司，你的岗位更偏向创意策划。你既要创造优质的爆款内容，实现"病毒式"传播；又要用有限的预算"四两拨千斤"，找到最好的渠道；还要掌握流量密码，提升转化率，实现更高的投资回报率。既要"声量"，也要销量，这要求你兼具创意脑、流量脑和变现脑。

◎ 场景二：你所在的公司正处于起步阶段，你希望公司成为"黑马"，这当然也是公司希望的。于是有一个尴尬的情况出现了：公司预算少、人力少、名气小，可老板总是给你分享头部品牌的成功案例。更要命的是，老板可能也没想清楚自己公司的品牌定位，你却要帮他规划产品矩阵。

◎ 场景三：你所在公司的品牌部门和其他部门之间的割裂感很强。别的部门存在偏见，认为"品牌不就是烧钱的吗""做品牌不就是务虚吗""你做你的品牌，我做我的"，等等，很难协作，你无法快速得到话语权。

◎ 场景四：你所处的公司发展到了比较成熟的阶段，但是目前遇到了瓶颈。一方面是由于品牌"包袱"重，没有以前大胆了；一方面也在追求"一炮而红"的大动作，你压力很大。

◎ 场景五：你是短视频博主，想发展个人 IP，目前面临如何找准赛道、好内容和变现如何并行、不了解平台规则等问题。

◎ 场景六：你是公司高管，需要规划品牌发展战略，摆在你眼前的不再是具体

的事情，而是决策、节奏。如下棋一般，你要清楚地知道下一步该怎么走、怎样是对的、怎样是错的，你要探索新出路、要规划全年的任务、要布局团队架构。你打的是长期仗，视角也更宏观。

◎ 场景七：你是乙方品牌营销，背负创意、刷屏、点赞、转发、转化率等 KPI。在某种程度上，你比甲方的压力还大，甲方把钱花在你身上，是要看到回报的。

◎ 场景八：公司出现了危机事件，需要 2 小时内快速做出回应。公司没有公关部门，这件事自然落在了品牌部门身上，你要在短时间内策划出全链条的公关计划。

3.1.3 用排除法筛选人群

一门课程不可能适合所有人，也不可能满足所有人的需求，否则课程就会变得"四不像"。面向的人群越精准，越能切中要害。筛选出你的课程能满足的需求，有这些需求的人群，就是你的目标客户。

拿我们团队曾做过的一门"零基础配音课"举例，通过用户调研，我们发现用户学习配音的目的可以分为 3 类，如表 3-1 所示。

表 3-1

学习目的	需要学习的技巧
用自己的声音演绎喜欢的角色，出于兴趣	发声技巧、气息技巧； 御姐音、萝莉音、少年音、老年音等； 不同情绪的发声技巧
成为有声主播，开展副业	发声技巧、气息技巧； 配音基础； 情感表达； 悬疑、言情、科幻小说等热门读物的配音技巧； 紧张、惊悚等气氛下的配音技巧
成为专业配音师	发声技巧、气息技巧； 配音基础； 情感表达； 广告配音、电视剧配音、影视剧人物配音、动画片配音、游戏配音

最终，我们筛选出第一类人群作为目标用户。

如果你一时很难筛选出目标用户，那么可以从过滤非目标用户开始。泰德·威廉姆斯曾写到，当你知道不打什么球的时候，才是真正开始打球。

你可以过滤掉你能力范围外的需求，或过滤掉求少数人的需求，用受众广打败受众窄。

以曾焱冰老师的课程"自由灵魂书写计划"为例，这门课程目标人群的需求是：通过写作记录生活、记录小确幸；通过写作抒发自己的感悟；通过写作深入探索自己的内心世界、释放情感压力，找到内心的平静和安宁。

所过滤的人群需求是：通过学习写出阅读量超过 10 万的文章；通过写作赚取稿费；精钻文学创作、写小说。

在做排除法的过程中，她结合自身优势逐渐找到课程定位。

我们之所以筛选目标用户，是为了让课程更有针对性、更直接地击中目标用户。但也要注意，目标用户范围不能过窄，否则在课程售卖时将面临更大的挑战。

3.2 根据用户画像，设计教学目标

设定教学目标就像规划旅程，需要明确起点和终点。课程的起点是用户当前的知识水平和能力，终点是你希望用户在课程结束后能掌握的知识和技能，以及掌握的程度。

教学目标要足够具体和明确。例如，你可以说"用户将能够理解并应用基本的舞台剧表演技巧"，而不是模糊地表述"用户将了解舞台剧表演"。

教学目标有三个关键的作用。

◎它是课程设计的指南针。有时候，我们可能跳过设定目标，直接列出课程的内容，但这就像在没有地图的情况下探险，可能导致课程内容混乱且缺乏方向。

◎它让教学效果可以被评估。实现教学目标是课程的最高任务，如果没有实现这个目标，那么无论讲解多么精彩，也只是一场空欢喜。

◎它能激发用户的学习热情。明确的教学目标能引导用户更好地学习，就像黑暗中的明灯，让用户在学习的道路上更有动力，更积极主动。

以下是设计教学目标的五大准则。

3.2.1 只满足部分需求

一门课程不可能同时满足所有人的需求，以配音课为例，有些人希望成为配音师，有些人则是出于兴趣想要"玩转"配音，适合这两类人的教学目标是完全不同的。

因此，我们需要明确用户需求并确定与之吻合的教学目标。

拿我们团队曾做过的一门"零基础网络小说写作训练营"课程为例，通过调研，我们将用户的学习目的分为以下 4 类，如表 3-2 所示。

表 3-2

用户起点	学习目的	教学目标
零基础，没写过小说，但经常看网络小说	写小说，最好能成为网络平台签约作者	了解爆款网络小说的特点 找到适合自己的题材； 学习人物设定、基本梗概、大纲、正文写作等基本功； 了解网络平台签约要求
零基础，没写过小说，但经常看网络小说	出于兴趣写小说	了解爆款网络小说的特点； 找到适合自己的题材； 学习人物设定、基本梗概、大纲、正文写作等基本功
零基础，完全没看过网络小说	写小说，最好能成为网络平台签约作者	大量阅读网络小说； 了解爆款网络小说的特点； 找到适合自己的题材； 找到写小说的乐趣； 学习人物设定、基本梗概、大纲、正文写作等基本功； 了解网络平台签约要求
写过 10 万字以上的网络小说	精进小说写作水平，成为网络平台签约作者	精进人物设定、基本梗概、大纲、长篇写作等能力； 能持续更新小说； 了解网络平台签约要求

这时你会发现：用户起点相同、学习目的不同，教学目标不同；用户起点不同，即便学习目的相同，也会导致教学目标大不相同。

3.2.2 设定起点

我们无法同时为所有用户提供服务，这会导致用户之间的体验差异太大。举一个极端的例子，教一个奥运游泳冠军基本游泳技巧是没有必要的，教一个不会游泳的 80 岁老年人基本游泳技巧则非常危险。

尤其是对于训练营，要严格筛选用户。因为训练营的计划是固定的，用户需要在相同的时间内学习相同的课程并完成相同的实践,大家对难度的感受不能相差太大。否则，一部分人觉得训练太简单，一部分人觉得训练难度适中，还有一部分人觉得训练太困难，这对口碑是不利的。

实际上，这相当于设定了入学门槛，筛选掉不符合条件的用户，只有符合条件的人群才是课程的受众。如果起点过低，学习起来会很吃力；如果起点过高，课程就失去了挑战性。

我们需要明确以下三个问题。

◎ 用户最好具备哪些条件？

◎ 谁会觉得学习起来太容易？

◎ 谁会觉得学习起来太吃力？

课程的交付程度越高，越要清晰地设定起点。

举个例子，我们要开设一门"声乐训练营"课程，该课程的定位是轻服务，价格为 899 元，属于兴趣类课程，主要面向那些想提升唱歌水平的用户。

在这种情况下，我们可以不设定入学门槛，因为不同起点的用户可以获得不同的提升效果。然而，如果将课程的定位改为重服务，价格为 5999 元，主要面向那些希望成为才艺主播或通过声乐考试的用户，那么入学门槛可能需要设定为"五音全，没有明显乡音"，以确保大多数用户能够取得良好的学习效果。

因此，我们为"声乐训练营"课程设定如下教学目标。

◎ 用户起点：零基础。

◎ 学习目的：用自己的声音演绎喜欢的角色，出于兴趣。

◎ 教学目标：掌握发声和气息技巧，能长时间配音且声音不发颤；掌握御姐音、萝莉音、少年音、老年音等发声技巧；掌握不同情绪的发声技巧，平时可以用配音秀等 App 为喜欢的角色配音。

◎ 用户最好具备哪些条件：最好使用过配音秀 App。

◎ 会感觉有难度的人群：乡音明显，年龄 60 岁以上人群。

"零基础网络小说写作训练营"课程的教学目标如下。

◎ 用户起点：零基础，没写过小说，但经常看网络小说。

◎ 学习目的：想写小说，最好能成为网络平台签约作者。

◎ 交付程度：给实操技能和训练项目，让至少 10% 的用户达到签约门槛。

◎ 初步定价：2899 元 /4 周。

◎ 教学目标：了解爆款小说的特点，选择适合自己的题材；掌握人物设定、大纲、开篇正文的写作技巧；了解网文平台的签约标准，能写出 6000 字以上的正文。

◎ 用户最好具备哪些条件：看过 5 本以上网络小说。

◎ 会觉得太容易的人群：已写过 10 万字以上的小说，或者正在写连载小说。

◎ 会觉得有难度的人群：没看过网络小说；不擅长电脑打字。

3.2.3　根据定价设计

不同价位的课程，对问题的解决程度是不一样的。当我们明确了课程要解决的问题程度后，也就有了明确的边界，我们可以为每节课设定一个明确的范围。同时，在宣传课程时，我们也需要把握好尺度，让用户清楚地知道我们的交付程度。如表 3-3 所示。

表 3-3

	价位	交付程度	教学目标
轻服务训练营	中	给用户效果	学会并完成作业
重服务训练营	高	给用户结果	学会并完成作业，达到某个标准

例如训练营定价为 500 元，属于中等价位课程，轻交付轻服务，而教学目标如果包含"搞定就业"，那么显然不合理，要么是夸大效果，要么会导致亏本。

另一个训练营定价在 8000 元，属于高价位课程，重交付重服务，此时如果教学目标不包含实战成果，那么显然不符合用户预期。

有些高价课程的费用甚至达到上万元，这些课程会向用户承诺明确的效果，这是极具价值的交付，但是不建议新手轻易尝试。因为很少有课程能够保证所有参与者都能实现预定的目标。如果真有这样的课程，那么它一定会对未能实现预定目标的用户提供某种形式的补偿，并且其规则必须非常严谨和详尽。

举一个承诺结果的例子，我曾参与设计一款价格近 2 万元的注册会计师考试课程，用户花高价购买该课程的唯一目的就是在有限的时间内获得职业资格证书。

我们向用户承诺：如果无法通过考试，那么可以续学一年，如果仍然不能通过考试，那么我们将会退还该课程的费用。这门课程的年销售金额达千万元，退费率不到 10%。但是，这背后需要我们付出巨大的努力，在用户数量、服务人员的考核和监管、退款、签订合同、财务成本把控等方面都需要制定严格的策略，这需要强大和专业的团队支持。

我曾经见过很多承诺"不过退费"或"坚持 100 天可全额退款"的课程案例，但这些承诺最终很难兑现。因此，如果无法严格控制过程，就不要承诺结果。

3.2.4　难度合理

教学目标要让目标用户"踮脚"就能碰到。

试想一下，我们平时遇到怎样的目标会选择放弃？如果目标定得太难了，根本完不成，就会产生挫败感，索性放弃；如果太轻松就能实现目标，也会觉得没意思，选择放弃。

如果学习一门课程会让人"脱三层皮"，那么该多有挫败感啊，有几个成年人愿意花钱买这种"罪"受呢？

举个例子，我在做写作训练营时，考虑了整体目标，例如要教的类型，不能所有类型的文章都教，否则用户无法消化。

也不可能通过几周的时间让用户从零基础写作新手"蹦"到稿酬上万元的撰稿人，因为这听起来有吸引力但不现实。我们的教学目标只设定为"让用户能写出达到收稿要求的文章"。

除了整体目标，我还考虑了每周的目标。例如，前 2 周要学的技能较多，每周 5 节课，因为用户学习的热情正处于最高点。但由于此时用户能力较弱，因此实践任务较轻，每周只需完成 200~400 字的小作品。

接下来的几周课程密度减少，每周仅 2~3 节课，因为此时用户的热情开始下降。但随着能力的提升，实践任务也增多，每周作业字数上升到 800 字。

每一周，用户"踮脚"便能完成学习目标。整个营期结束，用户能找到成就感。

试想一下，倘若每周都写 2000 字的文章，那么这个目标是无法完成的。

你可能会问：是不是时间越长，目标就越高？并不是，训练营最好不要超过 7 周，时间太长会挑战用户的极限，教学目标要在有周期的前提下设计。

3.2.5 只有一个主线目标

一门课程只能有一个主线目标。

很多时候最终目标无法实现，是因为过程中的小目标太多且关联性不大。例如，如果一门写作课程将目标定为"掌握高流量写作法则，提升沟通表达技巧，打造个人 IP，玩转社群运营"，那么用户看了会摸不着头脑。不要把一门课程做成百科全书，我们无法解决用户的全部问题。

越"大而全"越危险，事实上，对用户最大的责任心，就是只有一个主线目标。

3.3 剖析用户痛点，了解购课需求

什么是用户痛点？

在我看来，痛点就是困难。有困难，才会产生购课需求。

例如，你上台演讲总是大脑一片空白，所以才需要学演讲；你人脉少，对事业造成了阻碍，所以才想学经营人脉；你的房间总是乱糟糟，所以才想学收纳；你因孩子的叛逆期而头疼，所以才想学家庭教育。

我们有时候会过于关注自己的兴趣和专业领域，而忽视了用户在真实的场景中面临的困难，这会导致课程无法解决用户的问题。

在设定了教学目标之后，下一步就是根据这些目标分析用户痛点，找到用户在实现目标和应对挑战的过程中可能遇到的困难。

那么，我们为什么要分析用户痛点呢？

课程大纲并非凭空构思出来的，而是根据用户在现实生活中遇到的问题设计出来的。每节课都应致力于解决一个重要的问题，每解决一个问题，用户都能更接近目标。

分析用户痛点的过程可以分为以下三步。

（1）调研用户痛点。需要全面地收集和了解用户痛点，以免遗漏。

（2）筛选课程要解决的问题。应优先解决那些对用户来说非常必要的问题。

（3）诊断痛点。深入分析造成这些问题的原因，一旦我们能明确并深入理解问题的本质，解决方案自然就会显现出来。

接下来，我将分别阐述完成这三步需要用到的技巧。

3.3.1 调研用户痛点

首要任务是对目标用户进行深度调研，了解他们希望解决的具体问题。其中，问卷调查是一种可行且相对高效的方式。

然而，我们也需要意识到，问卷调查存在局限性。第一，一份问卷能容纳的问题数量有限；第二，用户愿意投入问卷填写的时间也是有限的，你收集到的很有可能是他们匆忙或随意填写的答案。

举个例子，你想做一门公开演讲课。通过调查问卷的方式，你可能发现用户面临以下问题。

◎ 不知道怎么设计演讲主题。

◎ 不知道怎么搭建演讲结构，逻辑总是混乱。

◎ 不知道怎么开场，总是冷场。

◎ 不知道怎么收尾。

◎ 总是紧张，大脑一片空白，不知道怎么克服。

◎ 不知道忘词了该怎么办。

◎ 不知道如何控制音量。

◎ 不知道如何即兴演讲。

但你发现了吗，这些回答过于宽泛，不够具体，这些问题也都是你能预见的。因此，我建议在进行用户调研时，优先考虑一对一的用户访谈。

这时，我们可能还会遇到一个问题：如果用户还未亲自尝试，他们又如何知道自己会遇到哪些困难呢？

在此，我有一个建议：选择其中一个环节，尽可能地模拟真实的场景，让用户在挑战的过程中发现问题。

以学习写小说为例，用户需要经历构思、设定人物角色、设计大纲、写开篇等过程。如果你直接询问用户在写小说的过程中会遇到哪些问题，那么用户很难回答，只能凭主观臆想假设。因此，你可以让用户亲自尝试其中的一个环节，如构思。在这个过程中，捕捉那些"让用户抓耳挠腮的瞬间"，观察他们遇到的困难、阻碍、思考的局限性、走的弯路，并分析他们的作品与优秀作品之间的差距。这样，我们才能更真实、更具体地了解用户在实践中面临的问题。

举个例子，某品牌运营课通过调研，发现用户有以下痛点。

◎ 投入产出比低，赚得不如花得多。

◎ 不懂平台规则，花钱当"冤大头"。

◎ 预算缩紧，难以打造爆品。

◎ 渠道找不对，不知如何实现最大效能。

◎ 小品牌迟迟无法实现从 0 到 1 的过程。

◎ 腰部品牌遇到瓶颈，急于破局。

◎ 想提升市场占有率，却不知道做什么是对的。

◎ 不会讲品牌故事，无法击中用户内心。

◎ 曾打造爆品却昙花一现，后劲不足。

◎ 流量多但转化率低，老板不认可。

◎ 团队成员的想法太"阳春白雪"，"不当家不知柴米贵"。

◎ 信息闭塞，跟不上快速变化的资讯时代。

◎ 不懂如何"拿捏"年轻人的情绪。

◎ 一谈品牌使命就讲容易讲空话。

调研用户痛点时，要注意以下三个关键点。

1. 识别真痛点和伪痛点

识别真实的痛点和伪痛点是至关重要的。有时候，看似重大的问题其实可能并不是真正阻碍用户学习的核心难题，这就需要我们深入探索，分辨出哪些是真正的痛点。

以英语学习课程为例，许多用户抱怨他们的词汇量不够，这看似是一个痛点。然而，通过深入的访谈和观察，我们发现，真正的痛点是他们缺乏有效的词汇记忆方法，或者他们在实际对话中不知道如何运用这些词汇。

在这种情况下，提供一个包含大量新词汇的课程可能并不能真正解决用户的问题。反而，一个教授有效的词汇记忆技巧和实际运用策略的课程可能更受用户欢迎。

2. 将抽象问题转化为具体问题

我们需要将抽象的问题转化为具体的问题。例如，用户反馈写开篇时总是无法下笔，这个问题太抽象，我们可以将其拆解为对于主题的理解不够深刻、缺乏写作的启动技巧、对于开篇的结构和内容缺乏清晰的认识、过度完美主义等更具体的问题。

问题越具体，解决方案越直接，越有针对性。

3. 善用经验者的预判

值得注意的是，我们无法通过用户调研收集到所有潜在问题，因为有些问题需要到一定阶段才能发现。举个例子，在设计一门健身课程时，初学者会关心如何制订健身计划等基础问题，经验丰富的健身者则会关注更复杂的问题，例如，如何调整训练强度以避免伤病、如何结合饮食计划以达到最佳效果等，初学者可能并未意识到这些问题。

因此，与拥有丰富经验的用户、行业内专家进行深度交流，预测可能出现的问题也是我们必须做的，他们的经验可以帮助我们更全面地了解用户可能面临的问题。

3.3.2 筛选课程要解决的问题

接下来，我们将筛选课程需要解决的关键问题。在这个过程中，以下四个原则可以有效提升课程的竞争力。

1. 优先解决高频痛点

用户所面临问题的重要性和频次不尽相同。有的问题若不解决，就会让人感到极度不适；而有的问题即使不解决，也并不会造成大的影响；有的问题是大多数人会遇到的，而有的问题仅有少数人会遇到；有的问题频繁出现，有的则偶尔发生。此时，你可以根据课程定价和规模，筛选出需要优先解决的问题。

表 3-4 是一个评估痛点指数的示例。

表 3-4

	高	低
痛点程度	非解决不可	不是当下必须解决的
痛点频次	经常遇到	偶尔遇到
痛点人群	大多数人会遇到	少数人会遇到

2. 优先解决竞品未解决的关键问题

建议你深入研究竞品课程的评论区，特别关注以下两点。

◎用户的差评：这些反馈通常会指出哪些问题未被解决，或者解决得不够彻底。

◎用户的提问：这些问题可以帮助你了解用户的疑问和期待。

如果你能针对性地解决竞品未能解决的关键问题，那么你的课程将更具吸引力和竞争力。

3. 优先解决竞品让用户获得感高的问题

你需要关注竞品课程的用户好评，分析用户的哪些问题得到了解决，这将帮助你更深入地了解用户的需求。

4. 过滤准则

我们要保证每节课解决的问题都与整体目标高度相关，为了实现整体目标，我们会淘汰一些与课程定位有所偏离、与整体目标关联性不大的问题。

3.3.3 诊断痛点

理解一个问题的本质是找到解决方法的关键，就像医生在给病人开药方之前首先需要做出准确的诊断一样。

我们面对的问题经常是一些表面现象，而真正的问题可能隐藏在更深的层面。因此，我们需要深入挖掘，通过现象找到出现问题的本质原因。

以我正在规划的小说写作课为例，我发现许多用户构思的故事过于陈腐平庸，然而这个现象并不能为我们解决问题提供足够多的线索，我们要找出导致这个现象的原因。

可能的原因有许多，例如用户接触的网络小说有限，审美可能还停留在过去，以至于他们构思的故事无法满足现代读者对于故事高潮和冲突的期待。另一个可能的原因是他们塑造的人物过于单一扁平，导致故事缺乏灵魂和生命力。还有可能是他们过于拘泥于传统的思维模式，不善于挑战和创新，这也会限制他们的创作水平。

一旦找到了导致这些现象的原因，我们就可以设计出更有针对性的课程。例如，我们可以在课程中分析现代爆款小说，并提供书单供用户阅读，拓宽他们的视野、提升他们的审美；我们可以教授他们如何创造有血有肉的人物，以增加故事的生命力；我们也可以以游戏的方式，让用户大胆打破传统的思维模式，解放天性、激发想象力。

表 3-5 以课程"如何构思小说情节"为例，寻找现象背后的本质原因。

表 3-5

课程	问题	问题归因	解决方案
如何构思小说情节	许多用户构思的故事情节过于陈腐平庸	用户接触的网络小说有限，审美还停留在过去，以至于他们构思的故事无法满足现代读者对于故事高潮和冲突的期待	在课程中分析现代爆款小说案例；课后提供书单供用户阅读
		塑造的人物过于单一扁平，导致故事缺乏灵魂和生命力	课程中强调人物真实性的重要性；以"哈利·波特"系列图书为例讲授角色之间如何产生冲突
		过于拘泥于传统的思维模式，不善于挑战和创新	以课后游戏的方式，让用户解放天性，激发用户的想象力

AI 锦囊：用 AI，调研用户痛点

① 使用要点。

把 AI 当作你的调研助手，换位思考用户会遇到的困难。

② 提问示范。

◎ AI 指令。

我是一个"小白"，如果做小红书短视频，会遇到哪些困难呢？

◎ AI 回答。

首先，你可能会感到迷茫，不知道如何开始。你需要了解平台的规则，掌握视频剪辑和配音的技巧，还需要寻找创作的灵感并确定自己的风格。

其次，你可能会遇到内容创作的难题。如何创作出吸引人、有趣且有价值的短视频内容，是每个"小白"都会面临的挑战。你需要挖掘自己的创意，同时了解受众的喜好和需求，才能打造出爆款短视频。

再者，推广和变现也是一大痛点。即使你制作出了优秀的短视频，但如果没有好的推广策略，就很难让更多人看到。同时，如何将短视频变现，实现商业价值，也是你需要考虑的问题。

第 4 章
课程大纲设计

4.1 课程大纲设计的底层逻辑

课程大纲就是课程的目录,它包含了用户在学习过程中将要听到、看到和实践的内容。我们可以把课程大纲看作一棵树,每节课都是这棵树的枝干,而每个知识点,都是这些枝干上的叶子。

我们可以在课程大纲中按顺序列出每节课的主题,这样用户可以根据自己的时间和兴趣自主选择和安排学习内容,如图 4-1 所示。

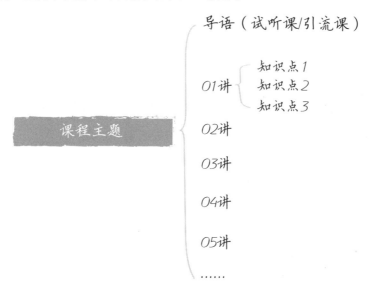

图 4-1

相比普通课程,训练营不仅传授知识,更注重帮助用户取得实际效果。它提供了更多的服务,例如辅导、指导和实践机会,以确保用户能够真正掌握所学的内容。训练营也包含学习安排,明确规定用户在不同时间要学什么,这样才能确保用户在学习周期实现目标。

图 4-2 为训练营的经典课程大纲。

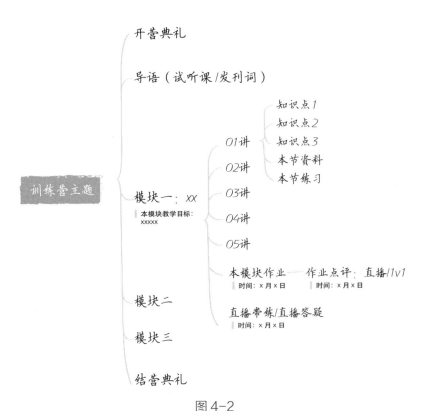

图 4-2

表 4-1 详细阐述了普通课程和训练营在课程大纲设计上的差异。

表 4-1

项目	普通课程	训练营
核心内容	课程内容	课程内容及服务，包含"学习－实践－辅导－反馈"的完整学习闭环
周期	无周期，用户可自由安排	设置明确的学习周期和学习日程，会明确规定听课的时间、交作业的时间，以及每项服务的时间
课程结构	结构较为简单，每节课解决一个特定问题	结构体系化，可能包含多个模块
交付程度	只交付知识，如"产品经理岗位技能"课程，教的是产品经理岗位所需的技能	交付效果或结果，如"产品经理岗位技能训练营"，可能要在营期做出一个产品原型图
体验	每节课明确解决一个特定问题，使学习者在完成课程后能够立即看到效果	每节课明确解决一个特定问题，结合课后服务，使用户获得显著学习效果

设计大纲的两个核心出发点是解决问题和用户体验。

任何课程都是为了帮助用户**解决问题**而存在的。因此，设计课程大纲的首要出发点就是解决问题，实现教学目标。这包括确定学习什么内容以及按照什么顺序学习。

◎ 学习内容：要筛选出课程中必须解决的问题，确保用户获得必要的知识和技能。

◎ 学习顺序：要考虑内容的难易程度，找到最佳的学习顺序，帮助用户更好地掌握知识。

我们已经深入剖析了用户的痛点，并筛选出了需要教授的知识点，如图 4-3 所示。

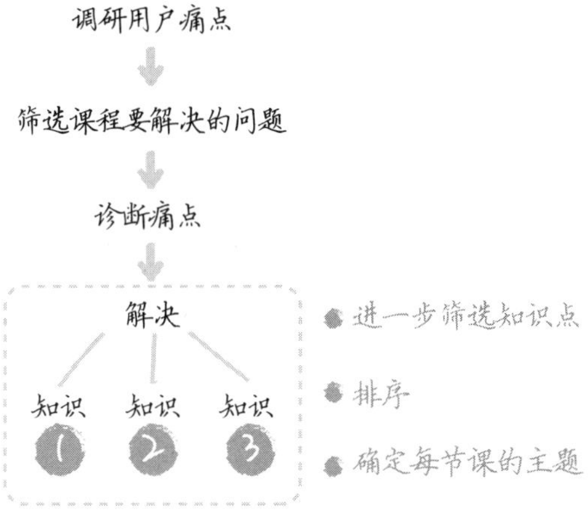

调研用户痛点

↓

筛选课程要解决的问题

↓

诊断痛点

↓

解决
知识① 知识② 知识③

● 进一步筛选知识点

● 排序

● 确定每节课的主题

图 4-3

制作课程大纲时，需要进一步筛选每节课要讲的知识点并对课程进行排序，最后确定每节课的主题。

以**用户体验**为出发点设计课程大纲、实现教学目标，这是一个很容易被忽视的问题。课程需要考虑用户的感受，包括用户刚开始购买课程时的兴奋感、中途可能出现的疲倦感，以及最终的成就感。

每设计一个动作，都要考虑用户在该阶段可能产生的感受。人不是机器，不能像上了发条一样机械地学习。如果忽视了人性，即使学习计划再严谨，也很难达到预期效果。

4.2 优质课程大纲的 5 个标准

在设计课程大纲之前，我们要知道优质的课程大纲需要达到哪些标准。

1. 目标感

每节课程、每项服务都需要有效地帮助用户解决问题。我们要确保课程大纲中的每部分都有明确的目标，同时，我们有能力帮助用户实现这些目标。教学目标就像指南针，可以帮助我们不断校准、修正大纲。

我听说过很多讲师在制作课程大纲时的痛苦经历，他们在最初设定目标时逻辑清晰、充满信心，但在制作大纲的过程中慢慢地忘记了教学目标，觉得"这个也可以教、那个也可以教，反正都是对用户有用的"。这样就很容易把课程做成"百科全书"，导致用户在短时间内无法完全消化。

可以通过以下标准判断课程是否有"目标感"。

◎ 检查课程和服务，是否存在与目标无关的内容。

◎ 课程大纲是否是达到课程目标的最直接、最有效的路径。

◎ 课程大纲是否解决了对实现目标最为关键的问题。

◎ 每一节课的内容是否都与课程的主题紧密相关。

这就像我们在迷失方向时，需要不断地提醒自己："我要去哪里？我的目标是什么？"

这听起来很简单，但做起来难。乒乓球世界冠军邓亚萍曾经说过，当一场乒乓球比赛到了最后阶段，教练不再提醒选手使用复杂的战术，而是告诉他们：把球打在台子上！

2. 必要性

课程的总容量有限，训练营的周期也有限，我们不能把时间浪费在一些无关紧要的内容上。我们要确保每节课都能解决用户的核心问题，而不只是提供一些琐碎的知识。你可以通过下面的标准来评估一节课的内容是否必要。

◎ 某部分课程内容是否会影响整体课程的完整性。可以通过遮住这节课，观察是否影响整体教学目标的达成来判断。如果不影响，那么可能说明这节课没有存在的必要。

◎ 某个知识点是否一定要出现在课程里。如果某些知识点严重碎片化，不适合出现在课程里，但又不得不教，那么可以考虑将其放在学习资料里，或单独发到社群里。

3. 吸引力

每节课的标题都应该能够清楚地告诉用户这节课要讲什么，整个课程大纲就像一个被精心包装的商品，能够激起用户的购买欲望和好奇心。

很多课程大纲就像大学教材的目录，虽然专业，却让人"头大"。课程被拆得很细，结构严谨，看起来很有学术气息，但对于那些已经在工作中忙得焦头烂额的成年人来说，就像一座无法攀登的高山。

那么，怎么才能让你的课程大纲变得吸引人呢？你可以从以下几个方面评估课程是否具有吸引力。

◎ 看到课程标题，用户是否能立刻明白每节课要讲什么？如果不能，那么你可能需要重新思考你的课程标题。

◎ 用户是否会觉得课程有趣，值得投入时间和精力去学习？如果不是，那么你可能需要增加一些具有挑战性的元素。

◎ 如果将你的课程和市面上的其他课程进行比较，用户是否会觉得你的课程物有所值？

◎ 课程是否紧凑有序，而不是拖沓无聊？

另外，最好不要把一个主题分成太多部分。当你看到下面的课程标题时，会不会感到厌倦？

如何写出令人拍案叫绝的金句 –1

如何写出令人拍案叫绝的金句 –2

如何写出令人拍案叫绝的金句 –3

如何写出令人拍案叫绝的金句 –4

4. 体验感

当用户学习课程时，不应该产生过多的负面情绪。我们要让用户能够在学习中找到成就感，同时在一定程度上减少用户的压力。我们不应该采取疲劳战术，让用户感到精疲力竭。你可以从以下几个方面评估课程是否能给用户带来良好的体验。

◎ 导语或发刊词是否能激发用户的好奇心和挑战欲。

◎ 课程的开头是不相对容易，不会让用户产生挫败感。

◎ 课程的难度是不是循序渐进的，没有"突然变难"的情况。

◎ 每节课是否能达成立竿见影的效果，让用户获得即时满足感。

◎ 每节课结束后，是否有知识留存，例如知识卡片或课件。

◎ 课程前期（尤其是第一周）是否激发了用户的求知欲和乐趣。

◎ 检查每周必修任务的时间是否在 6 小时以内。

◎ 用户是否每周都有足够的成就感。

◎ 每个重要实操步骤，是否都有对应的练习机会。

5. 难度稳定

每节课的难度应该没有过大的跳跃，确保用户在学习过程中不会遇到过于困难或过于简单的内容。你可以从以下几个方面评估课程的难度是否稳定。

◎ 所有课程的主题是否在同一个层次或量级。例如，"如何与听众建立连接"和"紧张到忘词该怎么办"这两个主题的差距很大，应避免在同一课程大纲中出现。

◎ 所有课程的精细度（也可以理解为"颗粒度"）是否在同一个层次或量级。不均衡的课程精细度可能导致课程时长不一，或者讲解深度不一，从而影响用户体验。

4.3 课程大纲设计三步法

在设计课程大纲之前，我们要确保足够了解目标用户，知道用户是谁，具备怎样的基础，为什么学习这门课程。

4.3.1 确定大纲内容

例如，我们要设计一个小说训练营，可以将大纲设计为如表 4-2 所示。

表 4-2

序号	章 / 模块	课程名
0	发刊词	「发刊词」为什么网络小说让人上瘾
1	构思想法	「点子」从一个点子开始
2		「训练」刻意寻找灵感的 5 种方法
3		「调研」想不到吧，我写小说之前真的会调研
4	人物设计	「人物」如何创造有辨识度的主角
5		「人物」如何搭建人物网，让剧情源源不断
6		「人物」反派不是工具人
7		「训练」1 分钟限时创作角色练习
8	情节设计	「情节」如何设计冲突，让故事更有戏剧性
9		「情节」我是怎样勾着读者看下去的
10		「情节」如何反转，出乎读者的意料
11		「情节」要普通"爽点"，也要高级"爽点"
12		「情节」高潮这么设计，故事才有后劲儿
13		「初稿」初稿要写到什么程度
14	正文撰写	「正文」这样开篇，读者一定不会看
15		「正文」写人物，要看细节

续表

序号	章 / 模块	课程名
16		「正文」赏析 10 种文风
17		「正文」这些情况，我劝你不要展开写
18		「正文」这 5 种情形，最好展开写
19		「正文」为什么常常到中途写不下去
20	专项要点	「专项」虐文，如何写得意难平、后劲儿大
21		「专项」恐怖小说写作要点
22		「专项」悬疑小说写作要点
23		「专项」都市小说写作要点
24		「专项」玄幻小说写作要点

以"如何创造有辨识度的主角"这节课为例，痛点、主要原因和解决方案如表 4-3 所示。

表 4-3

痛点	主要原因	解决方案
主角过于完美，像从工厂里批量生产的，不够真实	缺乏相关意识和技巧	课程中给技巧：设计怪癖、反差感；推荐阅读《天龙八部》
对主角的设计不够完整	不了解人物小传包含哪些要素；不了解人物小传需要细致到什么程度	课程中提供人物小传案例和模板
主角讨人厌，导致读者放弃阅读	不了解主角的设计底线	课程中进行案例分析；给出一些主角特质清单供参考
主角自始至终没有成长，性格没有明显变化	缺乏相关意识和技巧	课程中介绍人物发展弧线和案例

你会发现，这个训练营的每节课都会解决一个问题，而课程中要讲的知识点，就是问题的解决方案。

接下来，我们要调整课程顺序，确定大纲结构。我为你梳理了 4 种超级实用的经典结构，你可以根据课程的具体内容选择最合适的结构。

1. 流程式

流程式结构指按特定步骤或时间顺序一步一步展开的大纲结构，这种结构特别适合需要按照特定流程完成的课程。

"课程制作"就是流程式结构的绝佳例子，需要按照实操的顺序一步步完成，从策划选题、设计大纲到确定每节课的逐字稿，再到录课、剪辑、包装、营销，最后推广，一个步骤都不能少。

再例如，历史类的课程也可以按照时间顺序来讲解经典事件。

以下是小说训练营的流程式大纲，课程按照实操流程来排列。

01 讲：寻找写作北极星 | 确定方向

02 讲：新手指南 | 如何巧妙选择小说题材

03 讲：爆款秘籍 | 小说案例深度解析

04 讲：动手实战 | 提交独特的小说选题

05 讲：构思大师 | 掌握小说构思的八步法

06 讲：角色工厂 | 设计独一无二的角色

07 讲：剧情大厨 | 用角色的过去"烹饪"剧情

08 讲：实战挑战 | 提交小说梗概

09 讲：大纲宝典 | 掌握大纲的黄金模板

10 讲：高潮制造者 | 设计令人痴迷的高潮剧情

11 讲：动手实战 | 提交完美的小说大纲

12 讲：开篇之道 | 小说开篇案例精析

13 讲：节奏大师 | 把握开篇节奏的艺术

14 讲：代入感魔法师 | 如何提高代入感

15 讲：剧情继续 | 如何持续推进剧情

16 讲：实战挑战 | 提交精彩的正文开篇

流程式结构可以帮助用户更好地理解和掌握每个步骤，在完成每个步骤后，他们可以得到实质性的反馈，学习过程既高效又有成就感。

2. 并列式

并列式结构的特点在于，每节课所传递的信息在重要性上是相等的，没有固定的先后关系。换句话说，你可以随意调整这些课程的顺序，整体的课程效果并不会受到太大影响。

以下是两个采用了并列式结构的课程大纲的例子。

知识小课"精读八本书"的课程大纲如下。

导语：每天听一本书，你能收获什么

01 讲：通透人生 | 被讨厌的勇气：学会课题分离的艺术

02 讲：通透人生 | 人生由我：尊重自我，理解内心的感受

03 讲：通透人生｜《通透》：如何活出清醒的人生

04 讲：高效人生｜《高效能人士的七个习惯》：实现事半功倍的生活

05 讲：高效人生｜为什么精英都是时间管理控：重塑你对一天 24 小时的认知

06 讲：高效人生｜起床后的黄金一小时：一日之计在于晨的生活智慧

07 讲：幸福人生｜断舍离：给生活做减法，找回真我

08 讲：幸福人生｜四千周：接纳生命的有限性，活出无悔的人生

知识小课"如何提升学习能力"的课程大纲如下。

导语：8 节课，让你成为学霸

01 讲：如何制订合理的学习计划

02 讲：如何根治拖延症

03 讲：如何高效记忆

04 讲：如何提升专注力

05 讲：如何有效归纳总结

06 讲：怎样让笔记清晰明了，方便记忆

07 讲：如何用费曼学习法有效自学

08 讲：总是三天打鱼两天晒网，该怎么办

并列式结构的课程大纲可以让用户更自由地选择学习的内容和顺序，满足不同用户个性化的学习需求。

3. 递进式

递进式结构的特点是，内容的难度和层次是逐步提升的，从单一的知识点逐渐拓展到多元的知识领域，从理论学习逐步过渡到实际操作。

以下是"脱口秀训练营"的课程大纲，它采用了递进式结构，包含了从入门到初阶创作，再到登台所需的知识和技巧。

发刊词：每场脱口秀，都是对过往人生的一次打包

第一周：重新认识脱口秀

作业：将生活中发生的一件小事讲得有趣，并录制成 5 分钟的短视频

01 讲：如何找到故事里的喜剧灵魂

02 讲：怎样讲故事更有幽默感

第二周：初阶脱口秀创作

作业：录制一个 5 分钟的脱口秀

03 讲：如何设计脱口秀结构

04 讲：如何设计脱口秀包袱

第三周：进阶脱口秀创作

作业：写毕业作品的逐字稿

05 讲：如何善用反讽和夸张

06 讲：如何设计反转

第四周：毕业表演——完成一场脱口秀

作业：修改逐字稿，录制 10 分钟的脱口秀表演视频

07 讲：逐字稿修改技巧

08 讲：上台前的排练技巧

09 讲：如何找到自己的风格

这种递进式的课程设计能够帮助用户循序渐进地掌握知识，从初级到高级，从理论学习到实际操作，逐步提升学习效果。

4. 总分总

总分总是一种非常常见的结构，无论是设计课程大纲、单次课还是知识点，都可以套用总分总结构。

如图 4-4 所示，总分总结构首先提供总体概述，然后详细分析各部分，最后进行总结。这种结构主要有两种常见的应用方式。

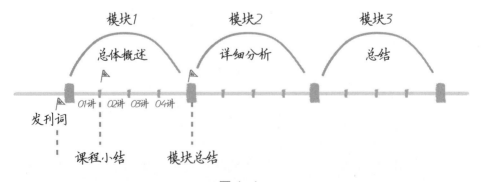

图 4-4

（1）经典总分总结构。

大多数课程都需要导语和回顾。

◎导语：阐明学习的原因、学习的目标和讲师的优势。

◎回顾：将学过的知识点串联起来进行复习。例如，在得到的"超级个体"课程中，每个模块都设有"模块导语"和"精华回顾"部分。

（2）项目制总分总结构。

当一个模块围绕一个实操项目进行时，我们可以先介绍案例，再分步进行讲解，最后进行总结。

例如，"课程设计训练营"的每个模块都需要完成一个实操项目。在这种情况下，可以设计如下总分总结构。

◎总：展示模块的作业案例，让用户了解该模块要完成的任务、流程和关键点。

◎分：逐步讲解实操流程。

◎总：帮助用户复盘整个课程，将知识点串联成一张网。

以下是"课程设计训练营"的课程大纲。

> 发刊词：学会做课，卖掉你的思考
>
> 第一模块作业：完成一款知识小课的课程设计
>
> 01 讲：拆解爆款知识小课案例，剖析设计要点（总）
>
> 02 讲：用户与竞品调研
>
> 03 讲：如何设计教学目标
>
> 04 讲：如何设计课程大纲
>
> 05 讲：如何设计一节课的细纲
>
> 快速回顾本模块（总）
>
> 第二模块作业：完成一款训练营的课程设计
>
> 06 讲：拆解爆款训练营案例，剖析设计要点（总）
>
> 07 讲：如何设计教学目标
>
> 08 讲：如何设计训练计划
>
> 09 讲：如何设计一节课的细纲
>
> 10 讲：如何设计服务细纲
>
> 快速回顾本模块（总）

我们已经了解了流程式结构、并列式结构、递进式结构和总分总结构，在实际做课时，这些结构是可以交叉运用的，我们通过几个案例加以说明。

案例一：递进式＋总分总

改良版本的"脱口秀训练营"结构采用递进式结构，从易到难，先完成粗糙作品，再完成精细作品。其中，每个模块都采用了总分总结构，先拆解模块作业案例，再详细讲解用户技巧，最后回顾课程大纲如下。

序章：每场脱口秀，都是对过往人生的一次打包

第一模块：重新认识脱口秀

作业：将生活中发生的一件小事生动地讲述出来，并录制成5分钟的短视频

01讲：逐段拆解脱口秀故事片段（总）

02讲：如何找到故事里的喜剧灵魂

03讲：怎样讲故事更有幽默感

本模块快速回顾（总）

第二模块：初阶脱口秀创作

作业：录制一个5分钟的脱口秀视频

04讲：拉片拆解脱口秀案例（总）

05讲：如何设计脱口秀结构

06讲：如何设计脱口秀包袱

本模块快速回顾（总）

第三模块：进阶脱口秀创作

作业：完成毕业作品的逐字稿

07讲：拉片拆解脱口秀案例（总）

08讲：如何运用反讽和夸张

09讲：如何设计反转

本模块快速回顾（总）

第四模块：毕业表演

作业：修改逐字稿，录制10分钟的脱口秀表演视频

10讲：拉片拆解不同风格的脱口秀表演（总）

11讲：逐字稿修改技巧

12讲：排练技巧

13讲：如何找到自己的风格

回顾全部学习内容（总）

案例二：流程式＋递进式

知识小课"写作"的主结构采用流程式，同时用到了递进式，从单点到综合应用。

第一部分为 01 讲到 06 讲，采用单点突破的方式，按照写文章的流程，介绍如何起标题、搭结构、收集素材；第二部分为 07 讲和 08 讲，给出综合应用，学习写影评和两性情感文章。其课程大纲如下。

> 01 讲："单点突破"策划爆款选题的 5 大技巧
>
> 02 讲："单点突破"3 个方法，教你写一个好标题
>
> 03 讲："单点突破"如何快速收集文章素材
>
> 04 讲："单点突破"如何设计文章的大纲
>
> 05 讲："单点突破"4 种方式，写出吸睛的开篇
>
> 06 讲："单点突破"如何写出令人拍案叫绝的金句
>
> 07 讲："类型写作"如何写影评
>
> 08 讲："类型写作"如何写两性情感文章

在设计课程大纲时，要注重用户在不同阶段对情绪和体验的期待。我将课程拆分为激发兴趣、难度渐进和终局 3 个阶段。

◎ 激发兴趣阶段：一门课程的第一节课往往是导语或序章，在这个阶段，要激发用户的兴趣。用户希望在第一节课了解到课程的逻辑和目标，这时还处于兴奋、好奇、充满斗志的状态，所以导语和序章的目标不是教授知识或解决问题，而是满足用户情绪上的期待，向用户阐明课程的逻辑。同时需要注意，正课部分不必立即讲解技术层面的细节。我的习惯是，先打通用户的"任督二脉"，教授底层逻辑，让用户对课程有一个宏观且准确的理解，再教授具体的技术。

举个例子，用户花 57 元购买了"如何设计一门课程"的课程，导语课结束后，第一节正课就是"如何做课程选题"。这不算反面案例，但是更好的做法是先介绍课程的本质和标准，如果一上来就学习技术，用户感受会不佳。

◎ 难度渐进阶段：我们要确保第一阶段课程的难度不会过高，任务容易完成，用户能够轻松上手，从而对课程产生兴趣，找到自信。当课程进入提升难度的阶段时，我们需要保证难度的增加是渐进的，就像爬楼梯一样，每个台阶的高度都应该是一样的。如果某个"台阶"太高，那么用户可能无法应对；而如果某个"台阶"太低，那么用户可能因为太过轻松而感到不适应。

我们可以在每节课的评论区选出 2~3 个优质评论给予奖励，这种方式可以鼓

励用户积极参与课程讨论，提高他们的学习热情。

◎ 终局阶段：对于小型课程而言，在课程结束时，可以进行全面的回顾，总结用户的学习成果，让他们能够感受到自己的成就。在终局阶段，我们可以回顾重要的概念和技巧，让用户回顾并巩固所学内容。同时，可以鼓励用户在评论区分享他们在课程中的收获和心得体会。

通过精心设计的终局体验，我们可以帮助用户形成积极的学习回忆，并为他们的学习旅程画上圆满的句号。

4.3.2 模块化设计

训练营大纲往往采用模块化设计，我将它整理为图 4–5 所示的阶梯模型。

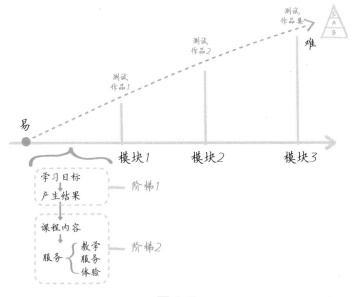

图 4-5

模块化设计有以下 3 个特点。

◎ 目标独立：每个模块都有独立的学习目标和可量化或可展示的学习成果，最终形成一个作品集，用户会在这个过程中找到成就感。

◎ 完整闭环：从学习开始到结束，每个模块都是一个完整的学习过程。

◎ 模块测验：完成模块学习后，会有相应的测验。

之所以用模块化设计，是因为用户需要阶段性反馈，并通过实践和即时反馈循序渐进实现目标。如果一开始就设定一个遥远的目标，那么很难一蹴而就。

考虑到成年人紧张的生活与工作节奏，我推荐每周专注学习一个模块，确保学习不至于过于紧张。

接下来，我们分三步设计模块化训练营。第一步，设计模块目标和作业；第二步，站在用户角度设计课程服务；第三步，合理安排训练日程。

1. 设计模块目标和作业

3.2.2 节详细讲解了如何确定目标用户，我们要确保每位用户都能从训练营中受益，所以要把那些不合适的人筛选掉，然后根据课程的价格和我们能提供的服务确定课程目标。

确定总的课程目标后，就要确定合理的学习顺序，以及对应的模块目标和作业，这里提供两种思路。

（1）按实操步骤设计模块目标和作业。

以具体的毕业作品为目标，将达成该作品所需的关键步骤进行拆解，每个步骤对应一个学习模块。

这种思路特别适合需要长期实践的课程，例如长篇写作或课程制作。

举个例子，我曾设计"零基础网络小说写作训练营"，用户要完成的毕业作品是小说大纲和 2000 字的开篇。

这显然不是一项可以在短时间内完成的任务，因此，我结合用户的基础和总教学目标，将课程设计为多个模块，包含确定选题、构建故事梗概、编写大纲和撰写开篇。这样，用户可以一步步地完成整个毕业作品，从中得到满足感和成就感。

◎ 用户起点：零基础，没写过小说，但经常看网络小说。

◎ 学习目的：写小说，最好能成为网络平台签约作者。

◎ 交付程度：给实操技能和训练项目，让至少 10% 的用户达到签约门槛。

◎ 初步定价：2899 元 /4 周。

◎ 总教学目标：了解爆款小说的特点，选择适合自己的题材；掌握人物设定、大纲、开篇和正文的写作技巧；了解网文平台的签约标准，能写出 2000 字以上的正文。

◎ 用户最好具备哪些条件：看过 5 本以上网络小说。

◎ 会觉得太容易的人群：写过超过 10 万字的小说，或者正在写连载小说。

◎ 会觉得有难度的人群：没看过网络小说；不擅长电脑打字。

◎ 第一模块目标：了解爆款小说特点，选择适合自己的题材。
作业 1：确定小说选题。

◎ 第二模块目标：掌握人物设定和梗概写作技巧。

作业 2: 构建故事梗概。

◎ 第三模块目标：掌握写小说大纲的技巧。

作业 3: 编写小说大纲。

◎ 第四模块目标：掌握开篇写作技巧。

作业 4: 撰写小说的第一章，开始创作之路。

让用户在前面的模块完成简单的作品，后面模块的难度逐渐增加。这种方法适合实操难度较大的课程。

例如，"脱口秀训练营"的毕业作品是录制一个 10 分钟的脱口秀视频，这对新手来说难度较大。因此，结合用户的基础和总教学目标，我在课程中设计了讲述生活中的故事、录制脱口秀作品等模块。

◎ 用户起点：零基础。

◎ 学习目的：进入脱口秀行业。

◎ 交付程度：给实操技巧，含高强度训练。

◎ 初步定价：3699 元 /4 周。

◎ 总教学目标：熟练掌握脱口秀创作技巧，学会语言包袱，创作至少 1 个段子；克服上台时情绪紧张的问题。

◎ 用户最好具备哪些条件：有较强的语言能力，有一定的阅历。

◎ 会觉得太容易的人群：脱口秀演员。

◎ 会觉得有难度的人群：讲话吃力者。

◎ 第一模块目标：掌握幽默讲故事的技巧，解放天性。

作业 1: 把一件小事讲得很有趣，录制成一个 5 分钟的视频。

◎ 第二模块目标：掌握不同类型包袱创作技巧。

作业 2: 运用包袱，录制一个 5 分钟的脱口秀视频。

◎ 第三模块目标：提升在生活中寻找段子的能力。

作业 3: 限定主题，录制一个 10 分钟的脱口秀视频。

◎ 第四模块目标：克服上台的紧张情绪，掌握排练技巧。

作业 4: 修改作业 3，完成毕业作品。

（2）从单角度到多角度。

这种方法的主要特点是，每个模块完成的任务相似，随着课程的深入，作业需要运用的技巧逐渐增多。

以"声乐训练营"为例，尽管唱一首歌只需要三分钟，但唱歌的技巧需要反复强化和练习。

因此，我们将课程设计为先利用第一模块所学的技巧来演唱一首歌曲；再结合第一和第二模块所学的技巧演唱一首歌曲。这种方式能够帮助用户在实践中反复运用和强化所学的技巧。

结合用户的基础和总教学目标、定价，我将课程设计为两个模块。

◎ 用户起点：唱歌不好听，例如"大白嗓""五音不全"。

◎ 学习目的：提升在 KTV 唱歌的水平。

◎ 交付程度：给实操技巧，含训练。

◎ 初步定价：1288 元 /2 周。

◎ 总教学目标：养成正确的发声习惯，掌握高音、颤音、换气等基本技巧。

◎ 用户最好具备哪些条件：会用全民 K 歌 App。

◎ 会觉得太容易的人群：声乐专业的学生，抖音才艺主播。

◎ 会觉得有难度的人群：暂无。

◎ 第一模块目标：了解导致唱不好歌的原因，了解如何练气。

　作业 1：演唱《青花瓷》并上传。

◎ 第二模块目标：掌握颤音和换气技巧，掌握高音技巧，强化练气。

　作业 2：演唱《红豆》并上传。

设计模块作业是一个关键的环节，它有助于用户复习和巩固所学的知识，也能让我们了解用户的学习情况。以下是设计模块作业的原则。

◎ 精准考核：作业应该能精准地考核模块所教授的知识点，不能超纲，以确保用户专注于模块的学习目标，避免他们在学习过程中分心。此外，精准考核也能帮助用户更好地理解和掌握所学的知识。

◎ 限制作业用时：如果作业太难，用时太久，就会使用户产生畏难情绪，作业参与率会非常低。建议完成作业所需时间在 2 小时以内。

◎ 明确作业标准：在布置作业时，应明确告知用户作业的标准和要求。这可以帮助用户清晰地了解他们需要达到的水平。同时，明确的作业标准也可以让我们更公平、更客观地评估用户的作业。

课程的交付深度与作业的精细度紧密相连，高交付质量往往伴随着对作业标准的明确设定。在实践中，通常采用SABC等级制度来评估作业的质量。其中，S 代表优秀，表示作业达到了超出预期的高水平；A 代表良好，意味着作业满足了所有要求，并在多个方面表现出色；B 代表合格，表示作业基本符合要求，但可能在某些方面有所欠缺；C 代表待提高，指出作业未能满足要求，需要进一步努力。公开这些评估标准有助于用户明确作业要求。

同时，需要为 SABC 等级设定目标比例。例如，在一个训练营中，设定 S 级作品的目标比例为 10%。如果实际完成的 S 级作品的比例未能达到这一目标，那么说明目标设定得太高，或者课程内容不合理。

2. 站在用户角度设计课程服务

在设计课程服务时，我们要站在用户的角度，设身处地地思考他们在不同时间可能遇到什么困难，需要接受怎样的训练。

如果站在设计者的角度，很容易本末倒置，出现"先有外壳，再填充内容"的情况，例如先确定直播和社群练习的形式，再填充直播和社群练习的内容。

训练计划没有固定的套路，可以灵活设计，只要能实现教学目标，就是有效的。

我们需要深入思考，驱动用户不断地向目标前进，并在关键时刻"拉"用户一把，这就是所谓的"设计抓手"。

例如，曾焱冰老师的"21 天早起光芒打卡计划"课程设有中途复盘环节，在班级群内进行。在这个环节中，曾焱冰老师会梳理用户早起时会遇到的问题，并给出相应的建议，这个行为相当于在课程之外"拉"了用户一把。

再举个特别的例子，用户要学会跳一支完整的街舞，如果我们站在用户的角度思考，就会发现学习的过程可能是这样的：跟随老师的步伐学习（听课），记住每个八拍的动作。然而，听课并不足以掌握街舞，用户还需要亲自跟着音乐跳舞（完成作业，实际操作一遍），让老师看看自己的舞步，予以纠正并指导（老师对作业进行点评）。

如果想提升舞蹈的质感，使每个动作准确到位，那么需要每天进行节奏训练，学习基本功（每日练习）。

学习舞蹈还需要一种特别的氛围，因此在学习过程中，还可以和舞友进行对决，互相学习（参加 PK 赛）。

所以你看，要站在用户的角度推演实操过程，预判用户可能遇到的困难，再设计对应的课程和服务。

3. 合理安排训练日程

训练营的课程和服务离不开时间安排，我们要为用户在每个时间点的体验和情绪负责。做好以下 4 个关键点，有助于提升课程的用户体验。

（1）分散每个模块的学习安排。

每个模块的学习安排要分散。例如，第一天完成作业，第二天听直播；或者第一天听课，第二天答疑。每周要有休息日，给用户喘息的时间，避免任务过度集中。

（2）把控学习时长。

一个优秀的训练计划应该能够妥善管理用户的精力，每周必要任务所占的学习时长不应超过 6 小时。例如，一个模块可以设计为 3 节录播课，每节 20 分钟；1 节直播课，120 分钟；2 节带练直播课，每节 60 分钟；1 小时作业，总学习时长为 6 小时。如果学习时长超过 6 小时，那么可能面临课程参与率低、完课率低以及作业提交率低等问题。

有些课程要求用户每周投入 10 小时进行学习，这看似很实在，但实际上可能让用户感到压力过大。这种过度要求往往会挑战用户的精力极限，导致他们无法完成任务并产生挫败感，最后可能选择放弃。

我们要充分尊重用户的日常生活和其他活动，不能期望用户将所有时间都用来学习课程。

表 4-4 为常见课程和服务的建议时长及功能。

表 4-4

课程 / 服务	建议时长	功能
录播课	20 分钟以内	提供基础理论知识、实操技能讲解及案例分析
直播课	1.5 小时以内	复盘模块内容，提供高级技巧，解决实操常见问题，进行现场答疑及互动
作业	1 小时以内	通过实践应用课程所学知识
作业点评	无特定时长	评估用户掌握程度并提供反馈
知识卡片	无特定时长	提供工具、模板和关键知识点，便于用户碎片化学习
课后小练习	不超过 10 分钟 / 次	刺激课后思考，鼓励立即应用所学知识
社群活动	不超过 30 分钟 / 次	促进用户间的交流和思考，提供实践机会
开营典礼	60 分钟以内	激发用户求知欲，营造活跃的学习气氛
结营典礼	60 分钟以内	表彰和激励用户，进行课程总结回顾

（3）设计模块的节奏。

训练营第一模块的作业难度不能太高，要易于完成、好上手、参与性强，能够激发用户的兴趣，让用户找到自信。

举一个反例。用户花了 2999 元购买"写作训练营"课程，信心十足，结果发现第一周就要写 3000 字的文章，于是产生了畏难情绪。

导致这种情况的原因显而易见——第一周的作业太难了。如果试着将第一周的作业改为随笔，那么会更容易完成一些，用户也能找到自信。

再举一个例子，以下是一门写作课第一周的小练习。

敏锐度训练：

电影有远镜头和近镜头，试着像拍电影一样，捕捉身边的故事。

1. 远镜头训练

打开微博热搜，试着在近期发生的大事件中，找一个最打动你 / 让你愤怒 / 让你感动 / 让你吃惊的故事，简述一下。

例如，娱乐圈某位明星身上发生的故事。

2. 近镜头训练

试着观察身边的朋友 / 亲人 / 爱人 / 同事，定格他们的一个瞬间。这个瞬间，最好是让你感动的，或者让你想笑的，或者让你觉得幸福的，简述这个瞬间。

例如，看到公司的洗手间里，有一位实习生在哭。

例如，看到孩子第一次反击。

例如，每次远行，都能看到姥姥在楼上目送我远去。

（4）善用激励。

学习完第一模块，会进入难度提升阶段，这往往是最具挑战性的阶段。用户可能感到疲惫，甚至有放弃的念头。在这个关键时期，我们需要设计一些激励机制，唤醒用户的内在动力，让他们愿意坚持下去。常见的激励机制如下。

◎ 公开表扬：通过对用户的优秀表现进行公开表扬，可以提高他们的成就感，激发他们的学习动力。

◎ 组织竞赛：通过组织用户之间的竞赛，让他们在竞争中找到乐趣，进一步提高学习动力。

我们可以在每周点评作业后，将优秀作业发到课程群内，或在直播课中展示优秀作业。这种方式可以让用户在良性竞争中找到动力，更加努力地学习。

4.3.3 设计日程表

训练营的所有动作都要有明确的时间点，否则用户会感到迷茫和被动。同时，如果用户咨询过多关于进度安排的问题，也会增加老师的工作量。

接下来，让我们看一下实际的日程表是如何设计的。表 4-5 是"零基础网络小说写作训练营"的日程表。

表 4-5

模块及教学目标	训练计划	时间
开营	开营典礼	周日晚
模块一：小说选题 教学目标：掌握不同题材的特点，选择适合自己的题材	模块导语	周一上传
	01 讲：找准写作方向	周一上传
	02 讲：新人如何选择小说题材	周一上传
	03 讲：爆款小说案例拆解	周一上传
	作业：提交小说选题	周五
	一对一作业点评	周六
	第一次直播答疑	周日
模块二：小说梗概 教学目标：学会构思跌宕起伏的小说剧情，创造小说人物	模块导语	周一上传
	04 讲：小说构思八步法	周一上传
	05 讲：如何设计有辨识度的角色	周一上传
	06 讲：如何用角色的过去展开剧情	周一上传
	作业：提交小说梗概	周五
	一对一作业点评	周六
	第二次直播答疑	周日
模块三：小说大纲 教学目标：掌握编写大纲的技巧，让读者持续愿意读下去	模块导语	周一上传
	07 讲：大纲的黄金模板	周一上传
	08 讲：如何设计剧情	周一上传
	作业：提交小说大纲	周五
	一对一作业点评	周六
	第三次直播答疑	周日
模块四：小说开篇 教学目标：了解优质开篇的特点，掌握开篇写作技巧，让读者产生好奇心	模块导语	周一上传
	09 讲：小说开篇案例拆解	周一上传
	10 讲：如何把控开篇节奏	周一上传
	11 讲：如何提升代入感	周一上传
	12 讲：如何持续展开剧情	周一上传
	作业：提交正文开篇	周五
	一对一作业点评	周六
	第四次直播答疑	周日
收尾	结营典礼	周一

再以"脱口秀训练营"为例，如表 4-6 所示，第一模块的作业是讲述一件有趣

的小事，并把它录制成 5 分钟的短视频。

表 4-6

课程名	课程形式	时长	上课时间
开营典礼			
解放天性，认识彼此	直播课	60 分钟	周日 19:00
第一讲：用不同类型脱口秀案例，带你初识脱口秀			
第二讲：如何设计故事里的喜剧元素	录播课	80 分钟	周一 8:00 上传
第三讲：脱口秀的节奏和音调			
第四讲：如何使用身体语言			
游戏：把发生在自己身上的悲剧讲成段子	群游戏	10 分钟	周三 16:00
将一件小事讲得有趣，并录制成 5 分钟的短视频	作业	1 小时	周五 12:00 前提交
作业点评	作业点评	—	周六 12:00 前反馈
进阶技巧	直播	1.5 小时	周六 19:00
经典脱口秀案例片段（文字版）	学习资料	—	周二在群内发布

AI 锦囊：用 AI，给你大纲思路

① 使用要点。

可以直接告诉 AI 你的课程简介，让它帮你设计一个课程大纲。

需要注意的是，AI 仅供帮你提供思路，它设计的大纲不能直接使用。

②提问示范。

◎ AI 指令。

我要做一门小红书短视频内容创作课程，10 节课左右，售价 99 元，请你帮我设计课程大纲，我希望课程标题能使用网络语言。

◎ AI 回答。

课程标题："短视频制作达人修炼手册：小红书爆款秘籍 99 元速成班"

课程大纲：

第一节：短视频入门秘籍

短视频平台解析与定位、短视频内容创作灵感挖掘

第二节：视频剪辑与配乐

高效剪辑技巧大揭秘、热门配乐选择与运用

第三节：视觉冲击力打造

画面构图与色彩搭配、特效与滤镜的使用技巧

第四节：文案与配音

吸引人的文案写作技巧、配音与口播的注意事项

第五节：短视频内容创意

创意内容生成方法、热门话题与趋势跟踪

第六节：短视频优化与推广

关键词优化技巧、短视频推广策略

第七节：数据分析与调整

短视频数据解读、根据数据调整内容策略

第八节：实战案例分析

爆款短视频案例解析、失败案例反思与避免

第九节：短视频变现秘籍

广告合作与品牌植入、短视频电商引流技巧

第十节：总结与展望

课程内容回顾与巩固、短视频发展趋势探讨

4.4 11 种教学形式

课程价位不同，教学形式也不同。以下是不同价位的课程对应的教学形式。

◎ 5000 元以上：提供重度服务，例如一对一教学、资源扶持等。

◎ 500~5000 元：提供服务，例如社群督学、社群游戏、设计实践项目等。

◎ 500 元以内：提供认知和实践工具，例如该学科的案例、理论、实操工具等。

随着教育行业的蓬勃发展，市场已经形成了明确的规律：对于不同价位的课程，用户的预期与服务需求也不同。当用户选择 5000 元以上的高价课程时，他们往往不只是出于兴趣，而是希望在特定技能上实现显著的提升，对于学习成果有着更高的期待。因此，这类课程需要以结果为导向，提供更为细致入微的服务，如一对一的专业教学、高频次的直播互动等，以确保用户的学习效果。

对于价格在 500~5000 元的课程，用户同样期望获得实质性的技能提升，但相对于高价课程，他们对于服务的深度和个性化程度要求可能会低一些。这类课程除了提供优质的录播内容，还应当包含一些基本服务，如社群督学，以帮助用户保持学习动力。

至于 500 元以内的课程，虽然价格相对较低，但并不意味着服务质量可以妥协。这类课程可以通过提供实践工具，如不同场景下的应用案例、实践指南等，来帮助用户在实际操作中巩固和应用所学知识，从而提升学习效果。这样的服务设置不仅能够满足用户的基本需求，还能在有限的价格内提供尽可能高的价值感。

接下来，我盘点了 11 种经典的教学形式，你可以根据你的课程价位，选择合适的教学形式。

1. 录播课

绝大多数课程都有录播课。录播课是用户购买课程的决定性因素，也是人们心目中对课程的固有认知。如果一门课程不包含录播课，总会让人觉得缺少了些什么。

课程详情页通常会通过各种方式宣传录播课，例如 24 个真实案例解析、12 个独家模型、深入解读 12 本畅销书、播放量百万级短视频的拍摄技巧。

需要注意的是，训练营最具价值的并不是录播课，而是服务。一门 300 元的大课可能包含 200 多节录播课，而一个 3000 元的训练营可能只有 20 节录播课。

录播课的核心功能如下。

◎ 随时学习：录播课可以让用户随时随地进行学习，实现即学即用。用户可以根据自己的时间安排和学习进度，随时随地观看课程。

◎ 知识传授：录播课是训练营中最基本的知识传授方式，可以帮助用户系统地梳理知识体系，形成完整的知识结构。通过视频 / 音频教学，用户能够系统地学习课程中的核心知识和技能。

◎ 复习巩固：用户可以通过观看录播课复习和巩固所学，加深对知识点的理解和记忆。

◎ 补充材料：录播课通常会配备课件、讲义等辅助教学材料，帮助用户更好地理解和掌握课程内容。

◎ 提升体验：高质量的录播课可以提升用户的学习体验，提升用户对训练营的满意度和口碑。

录播课最好有权威背书，可以是总结了最新案例的方法、基于最新研究的成果、来自实际操作的经验，也可以是具有稀缺性的独家方法。

2. 直播课

几乎所有高价训练营都包含直播课。相比于录播课，直播课的价值更为显著：录播课录制一次便可反复销售，直播课则每次授课都要投入时间。

直播课也是用户购买课程的决定性因素。若线上训练营没有直播课，那么给用户带来的体验可能不完整，因为直播课已经成为许多训练营的标准配置。

相比于录播课，用户对直播课会有如下期待。

◎ 沉浸式学习：用户参与直播课时，渴望进行沉浸式学习，在学习过程中更加投入和专注。

◎ 实时互动：用户在选择直播课时，往往期望能够与讲师进行实时互动，解决自己在学习过程中遇到的问题。直播课能够满足用户的这一需求，让用户感受到更加贴心的教学服务。

◎ 集体学习：用户渴望集体学习的氛围，以激发学习的积极性。

◎ 知识更新：用户在选择直播课时，往往希望能够获取最新的行业动态和知识。相比于录播课，直播课迭代的速度更快，能够使用最新案例。

直播课的核心功能如下。

◎ 实时互动：直播课可以让用户与讲师实时互动，随时提问、讨论问题，增强学习的针对性和实效性。

◎ 课堂氛围：直播课可以营造更好的课堂氛围，增强学习的积极性和主动性。

◎ 及时反馈：讲师可以根据用户在直播课中的表现，及时调整讲课节奏。

◎ 实战演练：直播课可以设置实战演练环节，让用户在讲师的指导下进行实际操作，提高实战能力。

◎ 案例分析：在直播课中，讲师可以结合实际案例进行分析讲解，帮助用户更好地理解和应用知识。

直播课的形式可以分为以下两种。

◎ 小班带练：小班带练指一个讲师带领一个小班级在直播间进行练习，班级人数较少，以确保每位用户都能得到关注。小班带练直播的特点是效果显著，每位用户都能得到及时的指导。这种模式适用于高价课程，因为它需要较高的人力成本。例如，如果招收了 100 名用户，每 20 人一个小班，那么需要开设 5 次直播课。此外，小班带练要求讲师具备高水平的专业知识和实时点评能力。

◎ 大班直播：大班直播指讲师在直播间面向所有付费用户授课，可以在直播中解答用户提出的问题，讲授录播课程中没有涉及的内容，或者回顾已经讲过的课程内容。训练营通常会采用这种方式，例如每周进行一次大班直播，每次直播时长约为 1.5 小时。大班直播适用于所有训练营。

3. 作业点评

作业点评已经成为绝大多数训练营的标配。它是用户购买课程的决定性因素，价值不可小觑。

对于大多数人来说，参加训练营最看重的便是作业点评，因为可以在这个环节得到及时反馈，起到"四两拨千斤"的作用。

绝大多数线上训练营设有作业点评环节，通常每周进行一次，若缺少作业点评环节，那么用户可能感到失望。

作业点评的核心功能如下。

◎ 及时反馈：及时提供反馈，帮助用户了解自己的优点和不足，从而进行针对性的改进。

◎ 个性化指导：针对每位用户的作业情况提供个性化的建议和指导，以便用户根据自身情况进行有针对性的学习。

◎ 激发学习动力：通过作业点评，用户可以看到自己的进步，从而有动力继续努力学习。

◎ 互动交流：作业点评为用户和讲师之间提供了互动交流的平台，有助于彼此增进了解，同时能让用户从讲师对其他同学的点评中学习到更多知识。

4. 线上社区

线上社区就如同贴吧，用户可以在其中自由学习、交流和讨论。目前，知识星球和小鹅通等平台，都是非常适合课程交流的线上社区。

很多训练营，尤其是创作类训练营，会配置知识星球小程序作为线上社区。

线上社区往往会成为注重交流互动、乐于分享的用户购买课程的关键因素。

线上社区应具备多种功能，以满足用户在学习和交流过程中的需求。

◎ 打卡挑战：用户可以参与打卡挑战，养成良好的学习习惯，提高学习效果。

◎ 知识分享：用户可以在线上社区分享自己的知识和经验，帮助他人解决问题，同时可以从他人的分享中学到新知识。

◎ 一对一提问和答疑：用户可以向授课老师或其他用户提问，获得针对性的解答，解决学习过程中遇到的问题。

◎ 干货"加精"：社区内优质的内容会被"加精"，方便用户快速找到高质量的学习资源。

◎ 发布学习任务：用户可以发布学习任务，与其他用户一起完成，增加学习的趣味性和互动性。

5. 社群

几乎所有课程都会配置社群。社群就像课程的家，用户可以随时回到这个家，与朋友们进行交流、分享和讨论。社群的优势在于即时互动性，可以使成员之间的联系更紧密。

社群活动对于用户的购买决策起着至关重要的作用。如果一个训练营缺乏社群和社群活动，那么它可能在竞争中处于劣势。

对于用户来说，社群不仅是学习的平台，更是进行交流和互动的重要场所。参与社群活动可以让用户在学习过程中随时与他人分享学习心得，消除学习中的疑惑。

用户渴望在学习时找到归属感，他们希望自己是团队的一部分，能遇到与自己志同道合的人。他们渴望一个鼓舞人心的学习氛围，从而保持自己的学习动力。他们期待集体所带来的正能量，能与身边的人共同为一个目标努力。

社群主要承载以下功能。

◎ 学习交流：提供让用户分享学习心得、共享学习资源、消除疑惑的平台。常见的社群学习交流活动有头脑风暴、话题讨论、文字讲座、晒作品等。

◎ 社交互动：通过组织各种活动增进用户之间的友谊，提高用户的参与度和活跃度。

◎ 提供动力：通过设立学习目标，组织竞赛等方式，激发用户的学习动力，提高学习积极性。

◎ 增强归属感：让用户感到他们是团队的一部分，共同为一个目标努力，增强用户的归属感和满足感。

◎ 学习辅导：班级群规模越小，服务质量高。班主任或讲师有更多的机会关注和照顾每位用户，确保每个人都能得到个性化的学习支持和指导。但这种小班服务的人力成本很高，往往在高价课中才会出现。

6. 毕业比赛

部分课程会设计毕业比赛环节，这些比赛的形式多种多样。以创作类课程为例，可以设置毕业作品大赛。

尽管用户并不会因为课程中含有比赛环节而选择购买课程，但比赛无疑为课程增添了价值，提升了用户的学习体验。用户参与比赛，主要出于对自我提升的追求和对竞争的热爱，他们期望通过比赛提升自我，同时获得他人的认可。毕业比赛不仅满足了用户的这些心理需求，也提高了他们对课程的投入度和参与感。

毕业比赛的核心功能如下。

◎ 在短时间内激发潜能，让用户在切磋的过程中不断成长。

◎ 激发用户的学习积极性和竞争精神。

◎ 让用户有机会应用所学的知识和技能。

7. 课后即练

课后即练指在每节课后设计一个练习，可以是思考题，也可以是实践活动。例如，配音类的课程通常设计发音练习、绕口令练习。

课后即练的执行成本很低，无论是高价课还是低价课都可以设置这个环节。

课后即练虽非购买课程的决定性因素，但它能为优质课程锦上添花。

用户参与课后即练的目的在于在课程结束后迅速巩固所学知识，他们期待课后即练能提供一个实践平台，进行操作练习，从而加深对课程内容的理解。同时，用户希望课后即练能带来成就感和满足感，使他们感受到自己的学习投入是值得的。

课后即练的核心功能如下。

◎ 提供实际操作场景，帮助用户及时复盘并应用所学的知识。

◎ 提供互动平台，让用户与其他用户进行交流和讨论，分享经验和心得，增强学习的趣味性和动力。

8. 学习资料

学习资料的形式多种多样，例如 .pdf 格式的课件和图片。这些资料可能是课程的延伸内容，也可能是各类训练题目的集锦，或者是实际案例的汇编，内容丰富。

除此之外，学习资料还可以是知识卡片。知识卡片是一种新颖的学习工具，将知识点、概念、方法、模型、表格等信息进行简洁的呈现。每张知识卡片的内容都经过精心筛选和整理，字数有限却言简意赅，能够帮助用户快速掌握和理解相关知识。

学习资料虽非用户购买课程的决定性因素，但可以为课程增色添彩，为用户的学习体验锦上添花。

此外，学习资料还能让用户产生一种实实在在的满足感，让他们觉得课程物有所值。

学习资料的核心功能如下。

◎ 提供轻量知识信息，拓展课程中所讲的知识点或案例、方法。在市场竞争日趋激烈的背景下，衍生出了资料包越丰富越好的现象。例如，我们经常能见到 9.9 元的体验课程附赠 5GB 的资料包，但实际上这些资料往往堆砌了许多无用内容。资料包应为录播课或直播课的延伸，而非提供过多难以消化的信息。

◎ 提供实践指导，帮助用户将理论知识应用到实际操作中，提高实践能力。用户在日常生活中很难抽出时间查阅 5GB、10GB 的资料包，因此每份资料都应简洁明了，确保用户能真正用得上。

◎ 提供案例分析，帮助用户了解某一领域的典型问题和解决方案，拓宽思路。

9. 实物礼品

实物礼品可以是与课程内容相关的工具或者参考资料，也可以是纪念品或者奖励品。

用户期望收到一个可以"晒"到朋友圈的小礼物，增加学习的乐趣，提高学习的积极性和动力。用户期待礼物的质量优良、设计独特，能满足他们的实际需求。

实物礼品的核心功能如下。

◎ 作为学习的辅助工具，帮助用户更好地理解和掌握课程内容。

◎ 作为奖励，激励用户积极参与学习，提高学习的积极性和效果。

◎ 作为纪念品，增强用户对课程的记忆和印象。

◎ 作为课程的二次宣传工具，吸引更多的用户参与学习。

10. 私董会

私董会即私人董事会，是非正式的组织形式。其成员通常为企业高层管理人员或成功的企业家，他们定期进行线上或线下的聚会，分享经营、管理经验，学习并互相帮助。私董会并不直接参与日常运营决策，而是提供建议和咨询，助力企业发展。

用户通常愿意支付高价参加包含私董会的课程，甚至有些用户购买高价课程的主要目的就是参加私董会。因为对他们来说，能够与行业内的精英交流学习、建立人脉，是极其重要的。如果可以直接与行业专家和领导者交流，那么不仅可以提升他们的知识水平，也有助于提升他们的社会地位。

私董会的核心功能如下。

◎ 提供决策建议。成员可以根据自身的经验和专业知识，为彼此提供决策建议。

◎ 交流经验的平台。成员可以在此互相学习。

◎ 私董会的成员通常拥有丰富的人脉资源，他们可以为彼此提供资金、人才、市场信息等资源。

◎为成员提供各种咨询服务，如市场分析、战略规划、财务管理等。

11. 资源扶持

一些高端训练营可以为用户提供扶持资源。例如，参加写作课的用户可以得到写书和投稿变现的机会，参加岗位技能课的用户有机会得到大型企业的内部推荐。这样的扶持资源无疑会极大地提升课程的竞争力。

用户期望能够通过资源扶持得到他们平时难以获得的机会，而不是那些他们可以轻易获得的机会。

资源扶持就像加速器，它能帮助用户更快地实现目标。具体来说，它可以提供专业的指导、提供实践的机会、帮助用户建立人脉网络、提供行业内的最新信息，以及提供可能的就业或创业机会。

提示：为了确保资源扶持的含金量，需要设定扶持条件，并设定目标人数，只有那些真正表现出色的用户才能获得扶持。表4-7给出了一些扶持权益。

表4-7

级别	对应标准	预计占比	可享有的权益
S	作品分数高于95	5%	毕业证书 + 优秀用户证书 + 岗位内推
A	作品分数高于90	30%	毕业证书 + 优秀用户证书
B	听课率100%	65%	毕业证书

当然，上述教学形式确实可以让课程在表面上看起来更具性价比和吸引力。然而，课程的真正价值并不在于其外在宣传的教学形式，而在于其内在的实质，也就是我们常说的"内秀"。

换句话说，无论课程宣传得多么天花乱坠，最终还是要回归到承诺的教学内容上。如果承诺的教学内容和实际情况大相径庭，那么再华丽的外表也无法掩盖其内在的空洞。

以下是一些热销课程的好评，如果没有优秀的内在价值，用户是不可能做出这些评价的。

"我们的班级群就是我的动力源泉，每次学不下去的时候看到大家都在坚持，我的斗志便复燃了。"

"听完老师的课程很有启发，原来我也知道这些方法，但从未了解得如此清晰。"

"老师的课程直指核心，又非常全面，让我在不同的层面都有新的领悟。很多东西回过头来学习，会有一种'蓦然回首，那人却在灯火阑珊处'的感觉。"

"老师的课程振奋人心，让我找到了看待这个世界的新角度，让我的思考面更宽，也更加坦然、心态更加平和。"

"很有帮助，许多之前感到困难、模糊不清的问题，都被具体化、系统化、清晰化了。"

"通过这门课程，我认识了一群志同道合的伙伴，我们在上海建立了校友会，昨天刚完成第一次线下聚会。"

"助教到位，热情得让我不得不抓紧时间学习，他还担心我不能学习吸收，很用心、很暖心！"

"内容充实，每周两次的实战课，还有教练一对一的作业点评，都能给用户及时的反馈和点评。学完课后又复习了一次，感觉对课程内容印象更深，把实战技巧用在了公司的演讲上，水平比之前提升了不少。"

我们的共同目标，不仅是让课程看起来更有性价比，更是要让用户在学完的那一刻认为"课有所值"。

4.5 7种方法打造吸睛的课程标题

在设计课程大纲时，许多人会陷入一个误区，认为只要大纲专业且体系化就足够，却忽略了课程标题。

实际上，课程标题至关重要，它是课程的门面。如果课程标题平淡无奇，无法吸引人，那么即使课程内容再丰富，也很可能无人问津。这就像用高质量食材制作的菜肴，如果看起来清汤寡水，那么就算再美味也不会引起食欲。

在购买课程前，用户就可以看到每节课的标题。对于犹豫是否购买的潜在用户来说，一个吸引人的课程标题能迅速点燃他们的好奇心，激发他们的购买欲望。对于已经购买的用户，一个清晰明了的课程标题能帮助他们快速理解每节课要解决的问题。

然而，在如今竞争激烈的环境中，"如何提升英语口语水平？""如何高效管理时间？"这样的标题已经略显平庸，缺乏辨识度，无法击中用户的内心。

这里提供7种设计课程标题的方法，帮助你快速写出具有辨识度的课程标题。

1.击中痛点

在课程标题中列出用户的痛点，让用户对号入座，让他们感到"这节课简直就是为我量身定做的"或"这节课解决的就是我正面临的问题"。

痛点的痛感和课程标题的吸引力成正比。思考一下，你的目标用户在这节课中会面临哪些棘手的问题，然后在你的课程标题中明确地提出这些问题。例如：

◎ 总是"记吃不记打"，怎样才能避免反复"掉坑"？

◎ 总是被同事甩锅，该怎么办？

◎ 老板的想法一天一个样，你该怎么办？

◎ 嘴笨总是不讨巧，怎样让表达流畅起来？

◎ 孩子一写作业就想上厕所，你该如何应对？

◎ 人一多就大脑一片空白，该怎么办？

2. 观点型

在课程标题中明确表达核心观点。实施这种方法的关键在于，你的观点必须具有强烈的说服力和辨识度。当用户发现你的观点独特，或者能解决他们当前的问题时，就会产生好奇心。例如：

◎ 别人找你倾诉，不用着急说"我懂"

◎ "我是为你好"？错，你是在控制孩子

◎ 转换视角，危机也是一种幸运

◎ 永远不要依赖任何人对你的评价

◎ 只有接纳自己的平凡，才能与自己和解

◎ 你越息事宁人，别人越得寸进尺

◎ 当废物，也是要讲究天分的

3. 悬念式

在标题中留下悬念，不直接透露课程的全部内容或结论。这种神秘感和未知性能激发用户的好奇心，从而吸引他们查看详情或者参与课程。例如：

◎ 情商低的人，都有这三个特点

◎ 大多数人都误解了"自律"

◎ 99% 的职场人用错了 KPI

◎ 总是苛责自己？试试这个方法

◎ 朋友对你倾诉时，为什么不要急于讲道理？

◎ 为什么我劝你不要把"我都行"挂在嘴边？

4. 身份共情

在标题中加入用户的身份标签，让用户对号入座，使他们能够立即识别出这门课程是为他们设计的。例如：

◎ 7~10 岁孩子的家长如何与孩子交流？

◎ 二胎妈妈如何平衡大宝和二宝的关系？

◎ 空降领导如何快速建立威信？

◎ 孩子到了青春期突然厌学，该怎么办？

◎ 我是一名刚升职的小主管，下属不服我，该怎么办？

5. 颠覆式

颠覆用户的既有认知，打破他们的思维定式，并在标题中突出你的独特观点或主张。最常见的策略是采用与主流观点相反的立场。例如：

◎ 惩罚孩子，也是一种保护

◎ 你可能一直误解了时间管理

6. 量化

在标题中加入数字，可以使标题看起来更有"习得感"，更加具体。这些数字可以是课程将要教授的技巧数量，也可以是学习周期。例如：

◎ 4 个步骤，准备一场带货直播

◎ 策划选题没灵感？这 5 个方法可以模仿

◎ 问自己 4 个问题，化解无谓的焦虑

◎ 5 步教你提高记忆力

◎ 3 分钟学会做一场直播带货

◎ 掌握这 4 个原则，让你的沟通能力越来越好

◎ 做好房间收纳的 10 大要领

7. 效果式

在课程标题中指明学习后的效果，以及能获得什么，让用户产生向往感、憧憬感。需要注意的是，不能夸大宣传。例如：

◎ 用这个方法，让你的时间管理效率提升两倍

◎ 了解这 10 个知识点，让你的投资收益翻倍

◎ 告别"富贵包"，练出"仙女背"

以上只是常见的方法，你可以从腾讯课堂、喜马拉雅等平台寻找一些高点击率的课程的标题，从中学习并汲取灵感，分析它们的形式和用词，并进行模仿。

AI 锦囊：用 AI 仿写课程标题

① 使用要点。

设计课程标题时，可以给 AI 你喜欢的标题，让它仿写。你也可以直接给 AI 课程标题，让它帮你修改。

②提问示范。

◎ AI 指令。

我要开设一门关于如何起文章标题的课程，请参考"在职场总是'记吃不记打'？怎样才能避免反复掉坑"，仿写 8 个课程标题。

◎ AI 回答。

以下是仿照"在职场总是'记吃不记打'？怎样才能避免反复掉坑"这个标题，为您撰写的 8 个关于如何起文章标题的课程标题：

写作时总是"抓耳挠腮"？如何巧妙构思引人入胜的标题

文章标题如何"抓人眼球"？让你的作品脱颖而出

标题创作"平淡无奇"？解锁标题的吸睛密码

写作新手如何"秒变标题大师"？掌握这些技巧就够了

文章标题"千篇一律"？教你打造独特风格的标题

为什么你的文章标题"无人问津"？揭秘背后的原因与改进方法

如何让文章标题"一针见血"？直击读者痛点

标题创作"难以下手"？这里有你需要的灵感与技巧

第 5 章
每节课的内容设计

5.1 用四步法设计一节课

要让用户真正听懂一节课，我们要在课上带领他们完成一轮完整的学习闭环：感兴趣→了解→实操试错→回顾总结。

由此总结出一个课程设计的四步法：激发兴趣（勾）、讲解知识（讲）、实践练习（练）、知识巩固（巩），如图 5-1 所示。

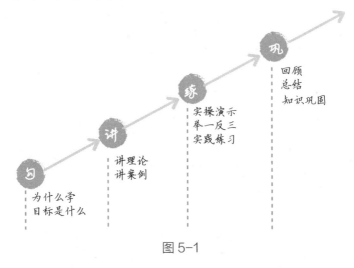

图 5-1

如何理解四步法呢？拿我讲课来举例。

激发兴趣（勾）：在讲解知识之前，我会先激发用户对这节课的兴趣。例如，我会先勾起用户的痛点，或强调这节课能解决哪些问题、学完能发生什么改变，让用户产生憧憬。

讲解知识（讲）：紧接着，我会简单阐述知识的理论、定义，尽可能一句话说清楚。再解释其原理，通过举例来讲解关键点。案例最好是用户熟悉的，这样他们才能更好地理解和吸收。

实践练习（练）：如果是实操类知识点，那么我会出几道带有具体场景的题目，并进行现场实操演示。在示范的过程中，我会一边操作，一边解释易错点和关键点。

知识巩固（巩）：最后，对该知识点进行简单总结，再讲解下一个知识点。

无论是整个课程，还是单个知识点的讲解，都可以采用"勾、讲、练、巩"的4步法。

课程形式不同，"勾、讲、练、巩"的比重也会有所不同。如果课程是非实操类的，例如历史事件解读，那么可以没有练的环节。对于实操类课程，需要用户围绕一个主题进行深度学习和深度实践，针对每个知识点都需要进行多次练习，以确保用户真正能够将知识点用于实操。

接下来，我将分步讲解"勾、讲、练、巩"如何应用。

5.1.1 第一步：勾

课程开场要勾起用户兴趣，勾起注意力。

课程开场的核心目的是向用户阐明他们为何需要学这节课、学完能收获什么，激发他们的求知欲和好奇心。如果直接开始授课，用户可能感到迷茫，不知道这节课要讲什么。毕竟，只有当人们理解自己在做什么时，才能发挥出巨大的潜力。

在设计具体某节课时，首先要思考如何开场。开场承载三个功能：传达意义、激发兴趣、植入目标。为了方便实践，我将激发兴趣的开场方式总结为以下四种。

1. 颠覆认知式

颠覆认知式的开场具有强烈的冲击感，能够打破传统思维和刻板印象。当用户发现自己原本的认知是错误的时，他们的求知欲将被极大地激发。

试想一下，我们在日常生活中容易对哪些事情形成刻板印象呢？

人们往往会对那些口口相传的概念进行刻板的定义。例如，对管理者的刻板印象是强势，对情商的刻板印象是八面玲珑，对敏感的刻板印象是脆弱，对孝顺的刻板印象是听父母的话，对内卷的刻板印象是过于努力。然而，实际上，这些概念远不止这么肤浅和扁平。

以"若男的写作训练营"为例，有一节课是"如何做读书博主，写出高阅读量的书评文"。在设计这节课之前，我就在思考，用户对读书博主存在怎样的刻板印象呢？我猜很多人会认为只有学富五车、博览群书才能做读书博主，我猜很多人会认为书评文动辄要上万字，从而产生畏难情绪。

因此，我在课程的开场重新定义了读书博主。我说："其实在我们上小学的时候，就已经是读书博主了，因为那时候老师总要求我们写读后感。而写读后感，就是读书博主要做的事情。"

颠覆认知，并不意味着完全推翻旧有认知，而是提供新的视角、新的思考方式、新的发现。如果你发现用户对课程主题存在误解或刻板印象，那么可以在开场推翻这些观念，清晰地表达你的观点和立场。这将激发用户的好奇心，他们会迫不及待地想听你继续深入讲解。

2. 戳痛点式

在课程的开场罗列用户遇到的问题，也能勾起他们的求知欲。

这种开场的逻辑是：我理解你的困难，我曾经经历过你的困境，我能够帮你解决这个问题。这种方法具有很强的亲和力，能够引发用户的共鸣。

当用户面对的问题非常棘手，且大部分用户可能遇到同样的问题时，你可以使用"戳痛点"的方式开场，引起共鸣。此时，用户就会有所感触，认为"老师真的了解我，他指出了我当前的困惑！"

以"若男的写作训练营"为例，有一节课是"如何搭建结构，提升文章的逻辑性"。在设计这节课之前，我换位思考用户在搭建文章结构时会遇到怎样棘手的问题、如果文章逻辑性差会是怎样的效果。因此，我在课程的开场逐一列出这些痛点，我说："很多新手在刚开始写文章时，容易想到哪儿写到哪儿，'东一榔头西一棒槌'，让读者不知所云，读者会想'这作者究竟想表达什么呢'，这其实就是文章逻辑性差的表现。"

再例如，有一节课是"如何起标题，让阅读量翻倍"，我便在开场列出痛点。我说："我以前带新媒体团队时，发现大家有一个通病，那就是 10 小时写文章，1 分钟起标题——文章写得很用心，标题却起得很随意。于是文章阅读量少得可怜。在这个年代，'酒香也怕巷子深'，如果标题起得不够吸引人，那么读者是没有兴趣了解内容的。"

3.案例 / 故事引入式

人是感性动物，天然喜欢故事，喜欢效果外化的案例。好的故事或案例可以吸引用户的注意力，激发他们的兴趣和好奇心，也可以建立情感联系，引发用户的共鸣。

例如，在表演课程中，当讲解如何进行克制式表演时，通常会先展示一个过于张扬、情绪表现过于外放的错误示范，让人们捧腹大笑；再展示一个收放得当的表演，让人们立即感受到高级感。这种对比，使得优劣立判：一方面能迅速抓住用户的注意力，激发他们的兴趣；另一方面，对于"克制"这样的抽象概念，每个人的理解不一样，使用案例作为开场，可以使抽象概念变得具体。

以"若男的写作训练营"为例，在讲解"如何收集文章素材，提升文章的说服力"时，我谈到了一个观点，即一篇文章的60%都与素材有关。为了让读者直观地了解这一点，我把我过去写的一篇文章展示在课件上，并画线展示哪些是素材，如图5-2所示，图中的文章未经完善，读者关注素材的比例即可。

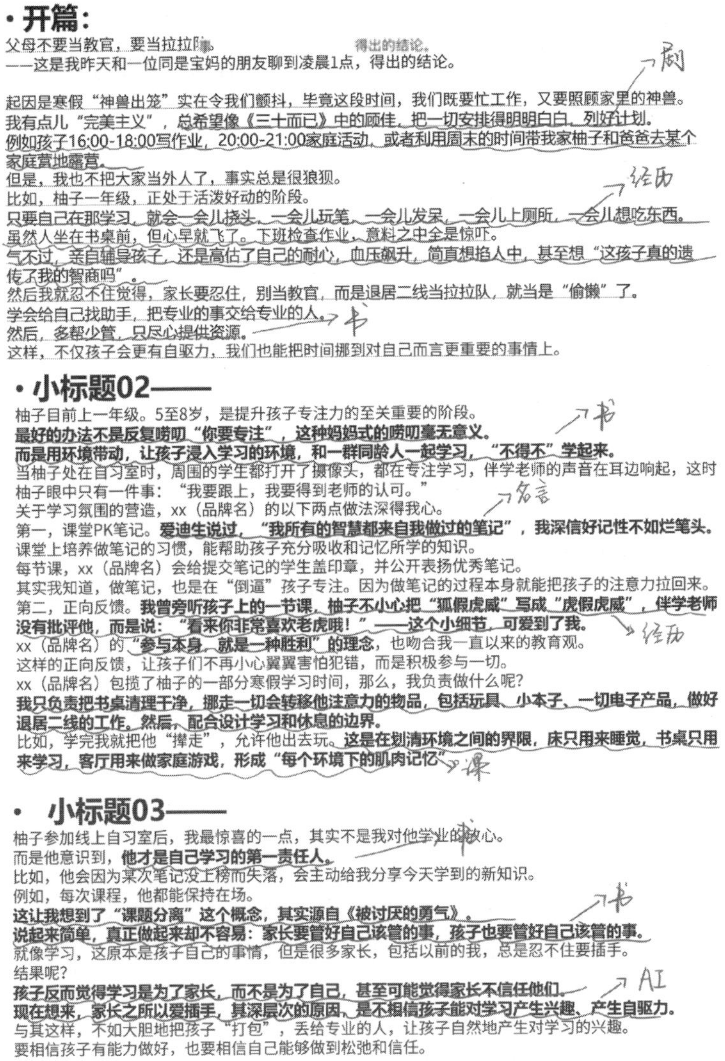

·开篇：

父母不要当教官，要当拉拉队 ~~得出的结论。~~

——这是我昨天和一位同是宝妈的朋友聊到凌晨1点，得出的结论。 *删*

起因是寒假"神兽出笼"实在令我们颤抖，毕竟这段时间，我们既要忙工作，又要照顾家里的神兽。

我有点儿"完美主义"，总希望像《三十而已》中的顾佳，把一切安排得明明白白、列好计划。

例如孩子16:00-18:00写作业，20:00-21:00家庭活动，或者利用周末的时间带我家柚子和爸爸去某个家庭营地露营。

但是，我也不把大家当外人了，事实总是很狼狈。 *结尾*

比如，柚子一年级，正处于活泼好动的阶段。

只要自己在那学习，就会一会儿挠头、一会儿玩笔、一会儿发呆、一会儿上厕所、一会儿想吃东西。

虽然人坐在书桌前，但心早就飞了。下班检查作业，意料之中全惊吓。

气不过，亲自辅导孩子，还是高估了自己的耐心，血压飙升，简直想掐人中，甚至想"这孩子真的遗传了我的智商吗？"

然后我就忍不住觉得，家长要忍住，别当教官，而是退居二线当拉拉队，就当是"偷懒"了。

学会给自己找助手，把专业的事交给专业的人。 *书*

然后，多都少管，只尽心提供资源。

这样，不仅孩子会更有自驱力，我们也能把时间挪到对自己而言更重要的事情上。

·小标题02——

柚子目前上一年级。5至8岁，是提升孩子专注力的至关重要的阶段。

最好的办法不是反复唠叨"你要专注"，这种妈妈式的唠叨毫无意义。

而是用环境带动，让孩子浸入学习的环境，和一群同龄人一起学习，"不得不"学起来。 *书*

当柚子处在自习室时，周围的学生都打开了摄像头，都在专注学习，伴学老师的声音在耳边响起，这时柚子眼中只有一件事："我要跟上，我要得到老师的认可。" *名言*

关于学习氛围的营造，xx（品牌名）的以下两点做法深得我心。

第一，课堂PK笔记。**爱迪生说过，"我所有的智慧都来自我做过的笔记"**，我深信好记性不如烂笔头。

课堂上培养做笔记的习惯，能帮助孩子充分吸收和记忆所学的知识。

每节课，xx（品牌名）会给提交笔记的学生盖印章，并公开表扬优秀笔记。

其实我知道，做笔记，也是在"倒逼"孩子专注。因为做笔记的过程本身就能把孩子的注意力拉回来。

第二，正向反馈。**我曾旁听孩子上的一节课，柚子不小心把"狐假虎威"写成"虎假虎威"，伴学老师没有批评他，而是说："看来你非常喜欢老师哦！"——这个小细节，可爱到了我。** *结尾*

xx（品牌名）的"参与本身，就是一种胜利"的理念，也吻合我一直以来的教育观。

这样的正向反馈，让孩子们不再小心翼翼害怕犯错，而是积极参与一切。

xx（品牌名）会包揽了柚子的一部分寒假学习时间，那么，我负责什么呢？

我只负责把书桌清理干净，挪走一切会转移他注意力的物品，包括玩具、小本子、一切电子产品，做好退居二线的工作。然后，配合设计学习和休息的边界。

比如，学完我就把他"撵走"，允许他出去玩。**这是在划清环境之间的界限，床只用来睡觉，书桌只用来学习，客厅用来做家庭游戏，形成"每个环境下的肌肉记忆"。** *课*

· 小标题03——

柚子参加线上自习室后，我最惊喜的一点，其实不是我对他学业的关心。

而是他意识到，**他才是自己学习的第一责任人。**

比如，他会因为某次笔记没上榜而失落，会主动给我分享今天学到的新知识。

例如，每次课程，他都能保持在场。

这让我想到了"课题分离"这个概念，其实源自《被讨厌的勇气》。 *书*

说起来简单，真正做起来却不容易：家长要管好自己该管的事，孩子也要管好自己该管的事。

就像学习，这本原是孩子自己的事情，但是很多家长，包括以前的我，总是忍不住要插手。

结果呢？

孩子反而觉得学习是为了家长，而不是为了自己，甚至可能觉得家长不信任他们。 *AI*

现在想来，家长之所以爱插手，其深层次的原因，是不相信孩子能对学习产生兴趣、产生自驱力。

与其这样，不如大胆地把孩子"打包"，丢给专业的人，让孩子自然地产生对学习的兴趣。

要相信孩子有能力做好，也要相信自己能够做到松弛和信任。

图 5-2

如果课程的主题较为抽象，那么使用故事或案例引入会是更好的选择。

4. 提问引入式

指通过提问的方式引导用户思考、互动。例如，著名主持人杨澜曾在一次演讲开场时向观众提出了一个问题："当你第一次在公众面前演讲时，你会感到紧张或害怕吗？"话音刚落，几乎全场观众都表示赞同。

在线上课程中，我们也可以采用相同的方式来开场。

以"若男的写作训练营"为例，在讲解"如何提升感知力，让文字更有灵气"

这节课时，开场我先抛出一个问题："看到玉米，你会感知到什么？"紧接着，我以董宇辉在直播间卖玉米的文案为例，强调董宇辉通过玉米感知到了童年，感知到了如今成年人在社会上拼搏的辛苦，感知到了人们对返璞归真的渴望。然后我强调，感知力才是写作的关键。

很多课程的开场会先引发用户的思考，用户先有自己的思考再听取别人的观点，和未经思考便听取一个观点相比，吸收效果大相径庭。

5.1.2 第二步：讲

所谓讲，就是把一个知识点讲明白，让用户真正理解。

提示一下，在讲述知识点时，不要仅从如何讲解的角度出发，也要尝试从如何让用户更好地理解的角度出发。

例如，你要讲解数字形象化的方法，那么你应该思考"如何才能使用户重视数字形象化呢？这个概念是否容易理解？我需要怎样解释才能让他们明白？哪个例子最能代表这个概念？如果他们要实践这个方法，那么需要掌握哪些技巧？"而不是机械地按照"定义是什么、案例是什么、要点是什么"的模式来讲。

讲述逻辑并没有固定的答案，只要你的思考角度正确，就可以自由地创造出无数种讲述逻辑。

在设计这部分内容时，需要关注三个关键点。

1. 简洁明了地陈述理论或定义

最好用一句大白话就讲清楚方法的定义或理论，避免过度复杂的阐述，降低用户的理解负担。如果你需要大量的文字来解释一个概念，那么可能意味着你还没有完全掌握这个概念。

2. 设计案例

可以通过案例更加深入地阐述理论，在讲解过程中，可以选择主要案例和辅助案例。

我将主要案例和辅助案例的区别整理为表 5-1。

表 5-1

类别	主要案例	辅助案例
用途	1. 用于解释某个知识点的理论，可以贯穿整个课程 2. 可以形成"一例到底"的教学模式，让用户在一个连贯的案例中理解知识	1. 用于突出课程内容的某个重点，使之更加生动有趣 2. 搭配主要案例，帮助用户加深理解

续表

类别	主要案例	辅助案例
选择要点	1. 最好是你亲身经历过的案例，因为你对案例的细节有足够的了解并能进行权威的解释 2. 选择的案例要能覆盖课程中的大部分知识点	辅助案例的选择相对灵活，可以是行业的经典案例，也可以是你亲身参与过的案例。重点在于案例具有代表性和趣味性，能够与用户的实际生活或工作经验产生关联
举例	例如，在"写故事的八步法"课程中，可以选择一部小说作为主要案例，套用"主角→目的→障碍→努力→结果→转折→高潮→结局"8 个步骤，从头到尾详细阐述，这样可以帮助用户更好地理解整个流程。 如果在课程中途更换主要案例，则可能会给用户带来"断片"感，难以衔接	例如，在"写故事的八步法"课程中，每个步骤都可以用一个辅助案例来突出重点。如在"障碍"这个步骤中，我们可以引用《西游记》中唐僧在女儿国遇险的案例，通过分析唐僧如何处理"障碍"，来深化用户对"障碍"这个步骤的理解
优点	可以深度剖析	通过提供多角度的辅助案例，可以增强用户对知识点的理解和记忆，增加学习的深度和广度

注意，案例的安排需要疏密有致，讲解主要案例时要深度剖析，讲解辅助案例时可以一带而过。

主要案例最好选自己主导或参与过的项目，这样才了解幕后的整个过程，有发言权。例如，在讲解"一篇文章是如何诞生的"时，我把我过去写过的一个文章段落当作主要案例，演示这篇文章是如何诞生的、我是如何思考每个步骤的。

如果选择别人的项目当作主要案例，那我肯定要靠猜了。

辅助案例可以选择自己未参与过的，足够有代表性即可。例如，我在讲解"如何给文章起标题"时，展示了大量的小红书爆款笔记标题，这些标题并非都是我起的，但足够有代表性。

3. 提供辅助工具

为了避免用户在课后花费大量时间收集与课程中所介绍知识相关的信息，你可以将关键知识整理成表格或清单。

例如，在课程"如何做小说人设"中，可以列出以下常见的人物反差设定技巧及案例，使得用户能够快速理解和记忆。

◎ 身份与表象反差：表象让人觉得玩世不恭，实际身份却是卧底。

◎ 刻板印象和真实性格反差：人们对杀手的刻板印象是冷酷的，而《这个杀手不太冷》里的杀手莱昂很温暖。

◎ 外在性格和隐藏人格反差：外在温柔善良，实际阴狠善妒，参考《甄嬛传》中的安陵容。

◎ 内心与外在行为反差：表面嚣张跋扈，实际可能非常懦弱。

这份资料可以放在课件中，也可以在课后发给用户，作为写作业时的辅助工具。

以"若男的写作训练营"为例，我在讲解"如何给小红书笔记起标题"时，整理了一系列爆款标题关键词，例如，下饭剧、神剧、慎入、宝藏、炸裂、刷爆、骨灰级、闭眼入、拯救、词穷、氛围感、高级感、极简、不为人知的秘密、含金量，等等。这些关键词可以供用户在写作业时使用。

5.1.3 第三步：练

讲完知识点后，我们将直接进行实践，即"练"。

通常我们会构造几个实际应用场景，并现场演示方法的使用步骤。在此过程中，我们会分析用户在实践中可能遇到的问题，并提供相应的解决方案，这个环节可能涉及一些高级技巧。

为什么我们要在这个环节讲可能遇到的问题和解决方案，而不是在"讲"的环节就把这些讲清楚呢？这是因为，有些问题只有在实际操作中才会暴露出来，如图 5-3 所示。如果我们在授课阶段就列出所有可能的问题，那么用户会缺乏重视，缺乏代入感，难以产生共鸣。

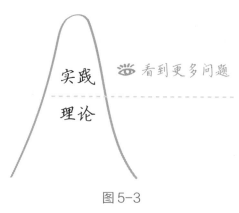

图 5-3

那么，如何"练"呢？

（1）设计实操题目。精心设计一道实操题目，并在 30 秒内将题目阐述清楚。题目要紧扣刚刚讲解过的方法，不能超纲。例如，如果我们刚刚讲解的是方法 a，但题目却需要同时应用方法 a 和 b，那么就超出了范围。题目的设计力求简洁明了，避免耗费过多时间。同时，题目要有一定难度，但不能过难，以免产生负面的作用。最好能设计与课后作业类似的题目，这样在用户做作业时能更好地上手。

（2）实操演示。运用刚才讲解的方法进行一次示范，在这个过程中，我会以提问的形式引导用户主动思考，让用户亲自动手实操，而不是直接提供答案。

（3）剖析问题。分析在实操过程中可能遇到的问题，并提供相应的经验、技巧及建议，帮助用户进一步理解和掌握技能，如图 5-4 所示。

图 5-4

举个例子，我在讲解"如何收集素材，提升文章的说服力"时，提到了一个收集素材的途径——近期热播的电视剧。于是我现场出了一道实操题：如果我们想佐证观点"女人的温柔也是一种力量"，那么可以将电视剧《三十而已》中的哪个人物或桥段当作素材？

通过这样的练习方式，可以让用户主动思考。如果不给用户思考的机会，只是让他们被动听课，很容易导致"学完就忘"。

在这个过程中，需要注意以下三个关键点。

◎ 多样性的实操题目。实操题目的难度可以逐步提升，或者覆盖不同的应用场景。例如，设计两道相关的实操题目，第一道可以通过习惯性思维解决，第二道则需要跳出习惯性思维，难度逐步上升。

◎ 专注于应用知识点。在设计题目时，需要排除干扰，只考查特定的知识点。例如，对于关注数字类比，而非数学计算的题目，我们可以给出等式提示，以排除数学计算的干扰。另外，我们要让用户明确练习的是已经讲解过的知识点，没讲的部分不需要强求。

◎ 不要过度复杂，课堂只是一个简易测验场景。

如果你不知道实操环节该讲哪些经验，那么可以将以下两个问题的答案应用在此环节中。

（1）结合你新手阶段的经验，预判用户会遇到哪些困难？产生这些困难的本质原因是什么？如何从根本上解决？

（2）你在过程中踩过哪些坑，经验是什么？

5.1.4 第四步：巩

在勾、讲、练结束后，需要对前述知识进行一次全面的巩固。通过巩固，用户可以将学到的知识更深刻地烙印在脑海中，从而更好地将其应用在实际生活或工作中。

可以通过以下两种方式进行巩固。

1.总结 + 升华 + 呼吁行动

当课程接近尾声时，我们需要进行一次全面的知识巩固，此时需要考虑课程的"结尾效应"。结尾效应指人们对最后发生的事情印象最深刻，如果课程内容精彩，但结尾处理得草率，那么用户对课程的总体印象可能大打折扣。尽管结尾部分可能用时很短，但其影响力不容忽视。

课程结尾的巩固流程可以归纳为以下三个步骤。

（1）回顾本节课所学的知识点。

（2）分享一些富有情感的内容，如个人观点、经典语录、提炼主题、祝福等。

（3）引导用户进行最小行动，做一件短时间内可以完成的小事，如设计一道思考题，及时巩固。

以"若男的写作训练营"为例，写作是一项必须经过实操才能真正掌握的技能，因此我往往会在每节课的结尾，呼吁用户拿起笔。为了导向最小行动，我会提一两个小要求，例如，我只需要你运用本节课讲到的写作结构，就算写得不完美也没关系，请接受粗糙的开始。

如果一节课以干货结束，那么很容易令用户产生疲惫感，他们花 20~40 分钟时间学习，已经很累了，所以结尾一定要起到"提神"的作用。

2.留个可带走的"礼物"

你可以把课程中提到的案例、工具、模板、手绘图等整理成学习资料，在课程结束时告诉用户领取方式。这样不仅能给用户带来惊喜，让他们有收到礼物的感觉，也有助于他们课后巩固知识。

如果这节课是模块的结尾，那么你可以录制一节 5 分钟左右的回顾课程，帮助用户快速串联本模块所学的知识。

AI 锦囊：把 AI 当作"案例制造机"

① 使用要点。

在设计课程时，你一定需要方法论、案例、实操题。这时，你可以把 AI 当作你的"创造助理"。以"若男的写作训练营"为例，我在设计课程时，由于时间紧、任务重，多次让 AI 帮我设计案例。有的时候它给我的回答是跑题的，或者达不到我的讲课要求。没关系，可以在它提供的答案的基础上修改。

向 AI 提问时，有以下两个小技巧。

◎说清楚用途。例如你需要它为你设计一个案例，那么就要说清楚这个案例是为了佐证哪个知识点的。

◎让它至少给你两个答案，以供你挑选。

②提问示范。

以"若男的写作训练营"为例，在"如何修改文章"这节课中，我提到了要注意文章的主谓宾。我希望更了解主谓宾的定义，并且需要"修改主谓宾"的实操案例。因此我向 AI 发起了求助。

◎ AI 指令。

我想强调，在修改文章的时候要注意主谓宾，那么主谓宾是怎样一个概念呢？在写文章的时候如何应用呢？请提供给我三个修改案例。

◎ AI 回答。

主语是句子叙述的主体，可由名词、代词、数词、名词化的形容词、不定式、动名词和主语从句等来承担。

谓语是对主语动作状态或特征的陈述或说明，指出"做什么""是什么"或"怎么样"。谓语动词的位置一般在主语之后，经常用动词和形容词搭配来充当。

宾语又称受词，指一个动作（动词）的接受者。

修改案例：

原文：他高兴地跳跃着。

分析：主语是"他"，谓语是"跳跃着"，而"高兴地"是修饰谓语的状语。

修改：如果要强调"高兴"这个动作，可以改为"他的高兴表现为跳跃。"这里，"他的高兴"成为主语，"表现为"是谓语，"跳跃"是宾语。

（此处只展示 AI 的部分回答。）

以"若男的写作训练营"为例，我在其中一节课中提到做自媒体要提升"网感"。关于此，我心中已经有了一些答案，但我希望 AI 给我更多思路，因此我向 AI 求助。

◎ AI 指令。

做自媒体，如何提升网感？请给我一些切实可行的建议。

◎ AI 回答。

保持高频更新：定期发布内容，保持与网民的持续互动。这有助于你更敏锐地捕捉网络上的新趋势和热点话题。

多渠道获取信息：除了自己的专业领域，还要关注其他领域的动态。使用 RSS 订阅、社交媒体、新闻应用等多种工具获取信息，拓宽视野。

紧跟时事热点：时刻关注时事新闻，尤其是那些可能引起广泛讨论的话题。迅速反应，结合自己的观点和专业知识进行解读。

深入了解受众：通过数据分析、用户调查等方式了解你的受众，包括他们的兴趣、需求和行为习惯，根据这些信息调整内容。

培养敏锐的洞察力：学会从海量信息中筛选出有价值的内容，预测可能的趋势。这需要长期的实践和大量的经验。

（此处只展示 AI 的部分回答。）

以"若男的写作训练营"为例，我在"如何写出令人拍案叫绝的金句"这节课中，提到了创造金句的四步法。我需要 AI 为我设计实操案例，演示如何套用四步法。因此我向 AI 求助。

◎ AI 指令。

请一步一步演示如何写金句，或如何引用名人的金句。第一步确定主题和核心观点，第二步寻找相关金句，第三步引用金句，第四步润色和完善。

◎ AI 回答。

第一步：确定主题和核心观点

明确你的文章或演讲的主题是什么，以及你希望传达的核心观点是什么。假设你的主题是"成功与毅力"，你的核心观点是"成功需要坚持不懈的努力"。

第二步：寻找相关金句

开始寻找与你的主题和核心观点相关的名人金句。你可以通过搜索引擎、名人名言集、图书等途径来寻找。例如，你可能会找到托马斯·爱迪生的这句名言：天才就是 1% 的灵感加上 99% 的汗水。

第三步：引用金句

在你的文章或演讲中，可以这样引用这句名言：正如托马斯·爱迪生所说，天才就是 1% 的灵感加上 99% 的汗水。这句话深刻地揭示了成功的秘诀，那就是坚持不懈的努力。

第四步：润色和完善

确保你的引用与你的文章或演讲的其他部分顺畅地连接在一起。你可以通过添加一些过渡语句或者解释性语句来做到这一点。例如，你可以这样润色你的段落。在我们的生活中，成功并不是一蹴而就的。它需要我们付出大量的努力和时间。正如托马斯·爱迪生所说，天才就是1%的灵感加上99%的汗水。这句话提醒我们，无论我们的目标有多么遥远，只要我们坚持不懈，就一定能够实现。

以"若男的写作训练营"为例，我在讲解"如何修改金句"时，强调了如何一步一步修改金句。我已经设计好了步骤，还需要案例。因此我向 AI 求助。

◎ AI 指令。

请帮我举三个例子，演示一下如何一次次打磨金句。第一步套用"不是而是"的句式，第二步增加细节，第三步运用修辞手法。

◎ AI 回答。

让我来为你演示一下如何一次次打磨金句吧。

初始想法：坚持就是胜利。

第一次打磨：只有坚持不懈，才能收获胜利的果实。

解释：在这次打磨中，我添加了"只有……才……"的句式来增强表达的力度，并将"胜利"具体化为"胜利的果实"，使其更具象。

第二次打磨：在漫长的人生旅途中，唯有那些不畏艰辛、坚持不懈的人，才能最终品尝到胜利的甜美果实。

解释：这次我进一步扩展了句子，增加了背景描述（"在漫长的人生旅途中"）和人物特征（"不畏艰辛、坚持不懈的人"），使金句更加生动和富有感染力。

最终金句：人生如逆旅，我亦是行人。唯有那些坚守信念、勇往直前者，方能在风雨后见彩虹，品味到胜利的甘甜。

解释：在最后一次打磨中，我运用了比喻（"人生如逆旅"）等修辞手法，使金句更加富有诗意和哲理。同时，将"胜利的甜美果实"替换为"胜利的甘甜"，使其与前面的"风雨后见彩虹"相呼应，增强了整体的美感。

◎ AI 指令。

我认为自媒体从业者的网感非常重要，请帮我举一个有网感的案例。

◎ AI 回答。

有网感的案例：《为什么年轻人越来越爱"躺平"？》

这篇文章抓住了当前很多年轻人的心态——"躺平"。文章从年轻人面临的压力、社会竞争、生活成本等多个角度出发，结合网络上的热门话题和流行语，用轻松幽默的语言风格分析了"躺平"现象背后的深层次原因。同时，文章通过引用网友的真实评论和案例，增加了互动性和代入感，让读者在阅读过程中产生共鸣。

网感体现：

选题紧跟社会热点，抓住了目标受众的关注点。

语言风格接地气，运用了网络流行语和幽默元素，拉近了与读者的距离。

互动性强，通过引用网友评论和案例，增加了文章的参与感和传播性。

5.2 设计每节课的知识点

在设计课程内容之前，讲师需要展开一场深度的自我对话，"掘地三尺，深挖自我"，像挖金矿一般，从经验和知识库中提取核心知识点。

许多人虽然在某个领域具有专业技能或取得了一定的成就，却难以总结出有效的方法论，例如：

◎难以准确总结成功的因素和方法，因此无法形成有效的策略。

◎作为资深专家，忽略了新手可能遇到的困难，无法提供适合新手的策略。

◎长期从业经验使技能发展成本能和直觉，只能感性理解，难以形成策略。

因此，我们不仅需要掌握技能，更需要将技能转化为实用知识的能力。

5.2.1 定义问题

我们需要从课程的核心出发，以用户为中心，设身处地地与用户共情，思考以下问题。

◎ **用户想解决什么问题？** 这是课程设计的首要目标，我们需要明确用户想通过课程解决什么具体问题。

◎ **解决问题后，用户想做什么？** 了解用户解决问题后的下一步行动，可以帮助我们设计更实用的课程，以便指导用户实践。

◎ **解决问题的难点主要在哪里？** 识别和理解用户在解决问题过程中可能遇到的难点，可以使我们的课程更具针对性、主次分明。

◎ **关于这个问题，用户已有哪些认知？** 了解用户对问题的已有认知，可以帮助我们确定课程的起点，避免过多的重复内容，同时可以帮助用户填补知识空缺。

以上问题的答案将有助于我们更好地理解用户，提供更符合用户需求的课程。

以"如何设定具有辨识度的人物"为例，我们可以进一步明确以下问题并找到答案。

◎ **用户想解决什么问题？** 用户希望学习如何设定独特且具有辨识度的人物。

◎ **解决问题后，用户想做什么？** 学习完这节课后，用户需要完成一个实践作业，为自己的小说设定一个主角和两个配角。

◎ **解决问题的难点主要在哪里？** 一是角色特性的设定：角色特性是具有辨识度的关键，设定独特且不刻板的角色是一项挑战，需要让角色在保持一致性的同时具有独特性。角色特性包括角色的性格、外貌、口头禅、习惯等。二是角色背景的构建：角色背景往往能够帮助读者加深对角色的理解，构建出既符合故事背景，又能引起读者共鸣的角色背景是一项挑战。三是角色之间的关系设计：如何设计出复杂且引人入胜的角色关系，使得角色之间的互动更具戏剧性，是一项难题。四是角色发展的规划：角色的发展和成长是故事的重要驱动力，如何规划角色的发展，使其既能推动故事情节，又能保持角色的辨识度，是一项挑战。五是角色与剧情的结合：如何让角色的行为和选择与剧情的发展紧密相连，使角色的设定能够推动剧情发展。

◎ **关于这个问题，用户已有哪些认知？** 用户可能已经有一些基本的人物设定，例如人物的外貌、性格、背景等，但还不太清楚如何让这些设定具有辨识度和如何有效地使用这些设定来推动剧情发展。

5.2.2 提炼方法

经验是从过去的事件中获取的知识、技能和态度的总和。

所有讲师在第一次讲课之前，都要不断地与自己对话，通过反复的追问，让过去的经验和思考如星斗一般闪烁起来，选取其中最精华的内容作为课程的知识点。

例如，我要讲解"如何给公众号文章起标题"的课程，就需要深度复盘自己从初学者到熟练者的过程，包括在初始阶段遇到的困难、如何学习技巧、是否存在能让新手快速掌握的方法、我的方法存在哪些局限性及如何解决等。

自我追问是将直觉转化为知识，将抽象的概念具象化的过程。这个过程就像正在备课的你、过去的你、你的用户进行的对话，我们既要站在用户的角度，评估知识是否可应用；又要站在过去的角度，审视知识是否有遗漏；还要站在讲课者的角度，追问知识与目标之间的联系。

以下是"从外行到内行"的追问清单，这些问题可以帮助你更有效地引导用户快速入行，打破行业中的潜在壁垒。

◎ 新手或外行人在这个领域中常见的误解是什么？

◎ 产生这些误解的原因是什么？是由于缺乏专业知识，还是对实践经验的理解错误？

◎ 这些误解可能对他们的学习或实践产生什么影响？

◎ 在你的经验中，实际情况是怎样的？

◎ 你如何解释这种实际情况，以便新手或外行人理解？

◎ 你可以提供哪些策略或建议，帮助新手或外行人消除这些误解？

◎ 有没有一些你认为新手或外行人应该知道但通常被忽视的信息？

◎ 你认为内行和外行在对待这个问题时的主要区别是什么？

以下是"从新手到高手"的追问清单，能帮助你带领用户更快地完成实操，学习你身上可借鉴的成功因素。

◎ 在这个问题场景下，你最成功的案例是什么？

◎ 成功的关键因素是什么？你因此得到了哪些收益？

◎ 如果这些成功因素中有一些对用户来说难以实现的前提条件，那么该如何解决？

◎ 结合你在新手阶段的经验，你预计用户可能遇到什么困难？造成这些困难的根本原因是什么？如何从根本上解决这些问题？

◎ 你在过程中遇到过哪些问题，用户也可能遇到吗？你是如何解决的？

◎ 你认为高手和新手在处理这个问题上的主要区别是什么？

◎ 你在从新手阶段过渡到高手阶段的过程中，有哪些关键的转变或突破？

◎ 针对新手，你有哪些专门的教学策略或方法？

◎ 如何帮助新手理解和掌握高手的技巧和策略？

以下是"解决问题的局限性"的追问清单，能帮你更专业地解决用户的问题。

◎ 对于帮用户解决这个问题，你的局限性在哪？

◎ 这些局限性可能会对你的教学效果产生什么影响？

◎ 如果将这些经验教给用户，那么你要如何弥补自己的局限性？

◎ 有没有一些你认为重要但是自己无法很好掌握的知识或技能？你打算如何处理这些问题？

◎ 在教学过程中，如何让用户理解并接受你的局限性？

以上这些问题，可以帮你梳理出有效的解决问题的方案。当然，这些问题不必全部回答，可以灵活取用。

其实，在追问的过程中，你就知道课程该讲什么了。不过，经过一番追问得出的答案，并非总能在课程中直接给出，这是因为个人归纳的知识可能受到主观观念的影响。

培养一个小习惯：在日常生活中，我们要及时把经验中的知识、技能和态度整理成材料库，不断地更新和完善它们，并且在需要的时候迅速回忆起来。

5.3 验证知识和方法论的合理性

你在上一步总结的知识可能带有主观意愿和情绪，这是很正常的。但是，这可能影响知识的专业性，我们最终要交付给用户的知识、技能和方法，必须是可靠的、实用的、能解决实际问题的。因此，在这个阶段，我会带你增加知识的"纯度"，去除其中的"杂质"，以便被大多数人复用。

5.3.1 排除经验归因错误

我们在追问自己时，常见的陷阱之一就是错误地识别过去成功的关键因素。我们常常会偏向于首先寻找对自己有利的信息，再去寻找证据来支持这些信息，而非先总结经验再提炼知识。

如何尽可能地排除主观偏见，准确地找出真正的成功因素呢？这需要借助一些问题来实现。

（1）如果换一个立场，结论是否会改变？

以一款销售状况良好的课程为例，不同角色可能有不同的归因。课程设计者可能把成功归因于课程内容优质；运营人员可能认为是课程包装得好；销售团队可能认为是销售策略成功；而企业高层可能认为是企业氛围和资源配置具有优势。所以，我们需要从不同的角度和立场出发，对自己的归因进行仔细的审查和评估。

（2）归因时，是否忽略了一些必须强调的因素？

以下是一些可能被忽视但对成功至关重要的因素。

◎ **个人基础**：我们是否考虑了自己的经验、资历、职务对成功的影响？

◎ **个人特质**：我们是否考虑了自己的努力程度、坚持对成功的贡献？

◎ **拥有资源**：我们是否考虑了自己的财力、人脉关系、所处企业的资源、企业知名度，以及所处团队的整体实力对成功的贡献？

◎ 运气：我们在归因时是否考虑了运气因素？如获取某个机会的偶然性或是处在一个特定的时机。

◎ 环境：我们是否考虑了行业发展趋势和竞争趋势对成功的影响？

如果去掉这些因素，结果是否会有明显变化？如果会，那么这些因素就必须在课程中强调。

例如，一位创业成功的"富二代"在教授用户如何创业时需要问自己："如果我没有这么多的启动资金和父亲提供的人脉，是否还能创业成功？"如果答案是"否"，那么这个前提条件就不能被隐瞒，否则他的经验可能不适用于大部分普通人。

我们也可以将课程的主题缩小，从"如何成功创业"转变为"创业过程中我做对了哪些事"，这样的经验才能被更多人复制。有时候，一整段经验难以被复制，但局部经验可能更具有普遍性。

（3）是否过度强调了某个单一因素？

例如，一个成功的销售人员可能过分强调销售技巧的重要性，而忽视了产品质量和市场需求等因素的作用。

（4）如果去掉你认为的关键因素，结果会有多大的改变？

这个问题能帮助我们评估我们认为的关键因素对结果的影响程度。如果在去掉这个因素后，结果的改变非常显著，那么这个因素很可能就是真正的关键因素。反之，如果结果的改变不大，那么这个因素可能并不是关键因素，我们需要重新审视和评估其他的可能因素。

5.3.2　及时弥补局限性

优质的知识应该是经过验证的，对实践有所帮助，并且有充分的理论基础支撑，能够经受严格的考验。然而，在提炼知识的过程中，我们常常会受到自身的限制，导致知识过于个人化，缺乏普适性。

我们必须承认，每个人都有自己的局限性。例如，那些依靠实战经验取得成功的讲师，可能在行业公认的理论知识上有所欠缺，或者在某些技能方面存在"偏科"，很少有机会系统地回顾和总结自己的经验和方法；长期研究学术理论的专家可能缺乏实践经验，缺乏用户思维，以及在面对突发事件时的灵活解决方案；一线人员对局部细节有深入的了解，但在教授整体决策知识方面可能力不从心；而总负责人或管理层人员对全局有着良好的掌控，但在教授细节知识方面可能稍显不足。

意识到自己的局限性并不意味着要放弃，而是应该寻找有针对性的补救措施，或者调整课程目标。如果目标远超我们的能力范围，那么应该考虑修改课程目标。如果目标大致在我们的能力范围之内，那么我们可以有针对性地查询相关资料，以弥补我们在知识方面的局限性。

表 5-2 提供了一些弥补局限性的方法。

表 5-2

定位	局限性	弥补措施
实战派	技能"偏科"，方法缺乏理论依据，太个性化	1. 查看其他成功案例，看方法是否可以套用，避免方法太个性化 2. 主动查找自己不擅长的部分，避免"偏科" 3. 看行业书籍和深度解读类文章
学术派	缺乏用户思维，缺乏灵活应对意外的能力	1. 还原用户所处的场景，验证方法的实用性 2. 充分了解用户会面临的问题 3. 找用户测试，避免方法不落地
理性思维主导者	方法缺少创意	方法要考虑人性，考虑用户处境
感性思维主导者	方法太抽象	将感受总结为工具、模型

AI 锦囊：用 AI 弥补方法论的局限性

① 使用要点。

可以把 AI 当作你的"会纠错、会给建议的伙伴"，让它来弥补你的局限性。

② 提问示范。

以"若男的写作训练营"为例，在"如何写故事，让文章更有感染力"这节课中，我总结了几个写故事的方法，分别是还原关键场景、营造画面感、给故事提升价值。除此之外，我希望 AI 给我补充，避免我给出的方法过于主观。

◎ AI 指令。

"我要讲一节写作课，主题是"如何写故事，让文章更有感染力"。我总结了几个关于写故事的方法，分别是还原关键场景、营造画面感、给故事提升价值。我希望你再给我补充一些。"

◎ AI 回答。

这里再补充一些具体的方法，以帮助您完善写作课的内容。

（1）情感共鸣。

深入探究人性，挖掘普遍存在的情感需求，如爱、恨、悲、喜等。

通过角色的经历和情感变化，让读者产生共鸣，从而增强故事的感染力。

（2）设置悬念与冲突。

在故事中设置悬念，让读者产生好奇心和探究欲望。

安排合理的冲突，让故事更加紧张刺激，吸引读者的注意力。

（3）运用比喻和象征。

通过比喻和象征手法，将抽象的概念和情感具象化，使故事更加生动有力。

借助自然景物、物品等作为象征，为故事增添深度和寓意。

（4）结尾留有余味。

设计一个富有深意的结尾，让读者在故事结束后仍能回味无穷。可以采用开放式结尾，引发读者的思考和想象，使故事的影响力得以延续。

5.4 3个技巧，将知识工具化

我们从经验中总结出的知识，如果是"流水账"的形式，那么用户能听懂，但可能记不住。试想一下，如果你看到的方法是一段密密麻麻的文字，那么就算当下能理解，之后还能记得住吗？肯定记不住。

所以，压缩知识至关重要。压缩知识不是指压缩它的价值，而是让它更容易记忆。

举个例子，有个人要分享"如何克服虚荣心"的经验，他是这样总结的：

"学会欣赏自己拥有的东西，不能为了追求与他人比较而忽视了自己的幸福感。用感恩来减少自己的虚荣心。独立思考，拥有自己独特的见解，关注自己的内在修养和修炼过程，不轻易追求外在物质、地位、名誉等带来的满足感。要知道自己的价值和局限性，接受自己的不完美，不被虚荣心裹挟，坦然承认自己有缺点和错误，不要过于追求完美，因为完美是不存在的。"

从上面这段总结可以提炼出三个关键词：学会知足、专注于内在价值、接受不完美。讲课时，可以围绕这三个关键词展开，但用户只需要记住这三个关键词。

压缩知识能减轻用户的记忆负担，我总结了三种常见的压缩方式，供大家参考。

5.4.1 模板化

所谓模板化，就是总结一套流程，用户只要按流程一步一步地行动，就能得出想要的结果。

举个小品中的例子。要把大象放进冰箱，总共分三步：打开冰箱、把大象放进去、关上冰箱。这其实就是一个模板。

以下是一些"将方法做成模板"的案例。

（1）写作模板：五段论写作包括引言、论点一、论点二、论点三和结论。

（2）销售演讲模板：AIDA 模型包括吸引注意力（Attention）、激发兴趣（Interest）、产生欲望（Desire）和引导行动（Action）。

（3）设计模板：包括绘制同理心图、定义问题、构建原型、测试反馈等步骤。

（4）演讲模板包括以下几种。

◎ 解决问题型：明确问题、探讨原因、提出解决方案、总结结论。

◎ 三段式：用三部分呈现演讲内容，如过去—现在—未来、问题—解决方案—
  结果等。

◎ 情报式：引发用户兴趣、提出问题、调查和展示相关数据、引出结论。

很多复杂知识都适合模板化，这样不仅易于记忆，也能帮用户快速上手。

将知识模板化的前提是将知识进行分解，找到关键环节、关键要点，并按照一定的逻辑整理成步骤、表格等。

5.4.2 口诀化

所谓口诀化，就是将知识总结成押韵的口号或口诀，方便人们记忆。

常见的方式是将首字母或关键字组合并形成缩写词。例如，MBA 课程中广泛使用 4P 营销策略，4P 即产品（Product）、价格（Price）、促销（Promotion）和定位（Place）。再例如，5C 分析即公司（Company）、顾客（Customer）、竞争对手（Competitor）、渠道（Channel）和环境（Context）分析。也可以提炼出关键字，例如，我们在 5.1 节介绍的"勾、讲、练、巩"四步法，分别为激发兴趣、讲解知识、实践练习、知识巩固。

将知识口诀化通常分为以下步骤。

（1）挖掘知识点：梳理知识点，找到其中最重要的几个。

（2）确定关键词：将每个知识点总结为一个关键词或关键字。

（3）创造韵律：将这些关键词或关键字按照一定的韵律串联起来，形成一个易于记忆的口诀。

5.4.3 模型化

将知识整理成模型，能让知识更加直观。对于那些逻辑复杂的知识，仅凭干巴巴的文字是难以让用户迅速理解的。

模型应该能够很好地展示知识的内在逻辑和结构，让用户更加清晰地了解其全貌。例如，著名的黄金圈模型，这个模型的核心是 3 个圆圈，对应 WHY、HOW、WHAT 3 个层次，如图 5-5 所示。

图 5-5

MBA 中有许多经典的模型，例如图 5-6 所示的 SWOT 分析模型，包括优势（Strength）、劣势（Weakness）、机会（Opportunity）、威胁（Threat）四部分。

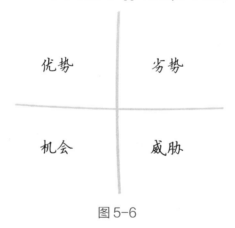

图 5-6

可以通过以下步骤将复杂的知识整理成模型。

（1）分析实现步骤和内在逻辑。

（2）通过表格、流程图、示意图等方式将知识整理为模型，常见的模型还有坐标系式、金字塔式等。

小贴士：建议平时多看 MBA 里的模型、模板、口诀，从模仿开始。

AI 锦囊：用 AI 把散乱的知识点模板化

① 使用要点。

你可以直接给 AI 一个散乱的知识点，让 AI 帮你做成口诀。

②提问示范。

◎ AI 指令。

我希望你能帮我把以下知识点做成容易记忆的口诀，知识点是：写故事要有画面感；要突显人的心理活动；写故事要有起因、挑战、冲突和高潮。

◎ AI 回答。

写故事口诀短，画面内心不可少；起因挑战冲突高，结构完整才精妙。

第6章
把一节课讲明白

6.1 达到这 5 个标准，课程会令人上瘾

在开始制作课程之前，我们首先需要明确一门优质课程的标准。

标准有什么作用呢？一方面，标准是我们对课程质量的审美准则，课程的灵魂在于审美。知道什么是好内容，才有可能创作出好内容。另一方面，它可以用来质检，我们要有"如果课程不能达到既定标准，就不应该发布"的心气儿，就像食品在上市前必须通过严格的质量检测一样，课程的制作也应该遵循这样的准则。

那么一门好课的标准是什么？其实，我们不必站在做课者的角度思考，否则很容易上纲上线。课程的标准源自用户的真实评价、真实感受，因为用户的评价最真实、不会偏心，无论是赞美还是批评，都是基于他们的真实感受。

所以在本章中，我会在介绍每个标准之前，以"弹幕"的形式，带你了解用户在赞美和批评时，通常会给出怎样的评价。

6.1.1 目标明确，逻辑清晰

未达标时的弹幕："听到最后，我都不知道这节课究竟在讲什么""你究竟想表达什么""这节课听着好乱"。

达标时的弹幕："老师讲得很有条理""听完这节课，我就知道该怎么做了"。

课程要有明确的目标，例如解答一个困惑、解决一个实操问题、培养一个技能、完成一个作品。有了明确的目标，用户才会有求知欲、有兴奋感、有挑战感。当课程目标模糊、逻辑混乱时，用户会感到迷茫，甚至不知道课程究竟在讲什么。

目标确立后，课程中讲到的所有内容都要和目标强关联。其实，很少有课程会出现"整节课都和目标无关"的极端现象。用户觉得目标模糊混乱的根本原因往往是主次不清、过度发散。

例如，小笨要讲一节课，课程主题是"如何高效阅读"，课程中分享了四个关键点，分别是边看书边做笔记、从最感兴趣的章节开始看而不是从头开始看、阅读后及时输出、不要只追求速度。

你会发现，这 4 个关键点没有和目标偏离（也极少有人会在这时偏离目标）。但小笨在讲"边看书边做笔记"的时候，花了整整 5 分钟的时间讲自己小时候由于做笔记被老师表扬的故事，小笨讲得很兴奋，用户却在故事里被绕晕了，开始思索"这节课要讲什么来着？"。

课程如果要做到目标明确、逻辑清晰，须注意以下两点。

◎直达目标、主次分明，次要内容不"节外生枝"。

◎不过度发散、不跳跃，不要"东一下、西一下"。

除此之外，我们往往在谈到自己的故事和成绩时会非常兴奋、滔滔不绝，但要小心，这些内容大概率不会和目标强关联。

6.1.2 建立新知

未达标时的弹幕："你讲的我都知道，听了简直是浪费时间""课程就是在'水'时间啊""这事儿还需要你告诉我吗""你好像什么都讲了，又好像什么都没讲"。

达标时的弹幕："听完这节课，简直醍醐灌顶""这节课听得酣畅淋漓，意犹未尽""听完这节课，我发现我之前的思维错了"。

用户在心中产生负面评价，往往是因为课程无法有效地挑战并颠覆他们的既有认知，或者没有为他们带来新的知识和观念，这是一个关于知识传递和接受的深层次问题。

每位用户在打开课程的那一刻，都是充满求知欲的。他们期待自己的认知被颠覆，期待经受旧认知被击碎的洗礼。如果你讲的是用户本身就知道的内容，就等同于浪费用户的宝贵时间。好的课程应能提供新的思考方式、挑战用户的观点、给出新的案例、对事物有新的解读，或提供新的视角。

我们可以通过以下方式帮助用户建立新知：从未知到已知；从感受到工具、方法；从旧知到新知；从抽象到具体。

6.1.3 有情绪节奏，听起来不犯困

负面感受弹幕："听得我快睡着了""听着听着就走神儿了""实在听不下去了，简直太无聊了"。

正面感受弹幕："老师讲得太有意思了""这个老师怕是个段子手吧""这个老师好幽默"。

用户产生负面情绪的一个重要原因是，课程内容枯燥无味，无法激发他们的兴趣。即使课程内容再丰富，如果缺乏吸引力，那么也会使用户感到乏味。

对于优秀的课程，需要精心安排节奏，让用户在学习过程中体验到情绪波动。这需要你提前预判用户在何时可能感到无聊、何时需要休息、何时可能感受到挫败、何时需要被理解，然后适时地加入一些"调味料"。

这些"调味料"可以是引人发笑的段子、富有视觉冲击力的图像、引人入胜的故事、富有洞见的金句、鼓舞人心的鼓励，甚至可以是心灵鸡汤。它们能够充分调动用户的情感，使他们在学习过程中感受到愉悦和满足，从而增强他们的学习动力。

请记住，人都是感性的，学习并不只包括理性的思考，更需要情感的体验。因此，在设计课程时，我们不仅需要注重传授知识，更需要注重引导情感。

6.1.4 内容精短

负面感受弹幕："课程挺好，就是听不下去了""我听累了""这太挑战我的极限了"。

正面感受弹幕："意犹未尽"。

我希望把我知道的所有东西都在一节课中告诉你——这几乎是所有讲师的心声。然而，如果真的这么做，那么效果只会适得其反。讲师应该筛选出关键信息，过滤掉无关紧要的内容，什么都讲，就等于什么都没讲。

我经常看到这样的课程：一节课涵盖 4 种类型、6 种方法、5 个技巧、3 项原则、10 种渠道，等等。对于如此大量的内容，用户既无法记住也无法消化，反而会一无所获。在这种情况下，用户通常不会责怪讲师，反而会自我责备，认为自己的记忆力不佳。

病毒式和满天星式都是内容过多的课程结构，如图 6-1 所示。病毒式结构指一节课中大量扩展和延伸知识点，看起来像病毒在扩散；满天星式结构指一节课中的所有内容并列在一起，没有主次之分，就像密密麻麻的星空。

单线式和宇宙式结构则更适合用户吸收和记忆知识。单线式结构指一节课在同一条逻辑线上层层递进；宇宙式结构指知识点围绕一个重点展开，就像小星球围绕太阳旋转一样。

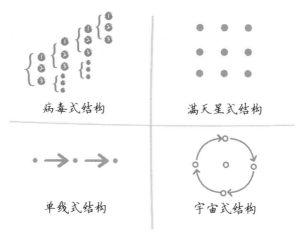

图 6-1

因此，我常问团队人员两个问题：

◎ 如果这节课只讲一个知识点，那么这个知识点是什么？

◎这个知识点能否被用户长期记忆？一年后他们还记得吗？

在管理教研团队时，我发现最痛苦的不是做加法，而是做减法。做加法很容易，毕竟能讲课的人都有很多知识储备，但做减法就相当考验魄力了。

人的注意力是会随着时间逐渐下降的，如果课程超时，那么就算内容再好，用户也会觉得疲倦，如坐针毡，如图 6-2 所示。

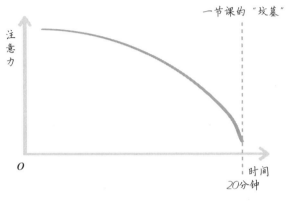

图 6-2

我们不仅要管理用户的时间，也要管理用户的精力。我们的目标不是让用户"挺到"课程结束，而是让用户在最专注的时间段听完课程。

表 6-1 为不同形式课程的建议时长，供你参考。

表 6-1

形式	建议时长	原因
音频课	10 分钟	用户无法看到讲师的表情和课件，他们的注意力可能在 10 分钟后开始分散，这也是得到和喜马拉雅等平台的音频课程大多控制在 10 分钟左右的原因
视频课	20 分钟	用户可以看到课件和讲师的表情，他们的注意力会更集中
直播课	1.5 小时	直播课具有更强的实时互动性和课堂沉浸感，但是需要注意控制时长，因为用户保持专注的时间是有限的

6.1.5 通俗易懂接地气

负面感受弹幕："听不懂，有人和我一样吗""他在说什么"。

正面感受弹幕："以前不明白，老师你一讲，我便明白了"。

我们的目标应该是制作用户能真正学会的课程，而非让人仰望的课程。无论课程风格如何，都需要确保内容接地气、易于理解。

最理想的教学难度是"只高出用户半个头"，不卖弄、不高深莫测、不故作玄虚。如果讲解的内容太过深奥，超越了用户的理解能力，就等同于浪费用户的时间。

能口语化的，就不用专业的学术词汇；能用一句话讲明白的，就不用两句话；能用大白话的，就不用"黑话"。将复杂的内容简单化、将抽象的内容具象化、将理论性强的内容生动化、将"黑话"转换为大白话，总之，将理解成本降低。

例如，我曾制作过一款针对零基础用户的小说写作课程，其中有一节是"如何写小说大纲"。在制作这节课时，我总结了很多构思工具，其中有一个非常炫酷，视觉效果很震撼，保证能让用户感到惊艳。但我并没有将这个方法放入课程，因为对新手来说，它太难了。最终，我只讲了一个非常简单的方法：先设计 3 个角色，让角色的过去产生交集、立场产生冲突，从而碰撞出下一个阶段的剧情。

道理简单，做起来却难，因为这件事是需要克制的，克制我们小小的虚荣心，克制我们急于"秀专业"的冲动，用理解成本最低的语言讲解知识。

其实，标准不难理解。我们在做课过程中只需记住 3 个字：别双标。我们作为讲师时对课程的标准，要和作为用户时对课程的标准一致。

作为用户时，你会想：这不是废话吗？但作为讲师时，一不小心就容易双标。

作为用户时，你会想：这人怎么这么唠叨？但作为讲师时，你想的是，我说的这些都有用，你不听是态度有问题。

作为用户时，遇到表现力弱的老师，你会想：老师讲课怎么像念稿子？但作为讲师时，你想的是，真正想学习的人才不会关注这些外在因素。

作为用户时，听到无聊的课程，你会想：老师讲得真枯燥。但作为讲师时，你想的是，用户又不是小孩子，要什么有趣？

所以你看，标准固然重要，坚守标准更重要。

6.2 两种讲课形式

在设计一节课之前，我们要先确定讲课的形式。讲课形式不同、准备程度不同，对应的准备工作也不同。

如果前期缺少准备，那么会导致正式录课时由于准备不足而暂停录制的情况，或者边录边改、手忙脚乱。如果拍摄时有协作团队，那么更是会耽误所有人的时间，严重拉低整体效率。

讲课的形式包括脱稿和带稿两种。

6.2.1 脱稿讲课前必须做的 3 件事

脱稿讲课指在正式录制课程时，眼前没有逐字稿，需要讲师即兴发挥。如果你准备了课件，那么可以搭配课件讲述，课件可以起到一定的提示作用。

脱稿讲课更适合直播，因为直播对互动性的要求更高，讲师需要根据直播间用户的反馈临时发挥、调整，念稿会显得僵硬。

视频课也可以选择脱稿的形式，我身边有很多"兴奋型选手"喜欢脱稿讲课，他们只要一面对镜头就会兴奋起来，越兴奋讲课越生动，甚至能即兴发挥出很多精彩的内容，念稿反而会限制他们发挥。

但是，脱稿不代表毫无准备，也不代表前期不准备稿子。毕竟我们不能把希望全部寄托于面对镜头的那一刻。脱稿讲课至少需要以下准备工作。

1. 列出讲课提纲

讲课提纲指一节课的结构及关键点。我平时喜欢脱稿讲课，我的习惯是在正式讲课前列出讲课提纲，让一节课在眼前"活"起来，然后不断修改。

可以根据图 6-3 所示的模板列出讲述提纲。

课程主题	教学目标	关键知识点
讲述结构		
开场引子（最长 xx 分钟）		
本节课的目标		
知识点 1（最长 xx 分钟） －定义： －案例： －实操题目： －要点剖析： －总结要点：		
知识点 2（最长 xx 分钟） －定义： －案例： －实操题目： －要点剖析： －总结要点：		

图 6-3

该模板主要包含两个要素。

◎ 内容结构。内容结构包括课程主题、教学目标、关键知识点，可以时刻提醒我们遵循课程主线，避免目标和逻辑出现问题。此外，内容结构还包括每部分的精华和关键点，包括但不限于知识点定义、案例、实操题目、要点剖析，以及金句。总之，要把课程中必须出现的内容列出来。

◎ 时长节奏。课程是有节奏的，例如主要内容占时长，次要内容占时短，复杂内容深讲，简单内容点到为止。脱稿讲课可以即兴，但不能随意发挥。

可以初步划定每部分占用的最长时间，从而使一节课主次分明、更有节奏感。例如对于 10 分钟的课程，开场不超过 2 分钟；第一个知识点比较复杂，最多占 5 分钟；第二个知识点相对简单，最多占 3 分钟。

2. 试讲迭代

列出讲述提纲后，试讲一遍，边讲边迭代。

第一次讲可能磕磕绊绊，但无须苛责自己，重点在于把逻辑顺一遍。在这个过程中，你会识别出哪里没讲透、哪里过于冗长、哪里太枯燥、哪里太跳脱，一边讲，一边改进。你也有可能在这个过程中临时迸发灵感和创意，将它们及时记录下来。

在设计课程时，团队成员会一起进行围听会。围听会指课程制作人根据提纲进行试讲，其他人提出问题并分享感受，课程制作人根据大家的反馈进行迭代。对于个人做课，最简单快速的做法是在朋友面前试讲一遍，观察他们的反应。

高效试讲迭代的技巧在于引导性询问，例如，在试讲结束后问用户以下问题。

◎你的困惑是否已经得到解决？哪些问题还未解决？哪些问题已经解决？

◎你还记得这节课的主要方法吗？能否复述一遍？

◎如果让你立刻运用这个方法，你能做到吗？

◎哪些部分你没听懂？

◎哪些部分你觉得突兀？

◎在哪个地方你已经不想继续听下去了？

◎哪个地方给你的印象最深刻？

如果在你讲解的过程中，用户的眼神开始涣散，那么可能是因为课程内容过于繁重，导致用户的注意力无法持久集中；如果用户不再频繁点头，那么可能是因为你的讲解尚未让他完全理解；如果在你讲段子的时候，他们的反应平淡，那么可能是因为这部分内容设计得比较尴尬。

以下是一些可以直接拿来向用户提问的问题，以及不同反馈对应的原因，可以帮助你高效迭代课程。

◎ "听完课程后，你还记得我讲了什么吗？"如果他们无法记住，可能的原因包括：教学方法复杂，或者课程本身缺少记忆点；课程的知识密度过高，导致记忆负担过重；课程的讲述逻辑有待提高。如果他们对某些内容有所遗漏，可能的原因包括：该知识点没有讲透，缺乏及时的巩固。

◎ "你从哪里开始听不下去的？"如果他们在某个部分开始无法继续聆听，可能的原因包括：该部分的信息过于密集，前面的逻辑有待调整。

◎ "你有哪里听不懂吗？"如果他们对于某部分无法理解，可能的原因包括：该部分缺乏具体的案例，或者方法与案例之间的衔接不强；该部分的实践指导不够深入。

◎ "如果给课程的收获感打分，你会打几分？"如果他们的评分低于 7 分（满分为 10 分），那可能是因为课程的信息密度过低，或者"湿货"部分过多。

3. 反复排练

对着镜头反复排练，直到你不再刻意回想接下来要讲什么，排练时要注意每部分都不要超时。脱稿讲课，其实就是把 90 分留给前期，把剩余的 10 分留给现场。

6.2.2 带稿讲课前必须做的 4 件事

带稿讲课指在正式讲课时使用逐字稿，逐字稿会一字不差地记录讲课的内容，确保讲课时的准确性，避免遗漏或误解。同时，逐字稿可以帮助你保持思维连贯，不会跳跃太多。

音频课更需要逐字稿，因为用户无法看到画面，对讲述节奏的要求更高，你需要精确掌握每部分的节奏。对于新手，我也建议在讲课前准备逐字稿，降低风险。

很多知名品牌的讲师都会带着逐字稿讲课，从而严格把控课程品质，保证每个字的精确性。

你可以按照以下 4 个步骤准备逐字稿。

1. 列出提纲

和脱稿讲课一样，首先要列出提纲。

很多人认为写逐字稿要从第一个字开始，实际上不然。高效的做法是扩写：先列提纲，再完善细节。如果从第一个字开始写，那么一旦出现大问题，修改的成本就会非常高。我们可以将写逐字稿比作建造一栋高楼：如果建到最后发现楼歪了，就只能重建。因此，我们需要在一开始就设计好高楼的框架。

2. 扩写逐字稿

扩写逐字稿时，可以先语音讲，再用钉钉、讯飞团建或微信语音等工具把语音转为文字，最后删掉冗余的内容，这样写逐字稿更高效，写出的逐字稿也更口语化。

很多人会觉得写逐字稿就是书面写作，其实两者之间有很大差别。逐字稿注重的是人的听觉感受，书面写作注重的是人的视觉感受。逐字稿要求所有用词用句皆符合口语习惯，例如，用词简单直接、不用晦涩的书面语，"沉鱼落雁之美"属于书面语，而"长得很俊"或"长得漂亮"属于轻松的口头语；"我们成功地将作战物资运往海拔三千米的山顶"属于书面语，换成"我们成功地将作战物资送到山顶，这座山有三千米高"则更口语化；书面表达很简洁，口语表达则需要一些互动，例如"唉，你看""你说是不是"。

3. 控制字数，把握节奏

逐字稿的节奏直接体现在字数中。与脱稿讲课不同的是，逐字稿要有字数限制，参考标准是 1 分钟 200 个字。更严谨的做法是，测试一下自己的正常语速是 1 分钟讲多少个字，把它作为参考标准。

4. 排练

无效排练指反复练，这虽然能让你讲课更熟练，但没有将这个环节的作用最大化。有效排练指边排练边改，边排练边标注。

写完逐字稿之后一定要反复读几遍，一边读一边修改，因为写的感觉和念的是不一样的。很多讲师反馈，写逐字稿时很满意，而录课时念起来才发现别扭，只能边录边改。

你可以在排练阶段对逐字稿中的重点词、金句、案例等内容进行标注，这将有助于你在授课时调整语音语调，突出关键信息。

6.3 4 种经典的开场方式

许多付费课程设有免费试听环节，例如，喜马拉雅平台的某些课程允许用户免费试听每节课的前 180 秒，用户便可以根据这 180 秒的体验来决定是否购买整套课程，课程开场的重要性不言而喻。虽然有人常说"酒香不怕巷子深"，但实际上，即使是最好的课程，也需要在一开始就"让用户闻到酒香"。

开场虽重要，但也要注意整体节奏。图 6-4 以一节 10 分钟的课程为例，建议将开场时长控制在 2 分钟左右，对应的逐字稿大约 400 字。

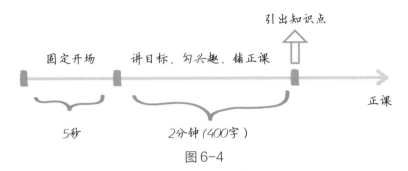

图 6-4

经典的开场方式有颠覆认知式、戳痛点式、案例 / 故事引入式和提问引入式 4 种。下面分别详述。

6.3.1 颠覆认知式

思考一下：用户是否对课程的主题存在一定的刻板印象或者有盲从他人评价的情况？

以下两种方法，可以帮你快速打造颠覆认知式开场。

方法一：使用"不是……，而是……"句型。

例如，"如何培养写作的感知能力"课程的开场可以这么说：

我发现啊，很多时候我们明明掌握了写作技巧，文章呢也没少写，文字呢也很有质感，可还是难以击中人心。写的都是些大而化之的老生常谈，人人都知道的大道理。

为什么？

其实啊，不是写作技巧出了问题，而是感知能力出了问题。

大家一定进过董宇辉的直播间，我反正每次都是笑着进去、哭着出来的，一边哭一边下单。

你会发现这个人感知能力太强了，他能感知农民的不易，感知深夜外卖小哥骑着摩托车行驶在大街上时在想什么。

只有真的感知到了，写出的文字才能产生共情。

那么这节课，我们要讲的就是：培养感知和发现的能力。

这种方法先提出大多数人对一件事的刻板印象，再重新定义这件事，从而颠覆用户的认知。

再套用这个句式示范一下。

很多人认为高情商就是讨人喜欢，就是说好话。

我不这么理解，在我看来，高情商不是取悦别人，而是取悦自己。

那么如何在取悦自己的同时又能照顾他人的感受呢？这就是我这节课要讲的内容。

再例如：

我们常常因为别人的负面评价而感到不快乐。其实，我们难过并不是因为他人的评价，而是因为，你允许这些评价走进你的世界。

方法二：灵活运用否定词。

常见的否定词有"其实不然""其实不见得""我却不这么认为""这倒未必"等。例如：

很多人认为管理者一定是强势的、外向的，一定要雷厉风行、敢说狠话。

其实不然，在我看来，性格内向的人也可以当好管理者。

那么不同性格的人如何找到自己的管理风格呢？这就是我这节课要讲的内容。

这样的开场，可以有效地吸引用户的注意力，也为接下来的内容铺平了道路。

小贴士：注意，颠覆认知不是"抬杠"，要保证你的观点的确能经得起推敲，并与用户的刻板认知不同，否则会虎头蛇尾。

6.3.2 戳痛点式

思考一下：用户在听这节课时，会遇到哪些困难？哪些最棘手？是否适合放在开场讲？

如果你想采用这种开场方式，那么有三个关键点需要注意。

关键点一：设定场景，唤醒痛点。

设定场景的目的是什么呢？只有将自己代入一个具体的场景，才能回忆起自己在这个场景中遇到的问题。例如，如果要讲解如何快速给领导留下好印象，那么可以设定以下场景。

你进了电梯，发现电梯里只有你和公司的 CEO，那么该如何打破尴尬呢？

这时候你可能想"不吭声，谁也没规定必须吭声"，也可能想"等领导先说"，还可能想"假装看手机，反正只要我不尴尬，尴尬的就是别人"。

使用"你"字，让用户成为主角，让他们更能身临其境。

关键点二：做"嘴替"。

做"嘴替"指替用户说出他们在这个场景下可能遇到的困难，并表示理解。你可以使用口语化的表达方式，列举出用户在遇到困难时可能产生的心理活动，越口语化，用户理解的成本就越低，越能引发共鸣，甚至能够让用户会心一笑。

> 我们先设想一个场景啊，你初次见客户，马上要见面了，你要跟对方聊什么？
>
> 有同学可能说"我是社恐，不知道眼神该往哪放"，有同学可能说"微信聊还可以，可是见了面我就怂了"，也有同学可能说"直接说事儿不就完了"，等等。
>
> 我想，这些一定是大部分人会遇到的问题吧，很正常。
>
> 其实啊，我曾经也饱受这种痛苦，但由于工作性质的原因，我不得不逼着自己与客户在不同场合快速破冰。经历得多了，我便发现，这事儿好像也没想象中那么难，它是有技巧的。
>
> 这节课，我就把我的经验分享给你。

做"嘴替"，也能打破用户的质疑，说服其接受自己的观点。

例如，在设计"如何做小说选题"这门课程时，我预料到很多用户想绕开选题，直接写正文，于是在开场环节说了下面的话。

> 我知道现在很多同学一腔热血、摩拳擦掌，简而言之就是"我也不知道我要干什么，但我就是想干点儿什么！"，恨不得绕过选题分分钟写出 1 万字来。这种心态我能理解，但是不要着急，咱们该稳的时候就得稳，你放心啊，学完这节课，有的是你写的，到时候谁不写我跟谁急！

关键点三：痛点关联目标。

你所列举的问题和场景，必须是这节课能够解决的。别忘了，开场的关键目的是引出正课，而不仅仅是引发共鸣。这意味着不能解决的问题就不要提。否则，用户的期望过高，在课程结束会有"你最开始说的那些问题，好像并没有解决啊"的感觉。

所以，开场的好坏，应该从整节课的角度来评价。

6.3.3 案例 / 故事引入式

思考一下： 你知道哪些和课程主题相关的有趣故事或案例？是否可以放在开场讲？

案例 / 故事引入式开场包括正反案例对比、案例 / 故事引入两种方法。

方法一：正反案例对比。

通过正反案例对比，让用户直观地感受到学与不学这节课的区别。

这种开场方式适合重要性容易被低估的课程，也适合抽象的课程。

例如，"如何在演讲时使用数据类比"课程的开场如下。

> 在正式开始这节课之前，我们先看一个描述：iPod 存储量达 5GB。
>
> 再看另外一个描述：把 1000 首歌装进你的口袋。
>
> 哪个更震撼？
>
> 是不是明显后者更震撼？
>
> "存储量达 5GB"，听起来不是一个小数字，但观众对 5GB 没什么概念。而"把 1000 首歌装进你的口袋"是我们瞬间就能感受到的容量，而后者就是当年 iPod 的广告词。
>
> 我们会发现同样是数据，稍加类比就会更形象、更震撼。
>
> 这节课我们就来讲，在演讲时如何描述数据。

你看，正反案例对比最大的好处就是直观，能让用户快速意识到课程的重要性。

试想一下，如果上面的案例不用正反案例对比，而是直接讲"演讲时使用数据类比，能让数据生动起来"，是不是干巴巴的？

使用正反案例时，要注意以下两点。

◎ 控制正反案例之间的变量。我们都学过物理实验中的控制变量法：只改变问题的某一个因素，其余因素不变，从而研究改变的这个因素对问题的影响。同理，我们在比较反面案例和正面案例之间的区别时，需要确保被比较的因素与本节课的内容密切相关。例如，一节课的主题是"唱歌时如何找对发声位置"，我们可以用正反案例对比来强调发声位置的重要性，最好的方法是让同一个人唱同一首歌，只改变发声位置，并让用户感受差别，而不是先自己唱，再播放刘德华演唱的版本。

◎ 先反后正。先展示反面案例，再展示正面案例，更能激发用户的兴趣，使其想实现相同的效果。

无论是正面案例还是反面案例，都要简洁直观，便于用户快速掌握和理解，避免过长或烦琐的解释，否则用户可能忘记自己在做什么。

方法二：故事 / 案例引入。

你可以选择讲经典案例，也可以选择讲自己的故事。

我曾经听过一节冥想课，那位老师是这样开场的。

> 记得刚参加工作的那几年，我经常焦虑失眠、情绪失控，我常因为他人的过错惩罚自己。

那时候我总是因为对自己不满意而不快乐，与自己较劲。

后来，我慢慢地与自己和解，我的状态不再那么紧绷，我也能平静地面对变化。

是冥想改变了我。

冥想有利于减轻压力和焦虑，让大脑屏蔽外界喧嚣，只专注于当下。

举例来说，我曾主讲过一门名为"如何收集写作素材"的课程。

在课程的开篇，我并没有急于切入正题，而是先与用户分享了一篇我的文章。我逐段朗读这篇文章，并在朗读的过程中说明哪些是我从各处精心收集的素材。通过这种方式，用户能够直观地感受到，一篇文章中高达80%的内容都可以来自平时的积累，同时他们也意识到，缺乏素材支撑的观点往往显得苍白无力。在用户对素材的重要性有了初步认识之后，我才开始深入讲解收集素材的方法。

这样的方式，比直接告诉用户素材的定义要更直观。

总之，相比于讲道理，故事和案例更能把用户带入情景、更直观、更能不知不觉地进入正题。

6.3.4 提问引入式

思考一下：关于你要讲的一节课，有哪些"灵魂拷问"能让用户会心一笑或引发用户的思考？

提问引入式的关键在于如何设计问题，问题可以分为封闭式、开放式。

方法一：设计封闭式问题。

封闭式问题指事先设计好了可能的答案，例如是或否、能或不能、会或不会、ABCD选项，等等。

答案没有对错，提问的目的在于引发互动、将用户拉进主题。

由于答案已经预设好了，所以无论用户回答什么，我们都能应对。

例如，我要讲"应对拖延症的三个技巧"，那么可以像下面这样提问。

在课程开始之前，我想先问大家一个问题：

你有拖延症么？

我猜大多数人都会说有，别担心，我也有，没有就怪了。

网上曾流行这么一个段子：每当我要做一件事的时候，我会把时间分成10等份，前9份用来开开心心地玩耍，等到最后一份时间到来的时候，我会再把时间分成10等份，前9份当然是用来忧心忡忡地玩耍啦，直到最后一份时间到来，我的眼前"哐"地一黑。

这个段子说出了多少人的心声啊，其实拖延是人的天性，但也是有技巧可以应对的。

"你有拖延症么"这个问题是如何设计出来的？

我设计这个问题的目的是让用户先意识到自己有拖延症，再对号入座。

我想表达的是，如何设计问题没有标准答案，重点是你要达成怎样的目的。

而之所以在提问后讲"别担心，这说明你很正常，我也有"，是为了降低用户的羞耻心和戒备心，让更多用户能没有心理负担地承认自己有拖延症。

再举一个例子，哈佛大学政治哲学教授迈克尔·桑德尔德的公开课"正义应该怎样做"的开场问题是这样设计的：

火车轨道的前方有5位工人正在进行修理作业，而火车即将撞到他们，这个时间，他们是不应该出现在这条轨道上的。

而另一条轨道上有1位工人在作业，这个时间，他是可以在这条轨道上工作的。

如果你是一位扳道工人，此时你会怎么做？是任由火车撞向这5位工人呢？还是将铁轨扳到另外一条轨道上去，从而牺牲这1位工人？

选择撞向5位工人的，请举手。

选择牺牲1位工人的，请举手。

能猜到的是这位讲师让大家举手时，所有人都处于高速思考的状态。

听众回答的不一定是他们的最终答案，毕竟大家来不及深度思考，但重点不是对错，而是思考本身。

有关这个问题的思考会贯穿整节课程，每往后听一点儿，决策和立场就可能改变一点儿，听众给出的答案就会更成熟一点儿，甚至推翻之前的答案。

这种提问方式更有利于深度学习。

设计封闭式问题时要注意以下三点。

◎不要评判答案的对错，否则答错的用户容易陷入挫败情绪。

◎要想清楚每种回答与你的主题如何关联。

◎不要问"重不重要"这种没有意义的问题。

方法二：设计开放式问题。

开放式问题没有确定的答案范围，其目的在于激发思考、提高用户的参与感。常见的开放式问题包括关键词是什么、为什么、怎样做等。

和封闭式问题一样，开放式问题也需要根据目的来设计。

例如，你想讲家庭教育课程，其中一节课是"如何经营健康的亲子关系"，那么你可以先问用户对亲子关系的理解。

> 在正式课程开始之前，我想问大家一个问题：
>
> 你认为最好的亲子关系是什么样的？
>
> 我来说说我的理解。

例如，你想讲"如何应对当众反驳"，那么你可以设计一个场景化决策题，让用户思考如果自己遇到被反驳的情形会怎么做。

> 在正式课程开始之前，我想先问大家一个问题：
>
> 你在会议中提出自己的想法，有人情绪激烈地提出反对意见，你会怎么做？
>
> 相信在你的职业生涯中，或多或少都曾遇到过这种情形，这种时候非常考验一个人的反应能力。如果应对不好，那么很可能激化矛盾，甚至导致失态。
>
> 接下来，我来说说我的方法。

不要问难以回答的问题，这会让用户长时间停留在问题里，在后面的课程中难以集中精力，例如，"如何管理一个团队""年终总结该怎么写"这种问题就太大了。

小贴士：无论你用哪种方式开场，都要讲清楚课程目标。

无论以哪种方式开场，最终都要展示这节课的目标。开场结束后，要告诉用户这节课后要做什么作业、作业标准是什么样的。

例如，我们讲"产品经理如何做产品原型图"，就可以像下面这样展示课程目标。

> 设计产品原型图，是所有产品经理都要掌握的技能。
>
> 我们先看下什么是产品原型图……
>
> 这节课你一定要认真听，因为课后是有作业要完成的，作业是"为 xx 产品设计一张产品原型图"。

开场展示作业时，要注意以下两点。

◎ 开场所展示的作业，一定是课后作业的参考版。例如，你布置的作业需要套用模板，那么你展示的作业也要套用该模板，这样才有参考意义。

◎ 开场所展示的作业，最好是贯穿全课的案例。课程中一点一点地拆解和分析开篇所展示的作业，让用户一步一步学会。避免用户一节课看到太多版本的参考作业，从而眼花缭乱。

此外，我再给你一个开场的方法：卖关子。

如果我们稍微卖个关子，给课程的知识点附上背书，用户就会更加好奇，也更加信任你。

举个例子，以下为课程"在电梯间偶遇领导，该说些什么"的片段。

> 设想一下，你进了电梯，发现电梯里只有你和公司的 CEO，那么该如何打破尴尬呢？
>
> 这时候你可能想"不吭声，谁也没规定必须吭声"，也可能想"等领导先说"，还可能想"假装看手机，反正只要我不尴尬，尴尬的就是别人"。
>
> 很不幸，我总是和领导同搭一部电梯，我已经尴聊无数次了，好在我现在进步了。我负责地告诉大家，这事儿是可以提前准备的。
>
> 那么如何提前准备呢？这就是我接下来要讲的。

这个案例，用"我已经尴聊无数次了，好在我现在进步了"为要讲的方法背书，更有趣，也更亲切。

下面是我为你准备的一些背书角度和参考话术。

◎ 方法亲测有效："这个方法是我自己反复测试过的，我曾用它做成了……；这个方法，是我使用过的所有方法中最好的。"

◎ 方法有依据："这个方法是有科学依据的，xxx 实验 / 数据证明……；这个方法源自我最近看过的一本书《xxx》，结合我的实践经验，总结为……"

◎ 方法有独特价值："我们听过不少关于 xxx 的方法，但大多数要么太复杂，要么太学术。我要讲的方法很简单，也很容易记。"

AI 锦囊：用 AI 写开场逐字稿

① 使用要点。

我在备课时，经常把能想到的关键词和要点直接"丢"给 AI，让它直接帮我扩写成一段逐字稿。

向 AI 提问时，有 3 个小技巧。

· 声明口语化：我们需要口语化的逐字稿，而不是书面语的。

· 告诉它你希望的开场方式，例如颠覆认知式、戳痛点式、案例引入 / 提问式。

· 语音输入指令：如果你想节约输入指令的时间，那么可以直接输入语音，而不是打字，即便发语音时磕巴也没关系。

②提问示范。

以"若男的写作训练营"为例，在"如何提升感知力"这节课中，我希望开场可以强调感知力的重要性。因此我向 AI 语音输入了一条指令（这条指令不是很严谨，但在向 AI 提问时，重要的不是措辞，而是构思）。

◎ AI 指令。

请帮我润色以下课程逐字稿，帮我改得更加口语化，并颠覆用户对感知力的认知：

同学你好，我是若男，这节课我会教你如何提升感知力，让文字更有灵气。所谓感知力，就是你在写作之前，要先对这个世界有感知。你只有感知到了，才能写出来。感知力在我看来是写作最需要的能力，也是一个新手在刚接触写作的时候第一个要培养的能力，甚至如果这门课程只能剩一节课，我会留下的就是这节课。因为，抛开感知力，一切的写作技巧都是没有灵魂的。

◎ AI 回答。

同学你好，我是若男。这节课，我会带你一起找寻让感知力爆发的方法，让你的文字活起来，就像梦幻一样。感知力？听起来有点儿神秘吧，其实，就是在你写字前，先用心去"摸摸"这个世界的每个角落。只有你真正感觉到了，才能写出有生命力的字。我觉得啊，感知力就像写作的魔法棒，是你和这个世界对话的桥梁。对于刚开始写作的你，感知力可太重要啦！要是只能选一节课，我肯定选这节课，因为感知力才是写作的核心，没了它，其他的技巧只是空壳子。现在，你闭上眼，好好听听，感觉感觉这个世界的声音、颜色和味道。等你睁开眼，你会发现，你的文字不再是干巴巴的，而是充满生气和魔力的。这就是感知力的魔力，它会带你去一个更酷的写作世界。

6.4 如何讲好案例和实操

很多课程很有价值，可用户听完什么都忘了，其原因就在于，讲述方式有问题。

6.4.1 如何讲解案例

讲解案例时要注意 3 个要点。

◎ 介绍清楚案例。

◎ 及时总结，通过案例能学到什么。

◎ 有互动感，给用户思考空间。

接下来，我分别阐述这三点如何实现。

1. 介绍清楚案例

以"若男的写作训练营"为例，每节课都需要文章案例。身为讲师，我们可能会本能地认为"为了不耽误用户的时间，还是别一个字一个字地念了"或者"让用户点击暂停，自己看屏幕上的案例吧"。

但实际上，如果不深入展示案例，就会缺少沉浸感。

例如，在"如何仿写小红书短视频脚本"这节课中，我会先把课程中要模仿的短视频从头到尾播放一遍，再展示文字脚本。一边念每一段，一边分析开篇怎么写、观点如何递进、如何收尾。

2. 及时总结，通过案例能学到什么

如果不对案例加以总结，那么案例就只是案例。把案例和知识点关联在一起，案例才有价值。

举个例子，我在一节课中提到了一个知识点：小红书视频的选题要有独特的切入点。为此，我演示了案例——我的小红书视频"高敏感人反自救指南"。我总结了我在做该视频的选题时做对了哪些事。例如，我会先分析"高敏感人"这个话题的热度开始的时间，如果已经过了黄金时间，那么要调研其他博主关于该话题的观点，想到一个不一样的切入点。及时总结，用户才能在案例中学到东西。

3. 有互动感，给用户思考空间

举个例子，我在做公开演讲时想使用表示数据的方法——数字类比，那么可以像下面这样讲述。

> 来，我先问你一个问题：
>
> 当你晚上跑步，运动软件提示"你消耗了 100 卡路里"时，你有什么感受？
>
> 你可能想：100 卡路里是什么概念？
>
> 如果它提示"你消耗了 100 卡路里，相当于少吃了两个苹果"。
>
> 你是不是就能明白？
>
> 其实后者啊，用到了一个方法——数字类比。
>
> 所谓数字类比，就是将数字和类似的事物做比较，让数字变得可感受。
>
> 这是很多名人在演讲时常用的技巧。
>
> 数字类比有一个关键技巧，就是类比的事物一定要贴近人们的日常生活，让人们可想象。

6.4.2 如何讲解实操

讲解实操时，要注意应用知识点。

接着上面数字类比的例子，如果我们要实操，那么可以这么讲。

> 刚才我们讲了数字类比，接下来，我们练一下：
>
> 假设公司即将推出一款仪器，仪器的重量是150g，你要怎样形容这个数字？
>
> 我来给你几个选项。选项 A：这个仪器是 150 支铅笔的重量；选项 B：这个仪器是一个芒果的重量；选项 C：这个仪器是一部手机的重量。
>
> 我猜大部分人会选择手机，因为手机是我们最经常拿的。所以，数字类比要选择"可感"的物体。

在上面的实操题中，我给出了选项，这样用户更容易参与进来。

在讲解实操时，要注意引导用户参与：由于我们无法直接看到用户是否真正参与了实操，因此需要持续引导他们参与。

例如，在唱歌课程中，我们可以在练习开始前鼓励用户："答应我，你会跟着我一起开口练习，即使唱得不好也没关系，敢于开口就意味着你已经成功了一半。"在练习结束后，可以夸奖他们："非常好！"千万不要小看这些细微的引导，它们能极大地提高实操练习的参与度。

下面给出一些讲解实操时的话术。

◎ 练习前：答应我，跟着我一起练，这样你的学习才会有效果；答应我，大胆练，只要试了你就成功了一半。

◎ 练习中：3 秒时间，我们思考一下该怎么做；你的答案是什么？

◎ 练习后：非常好，给你点个赞；是不是没有想象中那么简单？很多事只有尝试了才能真正感受。

6.4.3 如何收尾

在下面的案例中，我们首先总结，然后提炼主题，最后引导行动。

> 这节课我们讲了两个方法，第一个是数字类比法，将数字和我们身边熟悉的事物做类比。第二个是数据对比法，通过比较数据，让别人更好地理解数据并做决策。
>
> 我想说，这些方法只是日常表达时会用到的"术"，它的"道"其实在于换位思考。我们说出口的哪怕只是一个数字，也要考虑对方是否能理解，否则表达便失去了意义。

最后，留个思考题，欢迎大家把答案发到评论区。

以上就是我们这节课的全部内容，我们下节课见。

6.5 8个技巧，让课程更生动有趣

在一节课程中，随着时间的推移，用户的注意力会逐渐下降。

因此在课程的讲述过程中，要管理用户的注意力，让他们时不时地兴奋起来。这些，可就要靠课程的"湿货"了，如图 6-5 所示。

图 6-5

一方面，课程需要理性的内容，也就是"干货"。如逻辑分析、数据应用、理论探讨及推理思考，这些内容往往使用户产生深刻的认识和理解。然而，长期重复这类内容可能让用户感到枯燥无味。

另一方面，感性内容也是必要的，我将它们称为"湿货"，包括图画展示、情感表达、故事讲述等。这些内容具有强烈的感染力，能够激发用户的情感，吸引他们的注意力。

如何在一节课中同时使用"干货"和"湿货"呢？

如图 6-6 所示，我会在课程开始时先投放"湿货"，如讲述一个引人入胜的故事或提出一个富有挑战性的问题，以激发用户的兴趣。接着，我会明确告诉用户本节课的主题，并详细列出课程内容，重点强调他们将会学到的知识，这是至关重要的一步。然后，我会在心中构建一张内容导览图，清晰展示每个章节之间的逻辑关系，以增强课程的逻辑性。

在讲述每个章节的内容时，每讲一点儿"干货"，我就会抛出点儿"湿货"，让用户有机会"深呼吸"，缓解一下紧张的学习氛围。在课程结束前，我会引用一些深刻的金句，以提升整节课程的价值。

图 6-6

以下是我为你整理的"湿货元素清单"，可以帮助你提升课程的趣味性。

◎ 故事：个人经验分享、学习过程中的失败经历、行业内的趣事等。

◎ 金句：简单有力、能引起共鸣的观点；温馨鼓舞人心的语句；启发性的问题；对行动的呼吁等。

◎ 演绎：现场展示特定技能、模仿反面案例、角色扮演等。

◎ 多媒体元素：案例的图像、视频、音频版本等。

◎ 幽默元素：自我调侃、讽刺行业现象、使用网络流行段子等。

◎ 互动游戏：提问、限时的头脑风暴等。

◎ 形象比喻：将主题比喻为挑选结婚对象。

◎ 现场道具：道具可以是实物，也可以是人。例如，可以请一位"反面教材嘉宾"在课程中进行现场示范。

6.5.1 故事

人们天生喜欢听故事，而不是被灌输道理。通过故事，你可以迅速地将用户带入一个场景，使他们在不知不觉中接受你想表达的观点。

在讲课时如何有效地讲故事呢？

1. 明确讲故事的目的

你需要先明确讲故事的目的。你是想通过故事引出一个概念，还是一个观点，或者引发思考？明确了目标之后，就可以去寻找合适的故事了。

例如，一位讲师想在课程中表达"生活中，要学会为自己创造仪式感"这个观点，她引用了电影《蒂凡尼的早餐》中的故事：女主角每天都会穿着黑色小礼服、戴着假珠宝，站在蒂凡尼的橱窗前，一边欣赏里面美丽的珠宝，一边优雅地吃着早餐，仿佛这是她生命中最重要的事情。尽管经济状况不佳的她，其实连里面的一件首饰都买不起。

2. 展开关键细节

讲故事的时候一定要展开关键细节，因为细节会带给用户画面感，从而引起他们的情感共鸣。

例如，我曾在课程中表达"办法总比困难多"这个观点，我讲述了我身边发生的一个故事。

我记得去年大概圣诞节那会儿，大家正在一如既往地工作，突然收到了钉钉群的一个通知，大概意思是公司出现了一位传染病密切接触者，我们要在公司集中隔离 48 小时。那几天，2000 多人被封闭在 3 栋大楼里，连门都不能出。

第一天大家没经验，睡得比较"潦草"，都是在地面上随便一躺。结果由于耳朵贴着地面，只要有人经过，那声音就跟地震一样，而且夜里呼噜声此起彼伏，根本没法睡。

第二天大家就学聪明了。有的人"抢占"会议室的桌子，你看，这"大床房"不就有了？还有的人更聪明，抢占公司隔音效果最好的录音室，你看，"五星级酒店"是不是也有了？当时我心里就在想，办法果然比困难多。

3. 表达情感

第一情绪是最重要的。当你在讲故事时，你需要利用自己的感性思维，详细地解释故事细节，告诉用户这个细节让你产生了什么样的感受。最不会出错的方法就是讲述自己的亲身经历，无论是成功的，还是失败的，你的亲身经历都是最生动的。你不需要华丽的语言，也不需要强大的逻辑能力，只需要用最日常的话语，把你经历过的、看到的东西讲出来。

讲故事的技巧并不复杂，只需要明确目的、展开细节、表达情感，你就能讲出引人入胜的故事。

6.5.2 金句

金句尽管短小，却具有强大的传播力。它们能触动人心、升华主题，或发出号召，或直击灵魂深处。每当课程接近尾声，我总会引用一些金句作为精彩的结尾，因为人们对于开始和结束的记忆往往最为深刻。

1. 引用经典名言或名人语录

这些金句往往源于智者的洞见和经验。以"若男的写作训练营"为例，我曾在一节课的结尾，引用了李笑来老师的一句话："学习能力也好，执行力也罢，核心只有一个——在刚开始的时候平静地接受自己的笨拙"，以此来激励大家动笔写作。

2. 引用电影或文学作品中的经典对白

这些金句往往更容易被大众接受。例如，电影《野草莓》的经典台词"人生苦短，我要荒唐到底"，以及《进击的巨人》中的"生命不息，战斗不止"。

3. 发表自己的感悟

这些金句是我们对生活、工作和人生的理解和感悟。例如，我曾在讲课时说：成功是试出来的。这是我对成功的理解，也是我希望传达给用户的信息。本书的受访嘉宾风尘散人老师也分享了他的金句：每位内容创作者都应该有"老子天下无敌"的气势。这句话不仅体现了他的个人风格，也是他鼓励所有创作者具备应有的魄力。

6.5.3　演绎

在进行课程讲解时，存在许多富有创意和效果的演绎方式。

1. 现场展示才艺

利用你的专长或才艺，例如，一段吉他独奏，或者一段朗诵，为用户带来独特的体验。

2. 模仿反面案例

通过模仿一些反面案例，直观地展示错误的做法，以帮助用户避免同样的错误。

以"若男的写作训练营"为例，在讲解"仿写小红书图文笔记"这节课时，我特意以一种夸张的方式，模仿了那些过分重视文字而轻视封面设计的行为，演绎了"花费两小时精心雕琢文字，却随意拿起手机草率拍摄封面图"的场景。

适当地"戏精"一点儿，能让用户缓解听课的疲劳。

3. 角色扮演

通过扮演不同的角色，以生动有趣的方式传达信息或知识，帮助用户更好地理解和记忆。

我曾经和一位讲师一起研发有声主播课程，并专门准备了 5 段练习文本。当讲师分别用愤怒、遗憾、抱怨、喜欢和自暴自弃这 5 种情绪为文本配音时，直播间的评论区立刻热闹起来，弹幕如潮水般涌动。这个例子充分证明，通过演绎，我们可以更好地吸引用户的注意力。

6.5.4　多媒体元素

图像、视频和音频等多媒体元素相比数据和文字更能吸引人们的注意力，使知识易于理解和记忆。

例如，播放 TED 的经典演讲片段来学习演讲技巧；播放综艺节目的配音片段展示配音的多元性；图像是一种强大的工具，可以配合任何知识点使用，帮助用户理解和记忆。

动画、图表、漫画等形式也可以创新性地呈现信息和知识。总之，运用多媒体元素可以提高学习效率和效果，使学习过程更有趣。

6.5.5　幽默元素

幽默是一种极具人格魅力的交流技巧，它能够快速打破僵局，让人放松。你可以尝试通过以下几种方式来增加课程中的幽默元素。

◎ 适当自嘲：自嘲是一种非常有效的幽默方式，它能够展现出你的自信和随和，使你更加"接地气"。

◎ 调侃或讽刺行业现象：对行业的深度理解和独特见解，可以通过调侃或讽刺
　的方式表达出来，让用户在笑声中得到启发。

◎ 讲网络流行段子：讲网络流行段子可以让课程更加贴近用户的生活，增加用
　户的参与感。

我合作过的作家风尘散人在讲课时，就曾自嘲自己的"公鸭嗓"，他是这么说的：
"在课程开始之前，咱们先约法一章。我知道很多同学都是有声主播，对声音的要求
比较高。而我呢，是靠脑袋和手讨生活的，上帝为我打开了一扇大门，但把别的门都
给'焊'死了，所以如果我的声音不够有磁性，或者有点儿像公鸭子什么的，还请各
位主播多多包涵。反正不许笑，实在憋不住的可以偷偷笑，但不能在评论区嘲笑我。"
此话一出，用户反而被他的幽默吸引。

6.5.6　互动游戏

互动游戏可以让用户快速提起精神，增强他们对课程的参与感。

举个例子，我曾在写作课上尝试组织灵感游戏，如图 6-7 所示，展示了 27 个毫
不相关的单词，让用户选择其中的 3 个，并以此创作一个故事。这个小游戏不仅激活
了用户的"脑洞"，还在课程结束后继续流传于知识星球中。

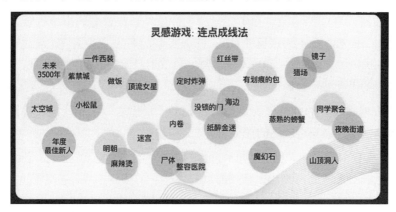

图 6-7

6.5.7　形象比喻

讲课时，偶尔给出一个形象的比喻，也能让用户会心一笑。例如，我曾经说，
选课题和谈恋爱一样，都需谨慎选择。以下两个案例进一步阐述了这一点。

学习新技能如煮沸水：学习新技能就像煮沸一壶水，初期进展可能缓慢，但只
要坚持，水温就会逐渐升高，最终沸腾。

团队合作如演奏交响乐：团队合作就像演奏交响乐，每个人都是乐团中的一员，虽然演奏乐器不同，但只要协调一致，就能演奏出美妙的乐章。同样，在团队中，每个人都有自己的角色和任务，只有齐心协力，才能实现团队的目标。

6.5.8 现场道具

使用道具不仅能使课程内容更加生动有趣，也能满足用户的好奇心和求知欲。道具能够将抽象的理论知识具体化、可视化，使得学习过程变得更加直观。

1. 物品作为现场道具

以"若男的写作训练营"为例，在讲解"如何写小红书种草笔记"这节课时，我随即拿起身边带有小王子图案的杯子作为道具，详细解释了种草产品时，如何用讲故事的方式赋予产品寓意，将《小王子》这部经典的童话故事与产品特性相结合，使产品不再仅仅是一个普通的杯子，而是一个情感载体。

再例如，我在研发普通话课程时，准备了一个口腔模型作为现场道具。利用这个模型，可以清晰地展示如何正确发音，避免"n"和"l"的混淆，不仅能让用户更直观地理解发音原理，还能激发他们的学习兴趣。

2. 人物作为现场道具

人也能作为道具吗？当然可以，而且很有喜剧效果。

我们在研发声乐课程的过程中，邀请了一位经常破音的同事进行示范，他既是一个生动的反面教材，也为课程增添了一些趣味。这种方式让用户大笑之余，也可能激发他们的勇气，让他们想：既然他都敢唱，我又有什么好害怕的呢？通过这种方式，将学习过程变得更加轻松愉快。

新东方曾将用户的评分作为讲师的重要考核指标之一，那些擅长讲段子、风趣幽默的讲师常常能够获得较高的评分。

然而，这就引出了一个问题：如果讲师们知道幽默可以帮助他们获得更高的评分，那么他们是否会过多地投入"段子"和其他"湿货"的准备中，而忽视了主要任务——教学？

事实上，这样的担忧是没有必要的。因为用户并不是没有判断力的，他们能够明确地认识到，如果一节课没有什么实质性的收获，那么无论讲师讲了多少幽默的段子，课堂气氛多么轻松愉快，都是没有意义的。

因此，一节优质的课程，既需要有实质性的教学内容——干货，也需要有一些轻松愉快的元素——湿货。

6.6 如何修改逐字稿

逐字稿，是改出来的。

在这个阶段，不需要翻天覆地地改结构，而是要注重细节。本节会给你 6 个为逐字稿锦上添花的小技巧及 1 份自检清单，帮助你提高录制效率，减少返工。

1. 增加衔接词，快速提升结构性

讲课时，增加一些衔接词能够让结构更清晰、更有逻辑感。否则，用户可能不知道讲到了哪部分，或者不知道这部分和前面的关系，也可能不理解讲师为什么突然提及某个话题。

以下是一些常见的衔接词及其作用，可别小看它们，它们能起到四两拨千斤的作用。

◎ 首先……，其次……，再者……，最后……：引入多个要点。

◎ 前面……，接下来……：提示前一部分结束，开始讲解下一个知识或要点。

◎ 总的来说：对前面的内容进行总结。

◎ 因此 / 所以：引出推论。

◎ 此外：引入一个新知识，或与之相关的信息。

◎ 一方面……，另一方面……：强调多个要点。

2. 用"你"和"我们"，减少距离感

在讲课时尽量少使用"我"，转而使用"我们""你"或者"咱们"，以便拉近与用户之间的距离，增强代入感。

3. 标注逐字稿

讲课时如果使用没有经过格式处理的逐字稿，那么很容易讲成"流水账"，缺乏层次感和节奏感。

因此，我们需要对逐字稿进行精细的标注，预先规划好语气和节奏，如表 6-2 所示。

表 6-2

操作	示例	具体作用
用斜体标注案例	这是一个案例	提醒主讲人突出讲解
用粗体标注重点、金句	这是重点	重点和金句是讲解中的精华，需要主讲人特别强调
用空行标注某一部分即将结束	这是上一部分 这是下一部分	段落之间空一行可以帮助主讲人在讲解时有更好的节奏感

续表

操作	示例	具体作用
用"/"标注停顿	这是一句话 / 这是下一句话	在逐字稿中标注停顿，可以帮助主讲人讲解得更加流畅，同时可以让听众有时间消化和理解所讲内容
标注课件位置	无	如果课程配有课件，将课件插在逐字稿中，可以配合主讲人更好地进行讲解

4. 熟读逐字稿找感觉

逐字稿写好之后，最好能够大声朗读 3 遍以上，以便发现问题，而不是仅靠看来检查。我的习惯是先朗读一遍并录制下来，然后自己听一遍，一边听一边快速在逐字稿中标注负面感受和灵感。

如果不提前读稿，那么在讲课时可能出现以下问题。

◎ 发现语言不通顺，讲起来不流畅，只能现场改，越改越烦躁。

◎ 发现节奏不对，可能一个知识点讲了很长时间，自己都听不下去了，必须现场调整。

◎ 像机器人一样，没有重点、转折、案例。

◎ 断句错误，改变原本要表达的意思。

◎ 沉迷于稿子，念着念着就忘了自己在讲什么。

5. 增加口语词

增加一些口语词，会让你讲起课来更像和朋友聊天，也能让你更放松。

以下是我整理的常见口语词清单，供你参考。

◎ 你看……

◎ 诶，你发现没有……

◎ 我这么说你可能就懂了……

◎ 其实啊……

◎ 仔细想想……

◎ 那有同学可能会说了……

◎ 不过呢……

◎ 你知道吗……

◎ 你有没有觉得……

◎ 有趣的是……

举个例子，下面这句就加了口语词：（你有没有发现）很多课程明明都是精华，但你就是听不下去。

6. 加入个性化元素

我们可以在逐字稿中加入一些个性化元素，展示你身上的可爱之处。

你没看错，我们在课程中不仅需要传授知识，还需要表达自己，让用户了解更多面的你、更真实的你。这需要用心设计。当你表达自己的观点、讲述过去的经历、阐述个人价值观、讲述初心、形容自己时，用户可是"支着耳朵"在听的，这时候你说了什么，用户对你的印象就是什么。

要学会把身上的个性化元素展现出来。例如，本书的受访嘉宾风尘散人老师，就曾在课程里这样表达自己的价值观：

> "大家都知道，日本有 ACG，美国有漫画。我们曾经历西方的打压，我们的文化一直被侵略，甚至被抢走。我们老祖宗的那些文化，到了我们这里，已经被拨到了角落里。可能很多人会觉得这个话题很大，但其实不然，因为国家和个人是息息相关的。国家需要一种软实力，叫作文化输出，网络小说是可以在这方面有所作为的。近几年国家越来越重视网文，其实就是希望我们能进行文化输出，这是网文未来的一个大方向。我们的老祖宗留下的东西，更多的是哲学性的，可能有些枯燥，如果能把它们以有趣的方式输出，就能让更多人看到。这是网文完全能做到的。我们的使命，就是尽自己的绵薄之力，让中国的文化被更多人看到。我希望屏幕前的你们，也能共同背负这种使命，向前走。"

需要特别注意的是真诚和真实，不能表里不一，更不能编造故事，同时需要掌握分寸，不能让个性化元素盖过知识价值。

7. 逐字稿自检清单

我们可以从开场、正课、结尾、课件、整体 5 个角度检查逐字稿，检查标准如下。

◎ 开场：开场是否清晰传达了课程目标，给了用户方向感；开场时长是否控制在 3 分钟内；开场是否激发了用户兴趣。

◎ 正课：课程深度是否合适，不是太深或太浅；理论是否结合了案例；实操步骤的讲解是否足够详细，解答了用户疑问；每个知识点结束后是否有巩固总结。

◎ 结尾：结尾是否起到整体巩固作用，如果课程需要实操，那么实操是否落到了具体任务上；结尾时长是否在 2 分钟以内。

◎ 课件（如果有）：每页课件是否都起到了导航作用，让用户清楚地知道学到了哪里；课件重点是否突出，而不是密密麻麻的文字堆积；课件是否与讲课的内容互补，而不是重复讲课的内容；课件的切换频次是否恰当，是否在某页课件上停留太久且没有动画效果。

◎ 整体：是否存在"这个""那个""啊"之类的口头禅；是否口语化，避免出现15字以上的长句、书面语；授课逻辑是否清晰；是否生动有趣，包含故事、段子、互动等；是否有金句，制造了记忆点。

AI 锦囊：用 AI 反复修改逐字稿

① 使用要点。

逐字稿写完后，可以让 AI 帮你修改。比如改掉语病、调整得更有逻辑性、修改得更加口语化、增加情绪价值。

② 提问示范。

◎ AI 指令。

请帮我把以下课程逐字稿改得更加口语化，增加一些情绪价值，不要这么古板。

大家好，今天我们要讲的是如何写文章的开篇。开篇是文章的重要组成部分，它决定了读者是否愿意继续阅读下去。一个优秀的开篇，需要抓住读者的兴趣点，引导读者进入文章的主题。那么，如何写出这样的开篇呢？首先，我们要明确开篇的目的，它应该与文章的主题紧密结合。其次，开篇的语言要简单明了，避免冗长的句子和复杂的词汇。最后，开篇要有吸引力，可以使用一些引人入胜的故事、引用名字或者提出问题来引起读者的好奇心。

◎ AI 回答。

大家好，今天咱们来聊聊写文章的时候，那个超级重要的开篇部分！开篇啊，就像是文章的"门面"，你得把它打扮得漂漂亮亮的，才能吸引读者进来瞅瞅。你想啊，如果开篇就写得干巴巴的，读者可能看一眼就走了，那咱们的辛苦不就白费了吗？

所以，开篇得怎么写呢？首先啊，你得明确开篇的目的，它得跟文章的主题有个紧密的"勾肩搭背"。就像你请客人吃饭，总得先告诉人家你要吃什么菜吧？开篇也是这样，得让读者知道你这篇文章要讲啥。

其次啊，开篇的语言得简洁明了，别整那些弯弯绕绕的，让人看不懂。就像你跟朋友聊天，肯定喜欢用大白话，对吧？开篇也是这样，得用简单易懂的语言，让读者一下子就能明白你的意思。

最后啊，开篇得有吸引力！你可以讲个有趣的小故事，或者引用一句名人名言，或者提个让人好奇的问题，这样读者就会像小猫看到鱼一样，被你的开篇牢牢吸引住啦！

第 7 章
录制课程

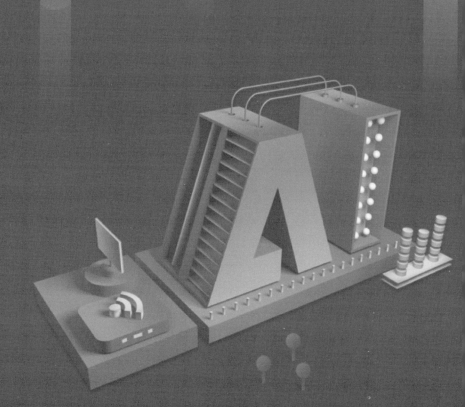

7.1 5 个技巧，面对镜头更有感染力

提起讲课，很多人都会感到畏惧。你可能想：我是个内向的人，领导让我公开发言我都紧张，更何况是讲课了；我从未有过讲课的经验，我真的能够做好吗？

我曾听一位知名讲师这样描述他的经历：当我走进录课室时，看着工作人员忙碌的样子，我并没有感到紧张。可是，当即将开始录制时，镁光灯照在我的脸上，摄影师对我比了一个"OK"的手势，那一刻，我竟然忘记了要讲的内容，那个录课室在我眼中就像一个刑场。

你看，其实每个人在面对这样的情况时，都会感到紧张，这是再正常不过的事情。讲课并没有什么捷径，我们唯有通过实践和磨砺才能成为一名优秀的讲师。人讲课和机器人读稿，最大的区别就是感染力。无论机器人多么智能，都无法替代人类讲课的感染力，这是因为机器人缺乏情感，不能感受到用户的反应，也不能用其个性和温度去感染用户。人的普通话虽然不一定标准，但人有热情、信念、个性，可以和用户互动。这种互动，既包括言语上的交流，也包括眼神、表情和身体语言的交流，所有这些，共同构成了讲课的感染力。如果讲课没有感染力，那还不如干脆由机器人读稿，还更省事一些。

作为课程讲师，我们必须注重提升自己的感染力。那么如何快速提升讲课时的感染力呢？我总结了 5 个技巧：对象感、声音起伏、情绪放大、手势、第一目标。

7.1.1 对象感

对象感是讲课的一个重要元素，需要让用户感受到"你在与我交流"。在线下讲课时，我们可以看到用户的反应，能够感知他们何时会笑，何时会显得疲倦。然而，在线上讲课时，我们无法直接看到用户的反应，因此需要采取一些策略，让用户感受到我们在与他们进行交流。

以下是三种有效的策略。

1. 像和朋友聊天一样

把讲课当作和朋友的一次闲聊，用平和、自然的语气，而不是刻意追求抑扬顿挫或慷慨激昂的演讲风格。在逐字稿中增加互动和口语化的表达，这样可以帮助你找到像和朋友聊天一样的状态。

2. 把镜头当作观众

把注意力从自己身上转移到用户身上。如果你在录制视频，那么别用自拍模式，看手机镜头而不是屏幕。你可以把手机镜头想象成一个人的眼睛，就像你真正在和朋友一对一沟通。当然，大部分人刚讲课时看到镜头就会全身紧绷，眼睛失焦，这是还

没适应镜头。所以，排练时一定要点击录制，别小看这个动作，只有点击录制你才有可能适应镜头。

3. 半看逐字稿

镜头会放大我们的微表情，如果我们念逐字稿时目光从左到右移动，那么用户是能感受到的。最好的办法是加入一定程度的即兴发挥，让目光不要始终落在提词器上。

你可以在逐字稿上加粗放大关键词，正式录制时围绕关键词进行发挥。

7.1.2 声音起伏

你是否注意到，当一个人说话时，如果他的声音没有起伏，那么听众往往很难找到重点。这就是声音起伏的魅力所在，也是每个讲师必备的技能。

这里所谈论的声音起伏，并不是指刻意制造的抑扬顿挫，而是让声音有变化，让讲课的过程不再平淡如水。在播音主持领域，已经有许多详细且成熟的让声音起伏的方法。而在这里，我们只需学习那些对讲课有巨大帮助，且能被快速掌握的技巧。

1. 停顿

停顿是一种有效的管理用户注意力的方法，适当的停顿可以帮助用户更好地理解和吸收所讲的内容。如果我们的讲解一直连续不断，那么用户不仅会感到疲劳，也无法感受到讲课的节奏。以下是一些使用停顿的建议。

◎ 在重要的点或关键词之后停顿，给用户回味的时间。

◎ 在讲金句时停顿，帮助用户更好地记忆。

◎ 在切换主题或章节时停顿，让用户有时间跟上讲师的思路，理解前后关系。

◎ 在强调某个观点时停顿，相当于提醒用户"这里要留意"。

◎ 提问后也可以稍做停顿，给用户思考的时间。

在逐字稿中，停顿可以用分割线（/）标注。

2. 重音

适当使用重音，可以强调重点、增强语气，进而引发用户的兴趣。

◎ 在强调某个关键点或重点时，可以使用重音，让用户更加清楚地了解主要信息。

◎ 在表达情感或强烈的观点时，可以使用高声或重音，更有感染力。

在逐字稿中，可以加粗重音文字。但请注意，不要过于频繁地使用重音，否则可能让用户感到疲劳。

3. 控制整体音量

讲课时的音量不应过高，避免"扯嗓子"讲课，否则用户可能很难辨别你的节奏。

对于在线讲课，你可以设想你正在对着距离两米的用户讲课。

7.1.3 情绪放大

试着将你的情感表达幅度提升到 150%。例如，当你觉得某事非常有趣时，尽情地开怀大笑，引发观众的共鸣；当你在深思熟虑时，皱起眉头，甚至偶尔抓抓头，让观众能感知到你在专注思考；当你感到无奈时，可以通过耸肩和摊手来表达；而当你被深深打动时，让你的声音激动起来。

总的来说，不要压制你的情绪和肢体语言，大胆地展示你的真实感受。有些"戏精"表现在演讲或教学时能起到非常好的效果。如果你愿意更进一步，那么甚至可以设计一些表演环节，例如，通过模仿错误的发声位置或者破音来强调唱歌时发声位置的重要性。

你可能会问，如果我没有任何情绪怎么办？这里有一个小技巧：稍微睁大眼睛，微微上扬嘴角。是的，就算你没有任何情绪，也要展现出积极向上的状态。

7.1.4 手势

讲课时，手势不仅可以起到提示的作用，如突出重点或关键句，还能让我们的讲解更加自然，更富有表现力。

以下是一些常见的手势。

◎ 手掌向上：传达出友好和开放的气氛。在课程结束时，为了表示对用户的祝福或感谢，你可以采用这一手势。

◎ 指向课件或大拇指和食指捏在一起：当你需要强调重点或提出问题时，可以采用这种姿势。这不仅能引导用户的注意力，也能突出关键。

◎ 开放的手势：当你需要让用户发挥想象力时，你可以展示一种开放的手势，如双手向外展开，仿佛在描绘一个大的画面，这有助于表现一个包容和自由的学习环境。

◎ 手势模拟：当你讲解一些复杂的概念或者过程时，用手势进行模拟可以帮助用户更好地理解。

◎ 掌心向下：当你需要安静下来、集中注意力，或者强调一些严肃的事情时，可以使用这个手势。

你的手势应该与讲课内容和语气保持一致，这样才能最大程度地提高讲解效果。

7.1.5 第一目标

直播课时如果没有逐字稿、临时忘词或者错过了设计好的动作，那么最重要的不是回想本来应该讲什么或者应该表现出怎样的情绪，而是记住第一目标：你希望用户记住什么、理解什么。

我们的第一目标并不是成为讲台上的明星，也不是把提前排练好的内容完完整整地"演"一遍，而是让用户听懂课程。

直播时难免会有意外，不要遗憾上一秒发生了什么，关注下一秒如何表现得更好。

7.2 如何自行制作音频课程

本节将指导你在家中自行录制和剪辑音频课程。

我们往往会本能地认为录制音频课的过程就是准备好逐字稿，从头到尾读完录下来，再上传就可以了。但实际情况并非如此，我们在讲课时听到的声音与录制的声音存在差异。例如，我们在讲课时只会听到自己的声音，但录制的声音中可能包含了吞口水的声音、衣物摩擦的声音、椅子移动的声音、点击鼠标的声音、窗外的车流声、手机震动的声音，等等。这些噪声足以让用户觉得课程不够专业。

音频课程的制作过程主要包括准备、正式录制、剪辑 3 个步骤。

7.2.1 准备

为了确保录音质量，需要考虑以下注意事项。

◎ 选择环境：选择一个安静的、封闭的、具有良好隔音效果的房间进行录音。尽可能选择面积在 20 平方米以内的房间，确保所有的窗户和门都关闭，拉上窗帘。避免在大的会议室或客厅录音，否则很可能产生回音。

◎ 隔音设备：如果房间的隔音效果不佳，那么可以考虑使用专业的麦克风防风罩、话筒隔音板、隔音窗帘等设备进行改善。这些设备的价格通常在百元左右。

◎ 录音时间：选择相对安静的时间进行录音，例如清晨或夜晚，以避免窗外的施工声、车流声、儿童的哭闹声等噪声的干扰。

◎ 设备状态：在录音前，尽量将所有的电器设备都拔掉，将手机调整到静音模式，避免设备运行噪声的干扰。

◎ 逐字稿：在录音过程中，尽量不要使用纸质版的逐字稿，而是使用电脑或手机来显示，以避免出现纸的摩擦声和翻页声。

录音时，可以选择以下设备和软件。

◎ 夹领麦克风：我在使用手机录制音频课时，会配合使用一款百元价位的无线夹领麦克风，如图 7-1 所示。便宜好用，操作简单。把设备直接插在手机的充电口上，然后把麦克风夹在领子上即可。

图 7-1

◎ 专业录音软件：Adobe Audition 是一款专业的录音和音频编辑软件，既可以降噪录音，也可以剪辑音频。它提供了高音频采样率和比特率，以及噪声和回声抑制功能。此外，它还提供了大量的调节选项，如麦克风增益调节。这样，我们可以更灵活地处理录制的音频。

◎ 手机备忘录和耳机：如果你没有专业的录音设备或软件，那么手机备忘录和耳机可以作为备选方案。

无论你选择哪种录音工具，都要确保在安静的环境下录音，以减少噪声对录音质量的影响。

7.2.2 正式录制

手机备忘录和录音笔的使用方法很简单，这里不再赘述。

以下为使用 Adobe Audition 录制音频的步骤。

（1）下载并安装 Adobe Audition 软件，双击软件图标打开软件。

（2）单击左上角的加号，在弹出的下拉列表中选择"新建音频文件"，如图 7-2 所示。

图 7-2

（3）在弹出的对话框中选择采样率 44100Hz，位深度 32（浮点）位，主控立体声（双声道）。单击"确定"按钮，如图 7-3 所示。

图 7-3

（4）单击录制按钮（小红点），开始录制，如图 7-4 所示。

图 7-4

在录制过程中，我们需要考虑如何减少后期剪辑的工作量，以下是一些注意事项。

◎ 避免人为产生的杂音：在录音过程中，你需要尽可能地避免产生任何杂音，包括衣物摩擦声、桌椅移动声、敲击键盘声、手机铃声等。你可以选择穿着摩擦声较小的衣物，并在录音期间将手机调至静音，避免不必要的打扰。

◎ 用掌声标记失误：如果在录音过程中出现了失误，那么可以通过拍掌的方式来标记。在剪辑时，你可以根据这些标记准确地找到并修复失误。

◎ 录音前预留 5 秒空白：在开始录音之前，你应该预留 5 秒的时间来记录环境噪声，通过观察声音的波形来确定是否存在环境噪声。如果存在波动，就说明环境中存在噪声。

◎ 与话筒保持合适的距离：在录音时，你的嘴巴应该距话筒一拳，这样可以防止"喷麦"现象。如果声音的波形超轨，说明你离话筒的距离过近。同时，需要确保录音过程中嘴巴与话筒的距离保持稳定，避免声音忽大忽小。

7.2.3 剪辑

音频剪辑往往包括以下内容。

◎ 剪掉口误片段。

◎ 声音降噪。

◎ 添加背景音乐。

◎添加声效。

◎导出音频、检查。

比较简单的方法是用手机剪辑。我推荐你使用 Videoleap 或者剪映，这两款 App 操作简单、对新手比较友好，同时内置草稿箱，文件不会轻易丢失。

我们以 Videolea 为例，演示具体的操作步骤。

（1）下载 Videoleap App 。

（2）把录好的音频发到微信中（可以选择发给自己），如图 7-5 所示。

图 7-5

（3）在微信聊天界面打开音频，点击右上方的三个圆点，在弹出的菜单中选择"用其他应用打开"，如图 7-6 所示，然后在弹出的选项卡中选择"Videoleap"。

图 7-6

（4）在 Videoleap 中进行剪辑。通过波形找出用掌声标记的失误并删掉，如图 7-7 所示。

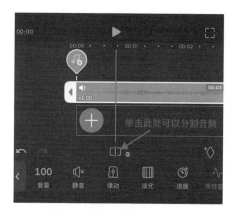

图 7-7

也可以单击"音频"添加配乐、音效，或录制画外音。

剪辑时要保证句与句、段落与段落的节奏顺畅。同时，应避免剪掉呼吸换气声，尽可能保持听觉上的自然流畅感。如果换气声较大，则需要适当调减音量，避免给用户造成窒息感或气息不足感。

7.3 如何自行制作视频课程

自行录制并剪辑视频课程是一项看似艰巨的任务，本节将帮助你一步步解决这个问题。

视频课程的制作过程主要包括准备、正式录制、剪辑 3 个步骤。

准备阶段关注场景布置和服装选择等问题。

录制阶段主要考虑以下问题。

◎ 应该使用哪种软件进行录制？

◎ 如何在讲解课件的同时，保持与镜头的眼神交流，并且能够阅读逐字稿？

◎ 如何使剪辑工作变得简单？

我们建议在录制阶段要求严格一些，这样在剪辑阶段就能更轻松，避免出现"录制随意，剪辑头疼"的情况。

剪辑阶段关注如何使用剪辑软件、如何搭配文本特效，以及如何添加字幕等问题。

7.3.1 准备

在录制视频课程时，需要特别注意以下问题。

◎ 背景选择：选择一个简洁、干净的背景，避免背景过于复杂或杂乱，以免分散观众的注意力。白墙或书架都是不会出错的选择。如果你想让皮肤看起来更好，可以考虑购买一个打光灯，或者在电脑前放一个台灯。

◎ 灯光：良好的灯光是录制视频的关键。你可以购买一个专业的打光灯，或者简单地在电脑前放一个台灯来提供充足的光线。

◎ 服装：在选择服装时，尽量避免格子装，因为它们在镜头前可能产生奇怪的视觉效果。

◎ 降噪：参见 7.2.1 节。

7.3.2 正式录制

根据讲师是否出镜和录制设备的不同，我将录制过程分为两种情况。

◎ 讲师出镜。讲师需要看逐字稿，并且可能需要使用美颜模式。在这种情况下，我推荐使用剪映 App 进行录制，它不仅提供美颜功能，还可以将逐字稿传送到提词器上，以便在录制时边看稿子边讲解。

◎ 需要展示课件并进行实际操作。在这种情况下，我推荐使用软件直播伴侣或者 Filmage Screen 进行录制，它可以清晰地录制电脑屏幕，让你在演示课件的同时，清晰地录制下整个过程。

下面，我将分别讲解如何用剪映 App 和 Filmage Screen 软件录制课程。

1. 使用剪映 App

（1）打开剪映 App，点击"提词器"选项，并导入逐字稿，如图 7-8 所示。

图 7-8

（2）点击"去拍摄"选项，如图 7-9 所示。

图 7-9

（3）点击"美颜"选项，帮你呈现出更好的状态。另外，此处也可以调整提词器的滚动速度，如图 7-10 所示。

2. 使用 Filmage Screen 软件

（1）下载并安装 Filmage Screen 软件。

（2）打开 Filmage Screen 软件，单击"电脑屏幕"按钮，如图 7-11 所示。这时，屏幕会出现"点击任意处开始"的字样，单击任意处即可开始录制。

图 7-10

图 7-11

（3）录制开始后，电脑屏幕右下方会出现一个工具栏，如图 7-12 所示。

图 7-12

注意小喇叭图标（声音）后下拉菜单中的麦克风、系统声音、系统声音和麦克风选项，如果你的课件中有音频或视频需要播放，那么可以选择系统声音和麦克风选项；如果你只希望录制自己的声音，那么可以选择麦克风选项。如图 7-13 所示。

图 7-13

屏幕尺寸选择 1920×1080（16:9），这样更适合电脑、手机横屏播放。

分辨率最好选择 4K 或 1080P，这样视频会更清晰。

帧率越高越好，可以选择 30fps 以上，这样视频播放起来会更流畅。

（4）打开要演示的 PPT，单击红色录制按钮，开始录制，如图 7-14 所示。

图 7-14

如果想重新录制，那么点击键盘 ESC 键即可退出。

7.3.3 剪辑

视频剪辑，往往包含以下内容。

◎ 剪掉口误片段。

◎ 添加字幕。

◎ 调整画面比例。

◎ 声音降噪。

◎ 添加背景音乐。

◎ 添加声音、视频、课件、画面素材。

◎ 添加花字。

◎ 导出视频、检查视频。

这里依然推荐你使用 Videoleap 或者剪映，使用剪映进行剪辑的流程如下。

（1）打开剪映 App，单击"开始创作"选项，然后导入视频。

（2）单击"文本"选项，如图 7-15 所示。在弹出的界面中单击"识别字幕"选项，如图 7-16 所示。

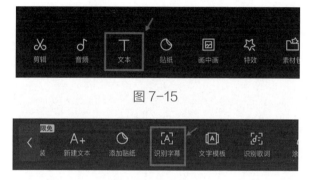

图 7-15

图 7-16

（3）完善字幕，修改错别字，注意每行不要超过 15 个字。

（4）删除录制时的失误和空白。

（5）设置参数，分辨率和帧率、码率越高，视频越清晰，观感越好。

（6）单击右上角"导出"选项，结束剪辑，如图 7-17 所示。

图 7-17

第 8 章
课程服务落地

8.1 服务落地，为细节雕花

课程中的投诉往往源于服务的缺失。训练营的口碑在很大程度上取决于服务质量，用户每周最多用两小时听课，却每天都在接受我们的服务。

究竟什么是服务？

在宏观层面上，服务是商品详情页上宣传的各项服务明细，例如，3 次作业点评机会、4 次直播答疑、不定期社群讨论等。然而，任何课程都可以提供相同或相似的服务。在细节层面上，服务包括无数琐碎的细节，例如，班主任的回复是否及时、通知是否清晰明了、交流是否真诚等。这些细节虽然无法在商品详情页上一一列出，但用户的心中都有一杆秤，能够清楚地衡量服务的质量。因此，拉开课程之间差距的，不是宏观层面的设计，而是细节。

那么如何做好服务呢？服务的实现分为三个层次。

第一个层次是实现商品详情页上承诺的所有服务，以满足用户的预期；第二个层次是在实现承诺的基础上超越预期，为用户带来惊喜；第三个层次是将心比心。这也是为什么我们常说，冷漠的人无法做好课程服务。我们的目标就是在实现前两个层次的基础上，努力实现第三个层次。

服务不仅仅是"多做一点点"，也需要"少做一点点"。对于公司，优质的服务需要成熟的管理制度、服务人员培训方案和可规模化的服务方案。对于个人，优质的服务需要可长期执行的服务方案和真诚的态度。因此，我们主张"让每次服务都能留存、复用"。

8.1.1 做好服务的底层心法

在实操之前，我想先分享一下提供优质课程服务的三个关键理念。

1. 视用户为无知者

我们应该把用户看作对课程内容一无所知的人，这样的视角可以帮助我们避免掉入"想当然"的陷阱，更加体恤用户。

2. 视自己为懒者

很多人在服务第一批用户时，会全身心投入，甚至废寝忘食。但当服务到第五批用户时，新鲜感消失、热情减退、耐心也被消磨殆尽，开始敷衍了事，这是人性的正常反应，用户会感到厌倦，我们也是。因此，我们需要设想的场景不应该是勤奋的自己如何为用户提供优质服务，而是当自己处于懒惰状态时，如何依然轻松地为用户提供良好的服务。我们需要建立可持续的服务模式，这种模式应该在我们感到疲乏或者用户感到厌倦的情况下仍然能够运行良好。

3. 不要相信表面的稳定

用户的沉默或者满分评价并不一定意味着我们的服务真正做得出色。人们对讲师往往会有一种本能的敬畏，会尽力维持体面的师生关系。如果我们在某些细节上的表现不佳，但并未碰触用户的底线，那么他们可能选择忍耐，而不是立即提出批评或指出问题，更不会直接与我们冲突，甚至可能依旧给我们满分。

然而，这种表面的和谐可能仅仅代表我们并未触及他们的底线，或者他们积累的不满还未到达爆发的程度，或者他们还未遇到"压垮骆驼的最后一根稻草"。

因此，我们不能被动地等待问题爆发，也不能冒险赌最坏的情况不会发生，而应该主动寻找并解决可能出现的问题，预判每一步的结果。

8.1.2 设计服务路线，制造关键感受

我们最好按照时间线，事无巨细地梳理出用户所要经历的一切。注意，是一切，包括用户在什么时间会经历什么、会产生怎样的感受。如图 8-1 所示，可以将感受路线画在一张纸上，这样更一目了然。先做粗糙的初稿，再慢慢完善，不要把时间浪费在美化图片上。

图 8-1

我们无须每天提供大量的服务，这样不仅我们会累，用户也会累。聪明的做法是：在用户印象深刻的时间点加重服务，制造关键感受。人对事物的第一印象和最终印象往往是最深的，所以在这两个时刻上制造惊喜会有意想不到的好效果。而如果在这两个时刻让用户失望，也会导致极为严重的后果。

很多行业都开始意识到这一点，例如民宿，我发现聪明的民宿老板会在客人办理入住时帮忙拎行李，或赠送甜品、水果零食，在客人退房后会赠送伴手礼。这样一来，客人对民宿的第一印象和最终印象都很好，那么打五星好评也不再是什么难事了。这就是在首尾加重服务力度的典型做法。

举个例子，为什么说迪士尼乐园是世界上最快乐的地方？不仅因为它本身就承载着人们心中的童话梦想，也因为它的体验设计做得很好。

站在游客视角，入园会先看到一个粉色的巨型城堡，视觉冲击力很强，让人忍

不住想拍照，第一印象很好（关键感受）；在玩项目的路上能遇到一些动画人物，可以与之互动（关键感受）；白天有两个时间段有花车巡游，这属于一天中的高光回忆（关键感受）；晚上离园之前，可以坐在城堡前看震撼的烟花秀，游客最后的印象也是梦幻的（关键感受），等等。每次我从迪士尼乐园出来都是幸福的，尽管中途很累，但我会记住这些关键感受。

服务也是如此，我们要为用户设计关键感受。这些关键感受就像"好感积分"，好感积分越多，用户对课程的印象越好，就算中途有小小的失误，用户也会谅解。而如果好感积分很少，那么你做错任何一件小事，都可能导致用户情绪爆发。

按 100 分满分制，服务水平可以划分为以下几个区间。

◎ **0~20 分：试探底线。**我们绝不能试探用户的底线，如果我们真的触及了这个底线，那么用户的好感度可能直线下降，甚至可能产生负面印象。

◎ **20~60 分：主动解决基本问题。**提前预判用户可能产生的疑问。如果采取被动的态度，那么用户对我们的好感会逐渐消减。

◎ **60~80 分：满足预期。**我们需要满足用户的本能预期。设想一下，用户到了某个环节时，会期待什么呢？如果我们做不到这一点，那么用户的好感也会减少。例如，用户对听课的本能预期就是能够真正地"听到"课程，如果我们仅在群内发布文字信息，就会让用户的期待落空。

◎ **80~100 分：制造惊喜。**我们应该频繁地带给用户预期之外的惊喜，这样做可以增加用户的好感。例如，许多汽车零售商会为顾客提供下午茶。同样，许多课程在开营时会给用户寄送实物礼品，这也是制造惊喜的一个好方法。

以上内容可以总结如下。

对可能产生的疑问，必须主动解决；对本能预期必须满足；对预期以外的问题，给出有频次的惊喜；对容忍极限，不能试探。

在梳理服务细节的过程中，我们需要站在用户的角度，预判他们在每个关键时刻可能产生的疑问，了解他们对每个环节的预期，明确他们的底线，并思考如何优化他们的体验。

8.2 三步法把握第一印象黄金 48 小时

人对事物的第一印象最深刻，往往占据整体印象的至少一半。如果你对一个人的第一印象很好，那么接下来你会用"美好滤镜"看待他所做的事。如果你对一个人的第一印象很差，那么恐怕他要做很多件好事才能扭转你对他的印象。

为了帮你更好地建立第一印象，我为你总结三步法：主动扫盲、发起破冰、凝聚时刻。

8.2.1 第一时刻：主动扫盲

很多人认为，从正式开始学习的那天起，用户才会对我们产生第一印象。但实际上，从用户接触我们的那一刻起，就已经在积累对我们的第一印象了。

在开始与用户接触的时候，最重要的不是制造惊喜这种锦上添花的事情，而是主动扫盲，满足他们的刚需。这时用户想知道"接下来会发生什么、自己需要做什么"。我们要第一时间主动扫盲。

先举个反面的例子。

用户购买了训练营课程，并扫码添加班主任微信。过了两小时，双方都没有什么动静（失望点1），用户忍不住了，于是问道："请问什么时候开营？"，班主任回复："20天以后。"（失望点2），然后又陷入了沉默。

开营前三天，班主任将用户拉入班级群，用户进入班级群后，发现群里什么动静也没有（失望点3）。班主任不断拉用户入群，断断续续持续了整整一天，于是群里的用户每隔一会儿就要收到一次提醒（失望点4）。

终于，所有用户都进群了。这时有用户忍不住问："请问接下来我们需要做什么？"，班主任回答："稍后我会发通知哈。"（失望点5），20分钟之后（失望点6），班主任在群内发了一份开营当天的日程安排。

开营当天，班主任邀请每位用户进行自我介绍，几乎无人响应（好感被透支），并已经有人开始退费。

问题来了，如果你是上面这个训练营的用户，那么还会对这门课程抱有期待吗？肯定不会。

上面这个案例的问题有三点。第一，没有主动消除用户的疑惑，而是被动等待用户发问。第二，用户的等待时间太长。第三，每步都低于用户的预期。失望的地方多了，便会引发退费。

再举一个正面的例子。

用户购买了训练营课程，并扫码添加班主任微信。

刚加上微信，班主任便发来了图片版的开营预告，并告知何时会拉用户入群（主动消除疑惑），同时发送了一封精美的开营信（预期以外的惊喜）。用户得知开营典礼在三天后，于是安心等待。

开营当天上午，班主任将所有用户在同一时间拉入班级群，第一时间发布了群公告，宣布群规则，并将接下来的日程表发到群内（主动消除疑惑）。

开营当天下午，班主任邀请每位用户做自我介绍，大家都很积极地展现自己，认识彼此（好感积分多的结果）。

对比这两个案例，你会发现主动扫盲的重要性。很多训练营口碑差，用户退费不是因为课程差，而是因为一开始的服务不够主动，把信任值悄悄耗光了。

我们需要在两个"第一时刻"主动扫盲。

在用户添加班主任微信的第一时刻，至少要主动告知以下几件事。

◎ 开课时间、听课途径、课程安排。

◎ 自己的身份，强调能为对方做哪些事情。

◎ 用户需要提前下载的软件。

加分项：如果距离开课时间久，那么可以赠送预习资料，相当于给用户的礼物。

在用户加入班级群的第一时间告知课程关键信息。先设置好群公告，再陆续将用户拉入班级群，注意拉群的持续时间不要太久。为了让所有人入群后都能在第一时间看到群公告，可以在群名后面提示"看群公告"。群公告至少应包含以下关键信息。

◎ 群规则。我们需要在第一时间公布群规则，以减少由于用户之间不熟悉而引发的问题，例如不友好的言论、发布广告、讨论与学习无关的内容，或者刷屏等。这些行为不仅会破坏群的氛围，还会影响其他用户的体验。

◎ 活动预告。需要第一时间发布的还有下一次活动的预告。人们在不清楚接下来会发生什么的情况下，往往会感到焦虑并不断询问。如果用户提前知道下一次活动的时间，就能够安心地去做其他事情，并为活动预留出充足的时间。

◎ 用户必做事项。如果有一些任务需要用户完成，那么可以写在群公告中。如果这些任务非常重要，例如用户需要先下载某个 App 才能听课，或者需要先加入某个小程序才能提交作业，那么我们必须要求用户在完成任务后在群里报告，这样我们就可以统计出谁已经完成了任务，谁还没有完成，并对那些没有完成任务的用户进行私信提醒。如果我们只是发布公告，却不关心用户是否完成任务，就是一种不负责任的行为。在所有用户都加入群之后，我们需要再次强调群公告，以确保每位用户都能看到。

8.2.2　24 小时：发起破冰

建立班级群后的 24 小时堪称黄金 24 小时，我们必须把握住。因为这是用户加入班级的第一时刻，是他们好奇心最强烈的、最容易活跃起来的时机。此时如果无法激活氛围，那么后面很难再激活。

待所有用户加入班级群后，建议在 24 小时内发起自我介绍活动。可以选择在工作日的中午或晚上，或者周末，避免影响用户休息。

组织自我介绍的理由很简单：班级是一个学习团体，如果彼此之间不熟悉，那么如何有效地互相激励并共同坚持呢？自我介绍的目的是让大家互相认识，建立连接。因此，除了简单地介绍自己的名字，还可以分享一些有共同兴趣的事物，以帮助大家找到共同点。例如：

◎对于健身类的课程，可以分享自己的城市、健身目标。

◎对于管理类的课程，可以分享自己的职位、所在城市、能为大家提供怎样的价值。

◎对于写作类的课程，可以分享自己所在的城市、对写作的情怀。

◎对于沟通类的课程，可以分享自己所在的城市、职业、最欣赏的人。

◎对于读书类的课程，可以分享自己最喜欢的书名、每天计划的阅读时间。

我们需要提供自我介绍的模板和示例，例如：

【昵称 – 城市 – 职业】

【目标】

【最喜欢的书名】

自我介绍还可以满足用户的表现欲，毕竟人人都渴望展示自己，都渴望被看见。所以，可以在自我介绍环节中给用户"发光"的机会，例如立目标、写一句座右铭、用一句话谈谈自己对某个课题的理解，这些对用户而言都是记忆点。在自我介绍环节，需要注意以下问题。

◎ 保持模板的简洁，避免在自我介绍环节花费过多时间。

◎ 考虑到部分用户可能不愿意分享职业信息，除非是商业或管理类课程，否则不强制要求用户介绍职业。

8.2.3 48 小时：凝聚时刻

集中一个时间段，把用户凝聚在一起。把握住这个时刻，提升班级凝聚力，鼓舞士气。

学校在新学期开始时，通常会举行开学典礼，老师们会鼓舞学生的士气，激发学生的学习动力，为新的学习旅程设定积极的基调，这个过程可以用一个字来形容——"燃"。当开学典礼结束时，新学期也正式拉开了序幕。

同样的，训练营开始前也会举办开营典礼。这个典礼可以通过直播的形式进行，也可以通过在群内发布语音和文字的形式进行。直播的形式通常更受欢迎，因为它能提供更好的互动性和仪式感。

推荐在建群后的 48 小时内举行开营典礼，可以选择在工作日的晚上或者周末进行，时长最好不超过 45 分钟，以保证用户能够集中注意力。

开营典礼可以分成三部分：自我介绍、介绍学习日程、鼓舞士气。

1. 自我介绍

主讲人首先介绍自己的称呼、资历、能为用户带来的帮助，也可以简单讲一下自己的故事。

2. 介绍学习日程

介绍学习日程并不是把课程表念一遍，这么做不仅浪费时间，意义也不大。

我们要讲清楚接下来的具体日程是什么，让用户知道如何参与，提前安排好时间。

最好的方式是将日程整理成图片或表格，放在直播课件里，一目了然，如表 8-1 所示。

表 8-1

事项	时间	观看 / 参与平台	备注
本周课程	周一 0:00 上传	某 App	
本周作业	周一 12:00 上传	某小程序	请务必于周五 16:00 前在小程序上提交
本周答疑直播	周六 19:00~21:00	某 App	
群讨论	周二、周四 12:00	群内	

紧接着，详细介绍每个事项如何参与，并给出示例图。例如，我们要介绍作业，错误示范如下。

我们这一个月，要完成四次作业，这四次作业的主题分别是……，这四次作业均有点评。

这些信息和商品详情页的信息是一样的，属于无效信息，用户在实际参与时还是会有很多问题，例如，在哪写、在哪交、什么时间交，等等。

正确示范如下。

我们这一个月，要完成四次作业。

我们将在每周一 12:00，在 XX 平台布置作业。

作业完成后，直接在 XX 平台上传，作业提交的截止时间是每周五 16:00。

我将在周日 19:00 前陆续点评作业。

我来给大家看一下作业点评的形式。

小技巧：所有事情都要给出详细的时间、地点，否则没有意义。

3. 鼓舞士气

鼓舞士气，是整场直播的"高燃"环节。

在这个环节中，可以传达营期学习的价值观、呼吁行动、呼吁坚持、呼吁班级凝聚、互相打气、互相正向反馈，也可以分享励志的故事。

这个环节的最后最好进行一些互动，让用户参与进来。例如，将学习目标发到群内或直播间评论区、集体开摄像头合影、直播连麦等。

开营典礼结束后，要在第一时间把直播课件和直播回放发到群内，并预告次日 / 次周的日程。接下来，就要开始正式学习了。

8.3 规范作业的 5 个关键点

如果有作业点评环节，那么我们必须提出对作业的要求，否则将给点评工作带来巨大的压力。

设想我们正在组织写作训练营，其中一周的作业是写一篇文章。如果我们没有提出对作业的明确要求，那么可能出现的情况是：有只写一千字的、有写了一万字的、有情感散文、有电影评论。每篇文章的主题、风格、篇幅都不一样，这样我们在进行点评时该多么费力。

因此，只要设置了作业点评环节就必须要求规范化，那么如何做到规范化呢？

我整理了以下五个关键点。

8.3.1 缩小命题范围

常见的缩小命题范围的方法包括设定主题、确定题材、明确场景、选定主体。我们首先要理解为什么要缩小命题范围，这是否会限制思考的广度呢？

实际上，不同行业领域的评判标准各不相同。以写作为例，科幻小说和言情小说的评判标准就完全不同。缩小命题范围可以让你更有针对性地准备点评的工作，在同一个标准下评估用户的作业，也更容易将作业进行横向对比，用户也能从作业分享中获得更多的价值。因此，缩小命题范围不仅不会限制用户思考，反而能更好地启发他们。

在缩小命题范围时，我们需要思考以下几个问题。

◎用户可能对作业要求产生何种误解？

◎用户可能有哪些创新的发挥？

◎在评选优秀作业时，如何更好地进行横向对比？

例如，当你设计的作业是制作一个视频时，主题可以包括美食、旅行、电影解说、美妆，等等。此时，你需要确定一个主题，例如美食类视频。

又如，如果你的作业是讲述一个故事，那么故事可以是虚构的，也可以是真实的。由于时间、地点、人物等因素不同，每个故事都可能截然不同。此时，你需要缩小命题范围，设定一个场景，例如讲述刚刚过去的春节期间，发生在你身边的故事。

8.3.2 垂直考核能力

在设计训练营作业时，我们的重点应该放在垂直考核能力上，也就是对一项特定技能进行深度的评估和提升。

我们需要明确作业的目标：旨在提升和考核用户的哪些具体技能？与此同时，我们还需要明白，哪些技能并非本次作业的提升和考核重点。

以配音作业为例，如果你的目标是帮助用户提升配音技能，那么可以直接提供配音文本。这种方式能让用户专注于提升配音技能，无须花费大量时间和精力去寻找合适的配音文本。

这种作业设计理念既能让用户在有限的时间里专注于提升特定技能，也能让你更精准地评估他们在这一技能上的进步程度。

8.3.3 量化

若你的作业设计涉及创意性元素，如编写文章、制作视频、设计海报，或进行直播，那么最好量化作业，这将有助于避免在点评阶段产生混乱。常见的量化方式包括规定字数、时间长度、数量及尺寸。

如何精确地进行量化呢？策略在于根据实际应用场景选择一个较小的度量单位。例如，你的任务是讲述一个故事并录制视频，那么在通常情况下，5 分钟就足够了。为什么不是 10 分钟呢？因为 5 分钟和 10 分钟所能展现的内容大致相同，而 5 分钟的时间更能激发出高效的表述。

8.3.4 模板化

如果在你讲授的课程中已经包含作业模板，那么在设计作业时可以要求套用此模板。

这样做不仅能提高用户对模板的应用能力和执行力，还能大大提升点评作业的效率，因为模板中不同部分对应的标准是相同的，可能出现的问题也是相同的。

例如，一节课中提到用 PREP 结构表达观点，那么在设计作业时，也可以要求使用此结构表达观点。这样在点评时就可以分块审查观点（Point）是否简洁有力有辨识度，理由（Reason）是否有说服力，案例（Example）是否生动易懂，再次讲观点（Point）时是否与前面的观点呼应并升华。

8.3.5 有示范

如果没有作业示范，那么无论我们怎么布置作业，用户的理解都会千差万别。

示范最重要的作用总是被人忽视：它是点评标准的参照物，也是用户对作业的第一印象和参照物。

所以，示范要与作业要求吻合，与点评标准吻合。

还是拿套用 PREP 结构的作业举例，该例中的作业示范也要套用 PREP 结构，避免用户出现误解。示范不一定采用行业名人的作品，毕竟这些作品很有可能遥不可及或难以模仿，你可以找身边的案例做示范，也可以拿往期优秀作业做示范。

所以你看，设计作业，不仅要考虑作业和课程的联动，也要"穿越"到作业点评环节反推考虑。

8.4 三步法点评作业

设计和点评作业是目前最常见的教学方式，绝大多数千元以上的课程都会包含这项服务。

用户可以通过录播课程获取知识，但仅仅靠录播，用户并不能真正掌握这些知识。只有在服务过程中不断纠正、指导和反馈，用户才能真正理解和掌握所学知识。

包括我自己在内的许多用户，投入高额费用购买课程的主要目的就是获得详尽的作业点评。

优质的作业点评能让用户清晰地知道自己已经掌握了哪些知识，还存在哪些不足，明确改进的方向。

如果对作业点评敷衍了事，那么反而会引发用户的不满，让他们感觉自己付出的努力被辜负，甚至产生退课的念头。

那么，如何做好作业点评呢？

我总结为三步法：给赞美、指问题、给建议。

我们先看一个示范。

> 恭喜你完成了本次演讲作业。在这段时间里，我发现你每节课都听了，而且会主动把心得分享到群内，是班级努力学习的代表，先给你点个赞。
>
> 在这次作业中，我听到你的演讲结构很清晰、主次分明，每部分之间的衔接也很流畅。
>
> 此外，你能加入夸张的演绎，能勇敢放开自己，这很难得。
>
> 如果能调整以下两点，那么你的演讲会更精彩。
>
> 第一，在整个演讲中，似乎缺少了一点儿与用户建立连接的感觉，用户无法感受到这个内容和他们之间关系。对此，我的建议是，尝试将演讲想象成在和最好的朋友或亲人交谈，同时努力让自己的表达更清楚、更明白。
>
> 第二，你的手势有些频繁，这会让人过多关注你的手势，而不是演讲内容。我建议给手势做减法，只在关键时刻"出手"。
>
> 加油，接下来，期待你的再次突破。

8.4.1 给赞美

每个人都需要认清自己的优势，从而扬长避短。

很多人认为作业点评就是指出问题，事实上不然，指出用户的优点同样重要，这样更有激励意义。

此外，谁不渴望被赞美呢？尤其当自己辛辛苦苦完成一份作业的时候，更渴望被认可，这一点可不分年龄。

试想一下，你花 3 小时完成作业并交给老师，得到的反馈全是问题，会不会感觉心凉了半截儿？会不会自我怀疑？会不会产生对抗情绪？

任何时候，赞美都能让人卸下心理防备，更坦然地接受后面的建议。

以下是赞美的几种类型及参考话术。

◎ 技能类：你的作业有金句、有画面、有新颖的观点，这说明你已经掌握了本周所学的 XX 知识点。

◎ 特质类：让人惊喜的是，你对热点有很强的嗅觉，这说明你对信息的敏感度高于常人，这是你的优势；你能从这么小的事情中发现美好，这说明你很会观察生活，你的感悟力很强，这是你的优势；同学您好，看完了你的文章，惊叹于你的感悟力。旁人看来微不足道的故事却被你捕捉到了，说明你一定经常观察生活、经常思考。

◎ 态度类：你是第一个交作业的，先给你的执行力点个赞；从入营到现在，一直看到你主动分享、积极打卡，我很欣慰，有这股劲儿我相信你做什么都能成。

◎ 内容类：你在文章中提到"停止语言暴力"，相信会引起很多家长的反思；那个"辅导孩子写作业，辅导到怀疑人生"的故事，写得简直太有画面感、太能引起共鸣了。

在赞美时要注意夸得具体、落到细节，不可泛泛而谈，例如"你的作品写得很好""你越来越棒了""整体很不错"这类言辞不仅不会让用户有成就感，还会让用户感到敷衍。

要夸在点子上，不要误导用户。例如，用户对某个技能掌握得的确生疏，那么不可硬夸，否则会让用户错失一次巩固的机会。

试着通过现象看本质。点评官的一句话可能成为用户坚持下去的动力，所以试着让赞美不仅仅停留于作业本身，也通过作业的表象看到用户的特质和闪光点，帮助用户找到自己的天赋。

8.4.2 指问题

指出问题，用户才能知道自己的薄弱点在哪里，才能知道下一步该强化哪里。要清晰地呈现问题，最好分条列出。不会出错的指问题模板如下。

> 以下几点，改进一下会更好：
>
> 1.在 XX 方面，……
>
> 2.在 XX 方面，……

指出问题时，要注意 6 个关键点。

1. 客观，有标准

有标准，才能让用户心服口服。

同时，点评要客观，不要带着主观负面情绪做点评，也不要只进行主观评价。

点评标准源自教学目标。教学目标是什么，我们就以什么作为点评标准。

需要注意的是，如果课程的教学目标是让用户达到某岗位的上岗标准或获得执业证书，那么点评就要以岗位招聘方的要求或考证要求作为标准。

2. 点评要关联课程知识点

点评内容不能脱离课程所学，最好每个问题对应课程中的一个知识点。

如果指出的问题超出了教学范围，那么会让用户感到无助，因为他们并不知道如何解决。

3.一针见血，抓大放小

指问题要一针见血、直击核心，不要只纠正皮毛、浪费用户的时间，这是大部分点评人常忽视的一点。

举个例子，点评一篇文章，如果只是指出标点符号、语法及措辞问题，那么难以服众，对用户的帮助也微乎其微。这些问题应该指出吗？当然应该。但要注意比重，不能避重就轻，核心问题才是最重要的。相比于标点符号，文章的结构、观点、素材、感染力等问题更需要被指出。

4.传达意义

在指出问题的同时，最好说清楚为什么要解决这个问题。当用户知道原因后，就会有的放矢地去解决这个问题。

例如，你的站姿很不错，直立而放松，其中一部分手势与你的内容很契合，很好地起到了辅助表达的作用，但也存在很多多余手势。

还记得吗？做手势的基本原则是：要么不出手，要么做到位。动作太多，反而会削弱语言中的重点。

5.具体

最后，分析问题时要具体、给细节，避免用户不知道问题出在哪，少用不好、不足、不行这种抽象词。

例如，某用户的微电影作业节奏不好，这时要分析节奏是拖沓还是太快，是哪一部分没处理好，而不是只说节奏不好。

6.少用否定词

少用否定词，多使用"还可以更好"等表达方式。

8.4.3 给建议

前面我们给出了赞美，指出了问题。那么如何解决问题呢？这就需要我们给出相应的建议，问题和建议往往是在一起的。

关于给建议，有两个要点。

1.基于现在，面向未来

建议不要仅限于如何修改作业，而是要设想如果用户再做这件事，该如何避免此类问题。我们继续分析之前的案例。

> 建议：
>
> 整个过程更像朗诵，情绪饱满，但缺少了一点儿对象感，没有和用户建立连接，没有让用户感受到演讲内容和自己的关系。
>
> 可以想象你在对着最好的朋友或父母讲这件事，同时心里想着："我这么说他们能听明白吗？"，这样的表达才会更生动。在今天的直播中也要重点关注这个问题。

试想一下，如果只是逐个纠正演讲中缺乏对象感的地方，那么用户虽然能很好地完成这次演讲，但在下次演讲时还是会出问题。

我们的终极目标不是完成一份优秀的作业，而是能屡次漂亮地完成任务。

2. 建议要落到最小行动

建议最好直接导向明确行动，不能含糊不清。

例如，用户写出的金句不够有辨识度，我们给出的建议是"以后多练几次"，这样说倒是也对，但不够明确，用户看了也不会当回事。而如果给出的建议是"按照'不是……而是……'的模板，写 3 个金句"，用户就会清楚具体该怎么做。行动越明确，执行的概率越高。

建议不能太宽泛，最好落到最小行动上，让用户看完就能做点儿什么。如果执行起来太困难，那么建议提了和没提没什么区别。例如，如果我们给出的建议是让用户看完《红楼梦》，那么这个建议就太宽泛了。

除了给赞美、指问题、给建议，还要做好点评存档。

试想一下，如果每份作业的点评都要从头开始，那么一定会出现一种情况：讲师在点评第一份作业时效率和热情最高，随着精力下降，越到后面，点评效率越低，甚至透支情感。这对后面的用户很不公平。

因此，我们要做好点评存档，方便我们快速点评每份作业。

作业点评存档，涵盖了多个重要元素。

◎ 高频出现的问题及相应的建议。这些建议对于相似问题具有一定的通用性，因此可以重复使用。

◎ 开场白和结尾祝福，这些话术重复性较高，为了方便和统一，可以采用预先设计好的话术。

◎ 作业考查的知识点和对应的评价标准。

通过点评存档，我们不仅能够确保在点评作业时具有明确的目标和针对性，还能在用户之间实现更公正、一致的评价。

以写作课作业为例，我们将作业考查的知识点和对应的评价标准进行存档。

◎标题：要有吸引力。

◎开篇：通过故事、热点或现象等带领读者进入主题，与标题强关联，避免产生孤立感。

◎观点：通篇围绕主题展开，要有独特的角度。

◎语言：有代入感、接地气，避免辞藻过于华丽。

◎排版：句子长短合适、排版清爽，金句要加粗，提升阅读体验。

◎结构：呈现虎头、猪肚、豹尾的特点，文章结构完整。

◎金句：需要有能引发读者共鸣的语句。

◎结尾：升华观点，给读者留下深刻的印象，避免出现虎头蛇尾的现象。

◎加分项：字里行间充满情感，选择的案例有代入感，能拉近与读者的距离。

当然，点评不应仅仅是简单地复制粘贴，这种不负责任的方法是不可取的。只有针对高频发生的重复性问题，才可以采用这种方法。

作业点评的"术"有很多，对于不同类型的课程更是有着或大或小的差别，但它们的"道"是一样的，点评的核心就是沟通，它的底色是尊重、是真诚。

当我们足够尊重用户的作品、足够尊重用户为之花费的时间、足够尊重用户的感受时，就能滋养出真诚。

这份真诚，相信用户一定感受得到。

8.5 如何管理班级群

学习是需要氛围的，人在好的学习氛围中会更有动力坚持。就像健身，一个人在健身房挥汗如雨，可能几天就败下阵来，但如果有朋友和你并肩作战，就更容易坚持下去。毕竟，人都是要强的，看到别人努力了，自己也不好意思不努力。

班级群的意义在于，一群做着相同事情的人聚集在一起，产生的能量会远远高于我们的想象。我们可以将班级群的氛围分为四个层次，如图 8-2 所示。

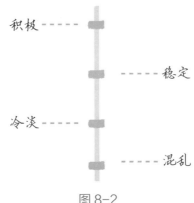

图 8-2

◎ 第一层：混乱。班级群氛围冷淡，纪律混乱。

◎ 第二层：冷淡。群内关系冷淡，群主发消息像在和墙壁对话。

◎ 第三层：稳定。班级群纪律良好，用户会尽力完成任务，但仍缺少火热的学习气氛。

◎ 第四层：积极。用户之间有凝聚力、乐于分享，形成良性竞争。

班级群刚建立时的氛围通常是稳定的，随着新鲜感的消退，氛围逐渐转为冷淡。如果在这个过程中缺少适当的维护，那么甚至可能退化为混乱。要让班级群氛围变积极，就需要一些技巧。

我总结了四个要点，分别是坚守规则、动静结合、维系领袖、思维引导。

8.5.1 坚守规则

以下是一些可能影响班级群氛围的情况。

◎ 发广告：打扰大家的学习，严重破坏学习氛围。

◎ 说恶语：骂人或者人身攻击会严重破坏班级群的氛围。

◎ 发无关的内容：分散大家的注意力，影响学习效率。

◎ 发表过激的观点：引起群内的争论，打破和谐的学习氛围。

◎ 发起无关的投票和点赞：这样的行为并不利于学习,反而会分散大家的注意力。

◎ 私下骚扰：这种行为严重影响了大家的学习和生活。

◎ 私下建群：会出现个体代替官方的情况。

这些行为都可能破坏班级群氛围，进而影响其他用户学习。尽管我们已经公布了群规，但随着时间的推移，可能遇到"规则挑战者"。面对这样的情况，我们必须立即采取行动，不能回避问题。

规则一旦被破坏，效力就会很快消失。如果群主不出面解决问题，那么他的威信也会受到影响。

8.5.2 动静结合

很多时候，我们误把热闹的班级群等同于良好的氛围。当群内一天无人发言时，很多群主可能感到焦虑，因此会刻意让群活跃起来。然而，如果有人频繁地发表与学习无关的话题，那就成了"少数人的狂欢，多数人的负担"。我们无须为群里太安静而感到不安，用户并不会 24 小时关注群聊，他们也有自己的生活。一个氛围良好的班级群应该动静结合，既能承受安静，又能在活跃时产生价值。

实现动静结合最好的方式是设定活跃节奏，让群成员在每天的固定时间集中参与一件事，这样既能让大家有共同话题，也能养成习惯。

表 8-2 是在工作日的两个时间段可以进行的活动。

表 8-2

时间段	事项	举例
工作日清晨 / 晚间	群内打卡，分享今日计划 / 成果 / 作品 / 心得感悟 / 笔记 / 复盘	读书类课程群：每天 7:00 至 9:00 鼓励大家发读书的照片
工作日中午 / 晚间	思考题 / 观点讨论 / 实操小练习	管理类课程群：每周二、四 12:00 发一个场景化思考题

我们的活跃机会有限，所以要保证活动的质量，最好不是由群主单向输出，而是所有人都能参与进来。参与本身就是一种反馈，每个人都能及时看到自己的成长，只有及时得到反馈才能坚持。例如，一个人能连续健身 365 天，那是因为他每天都看到自己的肌肉逐渐紧绷。这里需要注意两点。

◎每天最多组织两次集中活动，切忌太频繁，用力过猛会适得其反。

◎参与成本要低，让更多人能参与。

如果担心刷屏，那么可以分别建立禁言群和交流群。禁言群只允许群主发言，以便用户随时查看关键信息。交流群则允许所有人发言，以提供良好的氛围。

8.5.3 维系领袖

在每个班级中，行为领袖都扮演着至关重要的角色。他们的影响力和威望往往能够与班主任媲美，这就是他们的特殊之处。如果我们想创建更有活力、更和谐的班级环境，就需要找到这些行为领袖，并引导他们以积极的态度去影响和带动整个班级的氛围。

在一定程度上，找到并利用行为领袖的力量，可以有效地降低班主任的管理负担。

例如，在学生时代，一个完整的班级不仅需要班主任和学生，还需要纪律委员、学霸、课代表等不同角色。

那么，如何识别出谁是行为领袖呢？

◎ 分享达人：他们热衷于分享知识和信息，乐于在群内分享心得、思考，甚至主动整理课程笔记，发到群内供大家参考，他们往往是课代表的典型人选。

◎ 勤奋达人：他们持之以恒，勤奋刻苦，是学霸的象征。

◎ 权威达人：他们在各自擅长的领域有一定的成绩，他们的专业知识和经验，使他们在群体中具有影响力。

◎ 正义达人：他们坚守规则，主动维护班级纪律，他们的品质和正义感，使他们成为纪律委员的典型代表。

◎ 热心达人：他们乐于助人，愿意主动回答班级同学的问题，对他们来说，解答问题不仅不是负担，反而是巩固知识的好机会。

行为领袖并非可以通过简单的招募或雇佣获得，需要我们在用户中仔细寻找，并主动去维护他们，让他们的才华得以充分发挥，不被淹没在人群中。

如何维护和行为领袖的关系呢？

首先，需要避免将师生关系变成雇佣关系，避免因利而聚，避免制造交易，否则一切都会变得商业化。我们需要明白，行为领袖也是班级的一分子，他们也是付费的用户，他们没有义务帮助我们，我们不能让他们分担过多的工作，更不能阻碍他们学习。

我们需要做的就是及时给予他们认可，让他们的影响力得以发挥，带动更多人。对于分享达人，我们可以及时公开表扬他们，号召更多的人和他们一起分享知识。对于勤奋达人，我们可以表扬他们的勤奋精神，并鼓励他们分享经验，带动更多人。对于权威达人，我们可以为他们提供舞台，让他们分享自己的专业知识和经验。对于热心达人和正义达人，我们需要及时表示感谢，让他们感受到自己的付出得到了认可。

你希望班级群往哪个方向发展，就当众夸奖怎样的人。

在学期结束时，我们可以给予行为领袖一些表彰或小礼品作为答谢。这样的答谢，是对他们积极影响和贡献的认可，而不是任何形式的交易。

最后需要注意的是，行为领袖的影响力是一把双刃剑。如果我们的服务存在问题，他们同样可能带头提出批评和投诉。因此，找到行为领袖的前提，是我们已经严于律己，做好了服务工作。

8.5.4 思维引导

在任何群体中都存在着一种无形的吸引力法则，即相同类型的人会相互吸引并影响更多的人。因此，我们需要在班级中引导并形成一种正向的"旋涡"，就像龙卷风一样，将所有人都带动起来。

许多班级的负面氛围都是因为一开始没有正确引导导致的，因此，我们需要从根本上解决问题，引导用户形成正向思维。

那么，什么是正向思维呢？在这里，我们将其定义为能够让集体的学习效果超越简单相加，即 1+1 大于 2 的思维方式。通过正向思维，我们可以共同创造一个更加积极、有利于学习的氛围。

具体来说，正向思维主要包括以下几个方面。

1. 正向反馈

当用户有机会进行实践时，我们应鼓励他们互相给予正向反馈。例如，当用户在群内分享自己的作业时，正向的反馈应该是"你的尝试值得鼓励"和"你身上有值得我学习的地方"，而不是被嘲笑、打压或者贬低。

每天设立固定的活跃环节，引导用户之间进行正向反馈，鼓励互相赞扬，减少批评，让每个人都能大胆地分享自己的成果。

如果没有实现这一点，那么可能导致很少有人愿意分享自己的作业。

2. 成长型心态

我们需要鼓励用户以成长型心态学习，接受并尊重班级内的不同意见。例如，当讨论事情时，如果两个人意见不合，成长型思维的人会认为：虽然我们的观点不同，但我从你的观点中得到了启发。他们不会选择互相伤害。

如果没有实现这一点，则可能导致班级内的纠纷和争吵增多，甚至出现对立的小团体。

3. 空杯心态

无论用户的起点是高还是低，都应该保持谦虚的心态，相互学习。起点低的人不应该自卑，起点高的人也不应该自傲。

如果没有实现这一点，那么可能导致只有经验丰富的用户愿意发言，新手则不敢发言。

以上三种思维方式虽然带有一些主观色彩，但它们的效果是显而易见的。只要我们倡导一两次，用户就会开始遵守，即使有少数人不遵守，大多数人也会站出来维护班级群氛围。

8.6 4个结营技巧，留下深刻的最终印象

人们对事物的最终印象往往由其结尾部分决定。例如，如果一个一直相处融洽的同事在离职前因为工作交接不顺利而与你发生争执，那么无论你们之前的关系多么和谐，你对他的最终评价都会受到影响。同样的道理也适用于课程设计：结束阶段往往会对用户的最终印象有决定性影响。

结营和开营不同，开营前，用户正处于蓄势待发的状态，我们要趁机鼓舞士气。而结营前，用户已经过漫长的学习，付出了时间和努力，他们需要的是成就感、纪念感、意义感，我们要通过各种活动满足这些诉求，例如举行结营典礼，并颁发荣誉证书。

当然，我们也可以把要求再提高点儿，让用户自发地向朋友推荐我们的课程。结营是课程宣传的最佳时机，此时用户对课程的情感处于最高点，更愿意向身边的朋友分享课程，且用户的成长本身就是最有说服力的宣传素材。不过也要提醒一下，我们追求的目标是让用户自发地推荐，而不是强迫用户推荐。所以，试着带着问题"如何让用户既享受美好的结营体验，又能自发推荐课程"学习本节。

我整理了以下四个结营技巧。

8.6.1 给成就感

给成就感有两个层次：第一个层次是让用户找到成就感，第二个层次是让用户愿意分享自己的成就。

1. 结业证书

结业证书为训练营画上句号，也是出品方对用户付出的认可，建议在营期结束的第一时间发放。

结业证书最好有主讲人签字或出品方盖章，这样显得更权威。

得到在这方面做得比较成熟，结课后能为符合毕业要求的用户自动生成电子结业证书。

如果短期无法实现这个功能，那么可以人工设计电子版证书，通过私聊发给用户。

很多用户收到结业证书会本能地分享到朋友圈，每次分享都是对课程的宣传，所以结业证书要设计得有质感。

2. 学习时长报告

学习时长报告，是对付出的一次量化。

例如，过去的这段时间，您连续学习30天，累计听课10小时，累计完成4次作业，累计听直播8小时。这样的量化总结更具体、更有分量，更能让用户找到成就感。常

见的方式是做成图片，方便用户保存。

3. 表彰

什么样的行为值得表彰呢？

其实值得表彰的不仅有成绩，还有行为和精神。

例如，表彰行为领袖，或乐于分享，或非常勤奋，或乐于帮助其他用户，或乐于组织群活动。

表彰时要注意以下两点。

◎公开公正：公开表彰，并给出服众的理由，而不是私下表彰。

◎给奖励：奖励可以是可分享的电子证书，也可以是实物。如果没有奖励，那么表彰便没有分量。

4. 前后作品对比

将用户的第一次实践作品和最后一次实践作品放在一起做对比，赠送给用户。

虽然这种方式比较花时间，但它既能让用户直观地看到自己的成长，也是课程最有力的宣传素材。

8.6.2 结营典礼

结营典礼的目的是和用户一起为课程画一个圆满的句号，并共同回顾这段时间的成长和收获。

考虑到课程的丰满度，不必为结营典礼专门做一场直播，可以在最后一节直播课中进行。结营可以分为以下几个环节。

1. 往日回顾

通过视频、图片的方式回顾营期的点点滴滴，回顾用户的成长过程、练习记录，与用户共同回忆一路走来的付出。

在直播结束后，把回顾内容发给用户作为纪念。

2. 表彰颁奖

前面我们提到了公开表彰，那么如何表彰呢？如果只是表彰成绩最好的用户，那么这个环节就缺乏感染力。可以表彰一些有代表性的用户，分享他们的真实故事。

例如，有的用户年纪较大，但依然坚持到底，斗志不减；有的用户在课后及时应用所学，并取得了成绩；有的用户具备领袖精神，每天在班级内举一反三，带动了班级氛围，等等。

3. 用户分享

现场连麦几位用户，分享自己在训练营的感悟和成长。如果直播间人数少，那么可以让每位用户都用 30 秒简单总结一下。

4. 讲师感言

讲师真诚分享自己的感受、对用户的情感，鼓励用户日后持续努力，送上祝福。

5. 共同留影

这时可以集体打开摄像头合影（需要在直播前预告一下），也可以号召用户把想对自己说的话发在直播间评论区。

讲师可以截图发给用户，作为日后的共同回忆。

8.6.3 制造惊喜

课程承诺范围之外的给予便是惊喜，因为它在用户的预期之外，可以采用以下方式为用户制造惊喜。

1. 送周边礼品

定制周边礼品，在结营前 3 天邮寄给用户，确保用户在结营前收到。

小技巧：礼物上带有课程名，并适合拍照分享，这样用户在拍照分享时也能为课程做宣传。

2. 延长服务

结营后不是立刻终止服务，而是延长服务，这样更能让用户感到惊喜。

延长服务的常见方式如下。

◎ 班级群 7~15 天后再解散。

◎ 额外赠送学习资料或几节课程。

◎ 额外赠送每位用户一次一对一答疑（班级人数少的情况下）。

◎ 额外提供一次作业点评机会（班级人数少的情况下）。

3. 举办赛事

在大家都以为课程正式结束的时候，可以组织一场周期较短的实践赛。

需要注意，举办赛事不仅是对用户的回报，也是让用户自愿宣传课程的好机会。

因此，注意在赛事中设计"让人自愿分享"的瞬间，例如，生成每位用户的作品海报、公开比赛链接、提供可发朋友圈的荣誉证书。

8.6.4 复购权益

给老用户复购权益是非常直接的带动销量的方式，常见方法如下。

◎给老用户复购优惠券。

◎老用户推荐新用户购买，可获得其他课程的优惠券。

在结营环节，我们要让用户找到成就感、纪念感、意义感。

小贴士：结营时，我们给用户发的物料必须是非常精美的。质感越好，用户越愿意分享到朋友圈，课程的曝光量也就越高。

第 9 章
课程运营推广

前面我们经历了课程内容的生产阶段，学习了如何打造课程的内容，让课程更"醇厚"。本章进入课程的推广阶段，目标很简单：冲销量。

酒香也怕巷子深。再好的课程如果不发力推广，那么也只能无人问津，孤芳自赏。

课程"盛开"，"蝴蝶"可不一定自来。

那么如何冲销量呢？我们先看一个公式：

$$课程收入 = 流量 \times 购买率 \times 定价$$

先说第一个因素：流量。

什么决定了流量呢？流量和推广素材的吸引力、推广力度、粉丝基数、粉丝黏性均有关。例如，我们要在抖音发一条短视频卖课，那么抖音账号的粉丝量、粉丝黏性、短视频的吸引力都将影响流量。

抛开流量谈购买率是没有意义的。例如，一条推广短视频只有 10 个人观看，你发现没有人购买，觉得购买率太低。但实际上，在只有 10 个人观看的情况下，购买率 10% 跟 20% 没有太大区别，从统计学的角度来讲，样本数据太少了。

有了流量基础再来谈第二个因素：购买率

购买率和课程设计、营销方案、推广素材均有关。举个例子，如果一门课程没有吸引力，那么就算再用力，也很难卖出去。这是课程设计有问题。

如果一门课程定价一万元，却只用一个视频做宣传，那么就算视频再有吸引力也很难卖出去，因为人们很难通过一则广告进行高消费。这是营销策略有问题。

如果一门课程的广告素材非常差，没有说清楚课程的卖点，那么课程也很难卖出去。这是推广素材有问题。

在售卖课程之前，我们需要再次校正一下产品定价，让产品的定价和实际价值相符。

如果定价高于课程的实际价值，那么购买率是很难提上去的。在策划课程时，你已经对课程做了定价，但随着课程细节不断完善，你可能发现课程的实际价值和原本设想的不同。例如，做大纲时设定 10 节课，后来发现 8 节课足矣，那么我们就需要调整课程定价。在课程开始售卖之前，我们都可以调整定价。

但课程一旦开始售卖，定价就不能降了，降价对前面的购买者不公平，也意味着课程原本不值这个价格。因此，售卖时定价要慎重，不能虚高。

在推广阶段，如果销量不好，那么不要大包大揽地做判断，不能盲目归因于课程设计或宣传做得不到位。其实销量不好很有可能是不起眼的小因素导致的，例如，推广素材没有说清楚课程卖点。

9.1 确定课程价格

在课程定价上，我们常常会陷入两个误区。

第一个误区是必须制作完全部课程后才能定价。如果仅根据个人的想法定价，那么可能导致价格与选题类型不匹配，或者成本超支，甚至无法与竞品进行竞争。实际上，定价并非完全由我们决定，而是由市场竞争环境、选题类型等因素共同决定。

我们需要研究市场上同类课程的定价和销量，据此来设定课程的价格。这不仅可以让我们有一个明确的价格目标，也能确保课程价格符合市场需求，避免定价与选题类型不匹配的问题。

第二个误区是课程品质好，就可以定高价。这种观点并不正确，因为用户在首次购买课程时，无法直接感知到课程的品质。

可以从以下四个维度确定课程的价格。

9.1.1 价值程度

课程的价值点越多，用户愿意接受的价格也越高。这其实是在考虑用户的心理，用户并不是害怕"贵"，而是害怕"买贵了"。因此，我们需要站在用户的心理预期角度来设计价格。

例如，如果你的课程不仅传授知识，还提供答疑辅导和作业点评等服务，那么即使课程定价较高，也会有用户愿意购买。而如果你的课程只是传授知识，那么定价就不应过高，否则可能影响销售。

常见的线上课程定价和对应的价值交付程度如表 9-1 所示。

表 9-1

定价区间	用户期待	价值交付程度
500 元以下	激发兴趣、获得新知	知识
500~1000 元	激发兴趣、获得新知，并产生学习效果	知识、轻度辅导
1000~5000 元	激发兴趣、获得新知，并产生显著学习效果	知识、重度辅导
5000~10000 元	激发兴趣、获得新知，并产生学习结果	知识、重度辅导/资源支持
10000 元以上	激发兴趣、获得新知，并产生学习结果/获得高质量人脉/线下交流	知识、重度辅导、建立人脉的机会

课程价格必须与价值匹配。如果价格高于价值，那么不仅销售困难，还可能面临投诉和退费的风险。

除此之外，也需要调研同类竞品的价值程度和价格，作为定价的参考。通过横向对比，我们可以从用户的角度感受到性价比，让我们的课程成为用户觉得最值得购买的那一款。

9.1.2 需求程度

需求强度和需求人数也是课程定价的关键因素，不同类型选题的需求人数及需求强度不同，定价策略也需要相应调整。用户的需求程度和需求人数越高，定价空间也就越大。

以下是不同类型选题的定价策略。

◎ 兴趣类选题：这类选题通常涉及休闲娱乐和个人兴趣的发展，例如"教你成为 K 歌之王"或者"细讲唐朝历史"。这些课程通常不涉及用户的职业发展或生存需求，而是由个人兴趣驱动的，因此定价要适中，以便吸引大量爱好者。

◎ 技能类选题：这类选题通常涉及用户的职业发展，如"教你成为 Java 工程师"，课程的目标受众通常有着强烈的职业发展需求，愿意投资时间和金钱来提升自己的技能。因此，这类课程可以定价较高，以反映其对用户的价值。

◎ 小众选题：这类选题通常涉及较为冷门的主题，如"音乐治疗课"或"冥想课"。由于这类选题的受众群体较小，大众对其认知度不高，因此，定价过高可能导致对用户的吸引力不足。对于这类选题，建议保持适中的定价，以确保能够吸引足够多的用户。

9.1.3 引流能力

我们也可以根据个人或企业的引流能力来设定价格。已经拥有稳定流量的个人或知名度较高的企业有能力提供高价课程，因为他们已经在用户中建立了良好的信任基础。

◎ 拥有流量基础或知名度较高的人或企业，可以选择提供高价课程。

◎ 新手可以选择千元以下的轻量级训练营，或者百元以内的知识小课。

请记住，建立信任需要时间。

9.1.4 运营成本

如图 9-1 所示，课程成本包括启动成本和运营成本。启动成本主要包括课程录制费和课程后期费等。而运营成本则涵盖了课程运营过程中所需的各种费用，例如推广费、服务费。

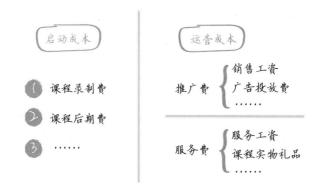

图 9-1

当我们进行课程定价时，需要重点考虑的是运营成本。这是因为启动成本是一次性支出，运营成本则是每次招生时都需要支付的。例如，课程录制费属于启动成本，只需一次性投入；在每次推广课程时，都需要支付推广费和服务费，这些都是在确定课程价格时需要考虑的重要因素。

1. 推广费

招生压力大的课程仅靠私域流量无法达成营收目标，因此需要在抖音、小红书、微信公众号等平台投放付费广告。例如，投入广告费用 30000 元，吸引了 100 人咨询，其中 10 人购买课程，那么每位用户的引流成本便达到 3000 元，这就意味着课程的单价不能低于 3000 元。

2. 服务费

一些课程的服务费可能较高，这种情况常见于企业内部。对于服务费高的课程，定价也需要相应提高。因此，必须清楚计算并控制服务费。例如，一款企业出品的训练营定价 500 元，计划招生 200 人／期，分成 4 个班级，需要配置两位班主任兼助教，月薪 20000 元。那么，一期的课程收入为 200 × 500=100000 元，服务费为 20000 × 2=40000 元。将服务费和推广费相加，就可以计算出最终的利润。

个人制作的课程虽然不需要支付工资，但付出的时间也是一种成本。

因此，在定价时，需要仔细计算各项成本。

很多人认为课程价格一旦确定就不能改变，其实不然，定价策略是在多次测试之后确定的，而不是第一次上线课程就敲定的。我们可以先按照目前的价格完成一期课程，计算实际的成本和收入，然后不断迭代定价策略，最终实现盈利的最大化。

需要注意的是，第一次定价不要冒险定太高，要为以后留余地。课程价格只能涨，不能降，降价是对老用户的不公平，而涨价则可以增加课程价值。

9.2 设计高转化率体验课

所谓体验课,就是提取正式课程的精华部分,让用户先体验,再消费。如图9-2所示。

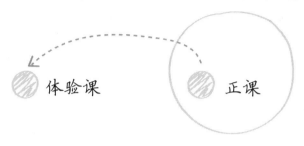

图 9-2

这种模式的核心理念在于激发用户的购买欲望,让他们在亲身体验之后更愿意为正式课程买单。

简言之,体验课就是一种让用户"先尝后买"的销售策略。设计一款成功的体验课需要的步骤如图9-3所示。

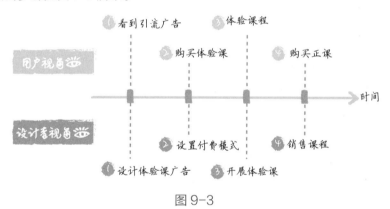

图 9-3

(1)设计体验课广告,这是第一次筛选。我们需要借助广告吸引潜在用户,过滤掉"吃瓜群众"。

但仅仅把广告投放出去是不够的。还需要讲明课程适合哪些人,以及体验课的内容,从而筛选出目标人群。

(2)设置付费模式,这是第二次筛选。潜在用户一旦表现出浓厚的兴趣,就会购买体验课。为了筛选出高意愿的目标人群,我们可以将体验课设置为付费的,价格在 0~99 元,最好不要超过正式课程的 1/10。

第二次筛选旨在识别目标人群中高意向的用户,以提高课程购买率。用户购买后进入体验课群。需要注意，体验课群可以更好地聚集用户，从而提升推广效果。

（3）开展体验课，这是第三次筛选。我们可以从正式课程中挑选 2~5 节内容供用户学习，或者特别为体验课设计内容。这些课程需要解决用户痛点，让用户产生"这课程效果这么好，我还想购买"的想法。我们也可以设计作业和服务，让用户感受到学习效果。在体验过程中有过学习行为的人，购买正式课程的可能性更高。

（4）销售课程。我们需要根据用户的购买意向设计营销策略，针对购买意愿高的用户，我们要优先推广课程。

接下来，我将通过案例详细讲解每个步骤。

9.2.1 设计体验课广告

体验课广告一方面可以吸引用户进行体验，另一方面可以筛选出目标用户。

因此，在设计体验课广告时，需要确定目标用户，并通过课程来满足他们的需求，吸引他们参与。

宣传平台不同，广告设计也不同。

以情商课为例，如果用短视频做宣传，那么脚本是这样的：

> 你是否总是无意间得罪别人，而且自己也很委屈？
>
> 你是否总觉得自己嘴笨？
>
> 你是否总想与自己和解，但依然很拧巴？
>
> 你是否总是情绪失控？
>
> 你是否苦于和同事相处？
>
> 现在我们推出了"高情商训练营"，三天让你了解最核心的情商理念，只需 9.9 元就能报名学习。资深心理学家亲自授课，为你提供 5 个高情商公式，教你成为受欢迎的人。
>
> 现在报名还赠送高情商聊天技巧学习资料，赶快点击视频下方链接报名学习吧！

以写作课为例，如果在 App 上投放横幅广告，那么文案控制在三行即可，如下所示。

> 零基础写作 5 天体验营
>
> 宅家写文章，拥有更多兼职机会
>
> 点击 9.9 元体验

宣传要与实际一致，吸引的人群才能精准，购买率才会高。

我们要吸引的是高购买意向用户，而不是所有用户。

举个反面例子，我们想卖沟通课，但体验营的噱头却是"进群领红包"，那么很明显，吸引来的人都是想领红包的，而不是想学沟通的，购买率肯定惨不忍睹。

9.2.2 设置付费模式

用户在决定是否购买之前，通常会详细了解体验课的详情页，付费模式可以在详情页中体现。详情页必须清晰地描述课程的定位、适合人群、价值、训练计划，而不应该含糊不清或抽象。

详情页描述得越具体、越贴近事实，吸引的人群也越精准。

以写作体验营为例，详情页如下。

如果你有以下困惑：

◎有很多想法，但是写不出来。

◎发表在自媒体上的文章阅读量并不理想。

◎写出来的文章总是没有强烈的感染力。

◎从小到大，总被评价"文笔不好"。

那么，"零基础写作 5 天训练营"正适合你。

5 天集训期间，你将收获以下成果：

√ 100 分钟的直播课。

√ 5 个实用的写作模板。

√完成一个小作品的经验。

训练计划

Day1：先导课：如何找到写作方向。

Day2：01 讲：如何通过 8 个步骤创作一个好的故事。

Day3：02 讲：如何让故事有画面感｜完成不低于 200 字的故事作品。

Day4：直播课：为普通人提供写作变现的方法。

Day5：点评：集中讲解作业的亮点和不足之处。

讲师：栗子

三年时间，公众号粉丝数量从 10 万增长到 280 万。

曾担任品牌总监，原创内容阅读量累计破亿。

购买方式：

点击下方按钮，9.9 元购买

在这个案例中，之所以将体验营的价格定为 9.9 元，并不是为了盈利，而是为了筛选掉"只是想看看"的用户，筛选出愿意为知识付费的用户。

9.2.3 开展体验课

针对体验课的设计，需要牢记以下三个要点。

（1）以卖课为目标。

体验课的目的在于销售正式课程，让用户每学完一节课或每过一段时间，都对课程更信任、更向往。

因此，在设计每个细节时都要考虑其对销售正式课程的作用。

很多体验课在格调上追求过高，到最后时刻才推销，这导致用户在突然听到卖课信息时被"吓跑"。

做体验课是为了卖课，而不是做公益。

（2）创造优质的体验，提供情感价值。

体验课与正式课程的主要区别在于：体验课更注重情感价值和用户体验。

这是因为，人们往往在情感而不是理性的驱使下做出购买决定。如果体验课只提供知识，不能调动用户的情感，那么用户会觉得"嗯，学了不少，但不想买"。

体验课不能仅由老师单向讲授，而应该让用户有参与感。例如，为用户设计作业或任务，鼓励用户在群内发言，分享个人体验和收获，等等。如果缺乏交流，那么班级群会变成一潭死水，到时候再卖课可就难了。

因此，体验课需要想方设法提高用户的参与感，提供正向反馈和快乐体验。

（3）确保学习效果。

虽然对于我们而言，体验课的目的是提升销量，但用户希望通过课程学到知识。

如果用户没有学到有价值的知识，没有产生好的学习效果，那么他们不仅不会购买正式课程，还可能对课程产生负面评价，长期"拉黑"我们的课程。

因此，在设计体验课时，必须确保它可以让用户获得好的学习效果。

以写作体验营为例，日程如下。

第一天，先导课：如何找到写作方向

第二天，01 讲：8 步写出一个好故事｜课后资料：故事案例拆解

第三天，02 讲：让故事更有画面感｜课后资料：爆款文章段落

第四天，16:00 提交作业：写一个 200 字的故事

19:00 直播课：适合普通人的写作变现方式

第五天，陆续一对一点评作业

第六天，19:00 结营仪式

在这个案例中，第一天的任务是帮助用户找到写作方向，并举办开营典礼，让班级氛围更好。

第二天和第三天，用户会分别听到一节干货录播课程并收到学习资料，这两天的课程都是比较容易见效的。

第四天，我们会举行一场直播带货活动，因此大部分销量会集中在这一天。

第五天提供的作业点评服务不仅可以帮助用户进一步提高写作水平，也提供了让我们与未购买正式课程的用户进一步接触的机会，从而逐一"攻破"他们。

1. 设计日程

在设计日程时，要准确抓住用户的购买欲达到峰值的时机，因此，我们需要先了解用户购买欲曲线。

以一个为期 5 天的训练营为例，从图 9-4 可以看出，用户的购买欲随着时间的流逝先增加，到了顶峰之后下滑。

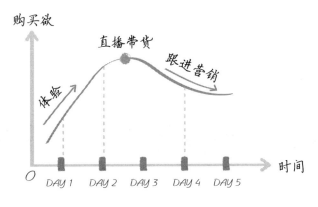

图 9-4

尽管我们希望用户的购买欲持续上升，但这并不现实，因为时间的推移会导致新鲜感减少和购买欲降低。

因此，必须设计符合现实的"购买欲曲线"。

购买欲曲线包括上升期、顶峰期和下坡期。

上升期：课程开始的前三天，用户处于购买欲上升期，新鲜劲儿还没过。因此可以利用这段时间不断激发用户的求知欲望、成就感和对课程的好感。这期间，我们可以在课程中"埋钩子"，为营销作铺垫。

顶峰期：当用户的购买欲到达顶峰时，我们要抓住机会进行营销，例如开展一场直播带货等，让用户集中购买。

下坡期：用户的购买欲望并不会一直保持在顶峰状态。随着新鲜感的下降，用户的购买欲望会逐渐减弱，进入下坡期。在这个阶段，我们可以做一些收尾工作，比如陆续一对一跟进营销。

那么，为什么不从第一天就进行营销呢？这样做会让人感到反感，因为用户参加训练营的主要目的是学习。

如果最后一天才进行营销，那么用户的新鲜感早已消失，我们也错过了最佳时机。

2. 设计课程内容

和正式课程一样，体验课的教学目标也应该明确具体，不能笼统，以免用户学习很多却不得要领。和正式课不同的是，体验课的日程很短，且目的是让用户学完立即产生购买正式课的冲动，因此要让他们在短短的体验期就能收获成就感。

因此，我们需要集中精力把一项技能或知识点讲透彻，让用户能够获得成就感。

为了达成这个目标，我们需要先调研用户的学习痛点，然后根据目标受众的需求，确定课程内容。

每节课都应该解决一个实际问题，让用户能够立刻感受到实际效果，增加他们的学习成就感。

我们可以按照表 9-2 所示的模板整理课程内容。

表 9-2

体验课	成就感从哪来
01 讲：如何用 AI 写一篇小红书种草笔记	听完课就能完成一份完整的作品：小红书种草笔记
02 讲：如何写令人拍案叫绝的金句	课程中教 5 种金句写作模板，套模板就能轻松写出金句

当然，也可以从正式课程中找出几节可以达成该教学目标的作为体验课。

体验课的大纲不必和正式课程一样复杂，但也要聚焦。例如，一会儿教写故事，一会儿教写观点，一会儿教写影评，用户只会觉得吃不消、散乱。

小提示：

◎ 体验课和正式课程的讲师必须一致，这样用户购买时才不会质疑正式课程讲师的实力。

◎ 体验课的质量必须与正式课程一致。许多人为了提升销量，把体验课做得非常精美，但正式课的质量却达不到同样的标准。如果用户听了正式课程后感到自己被骗了，那么会对品牌产生负面影响。

◎ 课程的难度应适中，过于困难会让用户产生畏难情绪。

3. 设计服务

为了提升用户体验和参与度，我们要设计一些服务，例如开营典礼、作业点评、发布课后学习资料。

此外，正式课程设计了怎样的服务，体验课最好也配置相同的服务，这样用户的前后体验是一致的。

回到案例，我们会发现，每节课后都会发布学习资料，且第四天需要提交一份200字的故事作品，第五天设有作业点评，这在很大程度上是因为正式课程每周的安排也是这样的。

4. 在课程中埋"钩子"

埋"钩子"是一种策略，目的是通过各种手段引起潜在购买者的注意，逐步激发他们的购买欲，或者促使他们主动了解课程。实际上，我们可以在体验课一开始就开始实施这种策略。

例如，在每节课中穿插对正式课程的宣传，或者在社区中每天高亮展示正式课程的优点。此外，我们还可以主动分享过去的优秀案例，以此来吸引潜在的购买者。

以下是常见的"钩子"形式和实施方式。

◎ 在课程中引导正式课程：讲课时提到"本节课我们讲了XXX，在正式课程中，我们还会讲XXX"。

◎ 创造销售人员和用户一对一交流的机会：可以一对一发放学习资料、一对一点评作业、一对一咨询。

◎ 分享正式课程的用户成长案例：在引流课社群里、直播带货时，分享往期用户通过学习实现目标的故事。

◎ 分享讲师故事：在引流课社群里、直播带货时，分享讲师是如何从新手一步步成为高手的。

◎ 发放限时优惠券：在直播带货时、引流课社群中发放限时优惠券，用户联系销售人员即可使用。

◎ 分享正式课程精华片段 / 干货：将正式课的精华片段或干货分享到社群。

◎ 展示正式课程的销量情况：在课程页面或社群中展示往期销量数据，营造氛围。

◎ 展示正式课程的用户好评截图：在课程页面或社群中展示往期用户给出的好评截图，提升课程的信服力。

◎ 设计实践环节，提升用户参与感：在引流课中设计实践作业，让用户更加深入地参与进来。

"钩子"不是埋得越多越好，关键还要看用户是否真的参与了。如果用户不肯参与，那么我们埋"钩子"就是在自娱自乐。所以，在埋"钩子"的同时，也要充分考虑节奏是否合理。

举个例子，以下是写作课体验营的埋"钩子"节奏。

第一天：群内举行开营典礼

　　　　埋钩子：介绍体验课训练计划、阵容、用户成长案例

第二天：录播课程：8 步写出一个好故事

　　　　埋钩子：课程中加入正式课程的介绍

第三天：录播课程：让故事更有画面感

　　　　埋钩子：课程中加入正式课程的介绍

第四天：提交作业：写一个 200 字的故事

　　　　埋钩子：通过写作业，让用户感到成长、变化

　　　　直播卖课：适合普通人的写作变现方式

　　　　埋钩子：正式课程介绍、发放优惠券

第五天：陆续一对一点评作业

　　　　埋钩子：制造销售人员和用户一对一接触的机会

第六天：结营

我们在设计体验课时，可以根据自己的需要灵活调整。

9.2.4 销售课程

卖课时，我们不必对所有用户均等发力，可以按照用户的购买意向将他们分成三个梯队，不同梯队采用不同的跟进措施，如表 9-3 所示。

表 9-3

转化潜力	用户行为特征	营销跟进措施
强	以下行为满足一条即可 1. 主动咨询课程 2. 主动领取优惠券 3. 完成作业并提交 4. 听了体验营的所有课程	优先一对一私信营销； 如果用户不购买，那么可真诚询问其对产品的顾虑
中	只听了前面的课就放弃了	一对一私信营销； 如果用户不购买，那么可真诚询问其对体验课的建议
弱	一节体验营课程都没参加	真诚询问用户对体验课的建议

即便用户当下不肯购买，我们也可以将关系升级，主动询问对方对课程的建议。这样一来，用户就从"不购买的用户"转变为"提建议的用户"，一方面升级了关系，用户当下不买不代表未来不买；另一方面，下次体验课我们可以做得更好。

当一轮体验营运营结束后，要及时做数据分析，分析购买者的特点，总结用户未购买的原因，不断提升体验营的效果，不断提升购买率。

很多人分析数据时只分析整体购买率，这样太粗糙了，我们要分析每个环节的数据，这样更有针对性。切忌在分析购买率时大包大揽地做判断。

表 9-4 为数据分析指标、算法及决定因素的参考。

表 9-4

数据指标	算法	决定因素
体验课广告曝光流量	曝光人数	推广平台
体验课广告点击率	点击人数 / 曝光人数	广告素材吸引力
体验课详情页购买率	购买人数 / 点击人数	商品详情页素材吸引力
首日听课率	听课人数 / 群人数	当天课程宣传的吸引力； 体验营节奏
次日听课率	听课人数 / 群人数	当天课程宣传的吸引力； 前一日课程的质量

续表

数据指标	算法	决定因素
作业完成率	交作业人数 / 群人数 交作业人数 / 听课人数	体验课的实操性
直播卖课到场率	听直播人数 / 群人数	前一日课程质量； 整体节奏
直播卖课购买率	购买人数 / 听直播人数	直播课的内容
跟进销售购买率	该梯队购买人数 / 该梯队人数	一对一营销的话术质量； 时机

9.3 直播卖课

直播卖货更容易带动销量，能集中展示更多信息，从而抓住用户的注意力。

很多人担心一提起销售就会失去用户，因此在宣传这场直播时，会打出"只讲干货"的宣传语，闭口不谈卖课，但这样常常会适得其反，一旦发现我们开始卖课，用户就会感到被欺骗，离开直播间。

因此，我们可以直截了当地将直播命名为"XXX产品发布会"或"XXX答疑专场"，使其与实际内容相符。这样能让用户有所准备，而且更加愿意留下来听。

那么如何直播卖课呢？图9-5是一场直播卖课的流程。

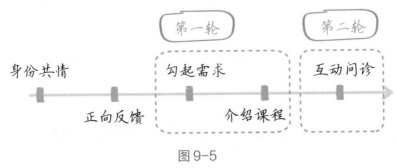

图9-5

其中，各环节的要点如下。

◎ 身份共情：介绍自己，可以讲述自己的故事。切勿给人高高在上的感觉，要与用户共情，传达"你面临的问题，我也曾经面临过"的信息。

◎ 正向反馈：如果听众在听这场直播之前，已经有了一些学习行为，那么要肯定用户的行为，晒出优秀作业，让用户感到自己被看到。

◎ 勾起需求：勾起用户对课程的需求。可以大量埋钩子，比如讲行业名人的成长故事，或讲往期用户的成功故事，引导用户相信"他们能成功，我也可以"，从而产生学习课程的需求。

◎ 介绍课程：当用户产生了向往，我们便可以介绍课程，包括课程的学习路径、课程大纲和服务、讲师资历。我们也可以介绍过往用户的学习效果案例、销量，为课程造势。

◎ 互动问诊：解答、诊断直播间用户提出的问题。其实这个环节的本质不是答疑，而是更深层地勾起用户的买课需求，让用户相信"我问的这个问题，课程可以解决"。

> **小提示**：在直播间卖课，要有限时优惠，增加紧迫感，减少用户的犹豫时间。如果在直播间购买的价格和直播后相同，用户就会犹豫，等直播后再买，但直播后的购买率可就没有直播时这么高了。

接下来，我们分步骤讲解。

9.3.1 身份共情

最好的自我介绍不是"我比你高一头，你要尊敬我"，而是"我经历过你所经历的，所以我懂你"。

所以，在自我介绍环节，不要只顾讲自己闪耀的成绩，也要与用户共情。

有两个小技巧可以引发身份共情，分别是相同的身份、相同的起点。

◎ 相同的身份。例如，家庭教育类的课程，可以这样引发身份共情：我现在有两个身份，一个是讲师，另一个和大家一样，是孩子的家长。我家的那位"神兽"也给我出了不少难题，我太知道你们会遇到什么问题了。相同的身份，会瞬间拉近与用户的距离，与用户共情。

◎ 相同的起点。如果你的成就已经高于大部分用户，那么可以寻找相同的起点，甚至更低的起点。例如：其实我的学历很低，我没有上过大学。你们中的大多数人起点都比我高，但我栽的坑可能多一点儿。如今我把自己的经验做成了课程，希望帮到更多人。我相信，你们一定会比我做得更好。到时候可要记得我这个领路人哈。在谈到起点时，可以讲一些当时的具体经历。

9.3.2 正向反馈

如果在直播之前，用户已经上过体验课，并且学习了一段时间，那么我们一定要及时提供正向反馈。

为什么？一方面是让用户知道，自己的努力被看到了。另一方面，是为卖课造势。

例如：

> 这段时间，我一直在群里，目睹了你们的努力，见证了你们的成长。
>
> 我看到有的同学凌晨提交了作业，想必这份作业一定花了你很多心血。
>
> 我看到有的同学在群内主动反思、主动总结。
>
> 有的同学的作业，甚至已经达到了正式课的优秀水平，我很欣慰。

这段话的言下之意其实是"体验课都能学得这么好，更何况正式课了"。

这部分可以在课件中展示一些真实截图。

要注意的是，正向反馈一定要落到具体行为，不能只是简单的"好、大家都很棒"。

9.3.3 勾起需求

在正式介绍课程内容之前，我们要勾起用户对课程的需求。

有 4 个小技巧：名人故事、用户故事、直击痛点、氛围造势。

1. 名人故事——我也想成为他

我曾听过一次卖女性成长类课程的直播，在直播的开始，主讲人便讲了梅耶·马斯克的故事。

> 她是《人生由我》的作者，培养了 3 位出色的子女，其中包括特斯拉创始人埃隆·马斯克。她 22 岁结婚，31 岁成为破产的单身母亲，随后辗转于 3 个国家发展自己的事业，获得了两个硕士学位。
>
> 她 60 岁重返模特舞台，在头发变白时走红，她的形象在美国时代广场独占 4 个广告牌。
>
> 她始终美丽优雅，摆脱"完美人设"的束缚，敢于活出自我。

这是一个出色的名人案例，既与课程定位相关，也颇具代表性，能让很多人产生效仿的冲动，从而购买课程。

这种方式，更能让用户产生美好的向往。

2. 用户故事——他可以，我也试试看

很多用户对自己没信心，不相信自己也能学出成就。这时候，我们可以讲一个起点低的用户故事，让用户产生信心。

例如，对于管理类课程，可以讲一个学历低、没有管理经验的用户，是如何运用课程所讲的方法成功晋升的。

结构一般是 XX 用户通过学习我们的课程，达到了怎样的效果，最好有前后对比。

这种方式更能让用户产生信心，让用户也想达到一样的效果。

3. 直击痛点——我想解决这些问题

这是一种直白的方法，直接列举用户接下来要面对的挑战和需要解决的问题。

这种方式适合用户目标已非常明确的刚需类课程，例如职业技能、岗位资格、软实力类课程。

4. 氛围造势——课程已经这么有名了，我也想参与

这种方式适合有销量基础的课程。在介绍课程前充分造势，例如，该课程已累计服务 XX 位用户，好评率为 XX，用户累计学习时长达到 XX 分钟，并在课件中加入一些真实好评截图。

这种方式，更能让用户对课程产生信任。

9.3.4 介绍课程

当用户的需求被激活，我们就要介绍课程了，这好比给用户"开药方"，对症下药。在介绍课程时，有三点需要注意，分别是站在用户角度介绍课程、加入感性元素、互动问诊。

1. 站在用户角度介绍课程

切忌站在设计者角度，一板一眼地介绍课程大纲是什么、服务是什么、讲师是谁、定价多少。而是要站在用户角度，按照时间顺序讲清楚训练计划。这样用户才有代入感，如图 9-6 所示。

图 9-6

如果此刻正在直播卖课，PPT 上放着你做的课程大纲，接下来你将以课程负责人的身份向用户介绍这门课程，你会用什么口吻讲？

大家好，课程的名字是……，课程目标是……

为此，我们设计了 3 周课程，第一周的作业是……，课程安排是……，训练计划是……

如果你这样讲，那么用户的眼神一定是空洞的，他们听不进去。

你可以换一种讲法试试。

> 入营第一天，你将学到……。这时候你学会了，但不一定真正掌握，所以第一周的直播，我们将为你答疑解惑……

这样，用户会有代入感。我们要把用户当主角。

2. 加入感性元素

感性的内容更能抓住用户的注意力、产生共情。

举个例子，东方甄选董宇辉在直播间中是这样介绍玉米的。

> 夜风袭来，树叶沙沙作响，天空偶尔飞来两只不知名的鸟，你一只手里拿着筷子戳着的玉米棒子在啃，另一只手里还贪心地抱着水井里刚取出来的冰镇西瓜。那时候你头也不疼颈椎也不疼，不会在失眠的夜里头辗转反侧，也不会在睡醒的早晨感觉头昏脑涨。
>
> 那时候，你爸妈身体还很健康，他们年轻、平安喜乐，爷爷奶奶也陪在你身边。你其实不是在想玉米，而是在想当年的自己啊。

他这么一讲，直播间的玉米全部卖出去了。

当然，这份销量也离不开董宇辉的个人魅力和东方甄选的品牌知名度。

举这个例子是想表达：人们做出购买决策往往不是在理性时刻，而是在感性时刻。

那么，我们在直播时可以讲哪些感性的内容呢？

常见话题如下。

◎ 课程的初心。

◎ 亲身经历。

◎ 励志故事。

◎ 对用户的情感，如祝福、珍惜、感恩、感动等。

例如：

> 一直以来我都是一个内向的人。是写作让我的青春期从灰色变成了彩色，带给我自信，让我有了和世界交流的窗口。
>
> 我相信很多人和我一样，敏感细腻、情感丰富，对世界有很多感触，渴望表达。
>
> 这种渴望，便是我做这门课程的初心。

3. 互动问诊

互动问诊，指用户在直播间评论区提问，我们现场回答，有点儿像医生问诊开药方。

这个环节看起来是答疑，其实是深度营销。因为用户的问题极有可能是正式课能解决的，我们可以在回答问题时引导他们购买正式课程。

那么问题来了，每个问题都要答透吗？答案是不需要。如果每个问题都要答透，那么等于把正式课重新讲一遍。

我来给你一个应对小公式：给思路＋引导购买。举例如下。

用户："我写文章总是不知道写什么，该怎么办？"

讲师："你提的问题我相信是大部分人的困惑。其实没有灵感的一个很关键的原因就是感知能力需要提升。那些特别爱写作的人，未必每天都在经历跌宕起伏，而是他们的感知能力很强，能在日常生活中捕捉到我们容易忽略的细节。

"在我们的正式课程中，会刻意训练感知能力，训练方式是 XXX"。

我们要试着在用户的问题和正式课之间找一个衔接点。

那么，答疑是一对一营销吗？是，也不是。因为一个人问的很有可能是其他人也想问的，我们看上去是在回答一个人的问题，其实是答给所有人听的。

9.4 制作课程详情页

每门课程都需要详情页，这是用户快速了解课程是否适合自己、课程内容和购买价值的重要途径。

详情页就像课程的名片，决定了用户对课程的第一印象。

如果想让用户产生强烈的购买欲望，就要在详情页传达清楚核心信息：为什么学习这门课程、课程适合哪些人、课程的独特之处、学习方式和讲师介绍等。

当这些信息足够有吸引力时，用户甚至无须接受一对一的销售服务即可下单购买。

在创建课程详情页时，我们常常会陷入两个思维误区。

第一个误区是认为文案越有吸引力越好，这样做可能导致用户对课程的期望值过高，与实际不符。做详情页类似于为课程"化妆"，而不是过度修饰"P 图"。在创建详情页时，不仅要考虑文案的吸引力，还要确保详情页与课程的实际内容一致。

第二个误区是认为要在详情页把一切说清楚。这样做可能导致过多的信息堆积在详情页上，让用户感到不知所措，不知从哪里开始看。用户停留在详情页的平均时间只有半分钟，顶多能记住几个关键词，在制作课程详情页时，目标不应是尽可能详细，而是尽可能让用户理解并记住。

表 9-5 是对课程详情页的深度拆解，每个关键板块都附有有效的文案和设计建议。课程详情页的逻辑结构是经过精心设计的，它的主要目的是在最短的时间内让用户了解课程的核心价值，激发他们的购买欲。

表 9-5

板块	描述	文案 / 设计建议
浓缩版简介	课程名 + 口号 + 亮点，用户对详情页的第一印象	文案应简明扼要，板块不要超过手机的半个屏幕
勾起需求	适合谁 / 用户痛点 / 学习用途，明确用户选择该课程的原因	从用户最关心的问题出发，用简单的大白话描述问题，引起用户共鸣，从而引出课程给出的解决方案
你将获得	课程价值的图表展示和量化	在这个环节，需要简洁地阐述课程的价值
如何学习	课程给出的具体解决方案	简明扼要的课程大纲和服务示例图
讲师介绍	讲师照片和资历	讲师介绍不仅能塑造课程的专业感，提高用户的信任度，也能增强课程的权威性
价格包装	课程的价格信息	设定优惠价，并提供直接购买的选项

接下来，我们结合案例，分步骤进行讲解。

1. 浓缩版简介

这部分包括课程名、广告语、亮点。课程名形式不限，重要的是让人一眼知道课程定位。广告语要简洁，控制在一句话。亮点最好量化，让人快速知道课程的体量，以便评估性价比。例如 180 分钟直播教学 +16 个实战模板工具 +50 张知识卡片。

这个板块往往放在商品详情页的头屏，左边是文字简介，右边是讲师照片。

举例如下。

课程名：

零基础也能学的写作课

广告语：

教你写出直击人心的好文章

亮点：

23 个实战模板

3 次作业 +3 次作业点评

畅销书作家亲授

课程名形式不限，可以包括周期，例如"28 天早起写作计划"或"28 天零基础写作营"；也可以带有传播性，例如"人人可操作的 PPT 设计课"；如果讲师很有名，课程名也可以包含讲师姓名，例如"XX 带你玩转 PPT"。

以下是一些畅销课程的课程名和广告语，供参考。

"撕掉单词语法书，改变你的传统英语学习"

超人气英语课，教你轻松学英语

"听蒋勋讲红楼梦"

带你剖析人性，解读众生百态

"简单易懂的理财实战课，银行行长教你驾驭金钱"

超实用实战理财课，个人财富进阶之路

"教你玩转 Excel，收获高效人生"

Excel 才是建立数据思维的永动机

"高情商沟通课，轻松化解表达难题"

让你成为高情商、会说话的超能人士

"小学生高效作业课"

让孩子主动学习，摆脱磨蹭拖拉

"30 个哈佛学霸高效学习法，打造超强学习力"

让你收获众多学霸的宝贵学习经验

2. 勾起需求

这一部分主要阐述课程适合的目标人群和用户痛点。我们需要以通俗易懂的语言向用户解释，为什么他们需要在此时此刻学习这门课程，让他们能够产生共鸣。

我们可以列举出一些用户可能面临的问题，当他们看到这些问题时，会有所触动，觉得"这不就是我正在面临的问题吗"。同时，我们也可以列出课程适合的人群，这样用户看到后会觉得"我正好是这门课程的目标人群"。例如：

你是否需要提升写作技巧？

· 你是否在拿起笔的时候，不知道应该写些什么？

· 你是否发现自己写的东西不如说的好？

· 你是否常常在语言组织上感到困惑，无法准确表达自己的意思？

- 你是否感觉自己写的文章缺乏感染力？
- 你是否喜欢写文章，却发现无人转发？
- 你是否有一技之长，却不知道如何利用它来增加额外的收入？
- 你是否有丰富的知识储备，但只用在自己的工作上？
- 你是否被领导要求向同事分享经验，却不知道如何准备？

如果你正面临以上问题，那么这门课程非常适合你。

- 知识博主：你可以通过传播知识来吸引更多的流量。
- 技能专家：你可以将自己的技能和经验转化为可售卖的产品。
- 职场人士：你可以提升自己辅导他人的能力。
- 教育培训行业的从业者：你可以提升自己制作课程的水平。

3. 你将获得

这一部分的目标是传递课程的价值，明确告诉用户他们能学到什么，以及学习课程后能达到什么样的效果。在排版时，可以使用图标进行标注，以吸引用户的注意力。例如：

你将获得——

◎ 23 个即刻可用的实操模板，帮你快速上手。

◎ 8 小时线上答疑，精准剖析你的问题。

◎模拟实战场景，"真刀真枪"进行演练。

◎ 28 天写作打卡，结交志同道合的伙伴。

4. 如何学习

前面，我们提到了如何唤起用户的需求，而现在，我们将介绍课程解决方案。课程解决方案必须表现出专业性，让用户信服。

可以将学习计划设计为层层进阶图，这样更可视化，如图 9-7 所示，可以让用户直观地感受到课程安排的合理性。

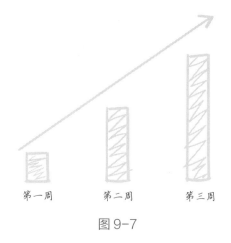

第一周　　　　第二周　　　　第三周

图 9-7

如果篇幅允许，可以提供具体的课程表，让用户清楚地知道每节课的主题。

5. 讲师介绍

在许多情况下，用户更关注"由谁引领学习"。讲师介绍是建立权威、赢得信任、吸引用户的关键环节。

在设计讲师介绍时，需要注意突出讲师的独特性，展现他们的个人风采，使其在众多讲师中具有辨识度。例如，我是一位连续创业成功者，与范舟老师在线上教育领域合作已有十年之久。我曾创立并成功出售一家估值数亿的公司，拥有超过 1800 小时的在线课程教学经验，特别是在 OMO mix 纯线上知识付费领域，我有着深厚的造诣。我曾在知名企业担任内部教练，也是清华大学启迪创业营的指导嘉宾。我曾任职于一家市值达 100 亿元的互联网公司，担任教育板块副总裁，并成功推出了一款拥有 4 亿用户的产品。虽然我的经历很丰富，但在讲师介绍中，我会筛选与课程主题相关的几个重要标签，如超过 1800 小时在线课程教学经验、互联网公司教育板块副总裁、在知名企业担任内部教练等。然而，如果只有这些枯燥的成绩，那么可能让人觉得过于专业而缺乏亲和力。

因此，我会选择一些更亲民的标签作为补充，如"会讲课的段子手"。同时，往期用户的真实评价也是讲师介绍的重要补充。这样，我们既保证了讲师介绍的专业性，也增强了其辨识度和亲和力，可以更好地吸引用户。

6. 价格包装

在介绍价格时，关键在于制造紧迫感，让用户感觉这是一次难得的特价优惠。通过设定限时和限量的购买条件，可以让用户感到如果不立即购买，就可能错过优惠的价格，从而增加他们的购买决心。

例如，你可以在课程详情页的价格部分加入一句话：本课程特价优惠仅限前 100

名购买者，优惠时间限今日。这样一句话就足以让用户感到紧迫，他们会担心错过这次优惠，从而提高购买意愿。同时，这也能让课程显得独特和稀缺。

在实际设计过程中，我们可以根据课程的特点增加一些内容。例如，往期用户的评价、课程的截图、累计销量等，这些都有助于增加详情页的吸引力。

设计好课程详情页后，可以通过以下标准进行自检。

◎ 文字密度：新手往往会想表达过多的内容，导致文字密集、难以取舍，甚至不舍得删减任何字。实际上，过多的文字会使用户难以抓住重点，增加记忆负担，影响视觉效果。因此，建议使用图片来代替一些文字，例如阶梯图、趋势图等。同时，图片和文字应相互穿插，使页面更具动态感。

◎ 广告法规则：课程详情页的文案必须遵守广告法规定，例如不使用"最好""最高""唯一""第一""王牌"等词汇，以免触犯相关法规。

◎ 理解成本：有时候，我们制作的课程详情页需要配合讲解才能被用户完全理解，但是用户在浏览课程详情页时，并不能听到相关的讲解。因此，在设计过程中，应尽量避免使用缩写和行业"黑话"，充分考虑受众群体是否能够看懂内容。例如，如果课程主题是"如何提升视频作品的完播率"，考虑到很多人可能不知道"完播率"的意思，那么你可以将课程标题改为"如何使你的视频被更多人看完"。

希望这份自检标准能帮助你打造出更具吸引力的课程详情页。

AI 锦囊：用 AI 设计卖课文案

① 使用要点。

推广阶段，可以用本章介绍的详情页结构，让 AI 为你设计广告页文案、营销话术的 1.0 版，给你启发。

② 提问示范。

◎ AI 指令。

我要做一款 AI 写作训练营，请按"适合人群、人群痛点、为什么早购买"的结构，为我设计该课程详情页的文案。

◎ AI 回答。

一、适合人群

√ 职场文案小白：对于初入职场，需要频繁撰写文案，但缺乏写作经验和技巧的你，这款 AI 写作训练营将是你的得力助手。

√ 内容创作者：无论你是自媒体人、博主还是网站编辑，掌握 AI 写作技能能将让你的内容创作更高效、更有深度。

√市场营销人员：利用AI辅助写作，快速生成吸引人的广告文案、产品描述，提升转化率，提升销售业绩。

√企业家与创业者：用AI赋能企业宣传，打造品牌形象，让你的企业故事更加引人入胜。

二、人群痛点

✕写作效率低下：传统写作方式耗时耗力，难以应对大量文案需求。

✕创意枯竭：时常陷入写作瓶颈，缺乏新颖、有深度的内容。

✕语言表达不准确：担心自己的文笔不够优美，无法准确传达意思。

✕内容同质化严重：在网络信息泛滥的时代，如何让自己的文案脱颖而出？

三、为什么早购买

抢占先机：AI技术日新月异，早学习早掌握，让你在职场中占据有利地位。

性价比更高：早购买可享受优惠价格，同时获得更多学习资源和一对一辅导机会。

技能提升快：通过系统学习，快速掌握AI写作技巧，让你的文案水平突飞猛进。

社群互动强：加入学习社群，与同行交流心得，共同进步，拓展人脉圈。

立即行动，开启你的AI写作之旅！

第 10 章
锦上添花

10.1 AI 做课的全流程

1. 市场调研

用 AI 辅助进行市场调研时，可以这样提问：请列举 10 个在腾讯课堂平台受欢迎的、销量高的写作类课程。

回答如下。

以下是腾讯课堂平台上受欢迎的、销量高的写作类课程，供您参考：

1 从零开始学写作技巧课

2 小清新写作实战课

3 作家修炼之道：小说写作全流程课

4 写作提高课：文采提升与修辞技巧

5 高效商业文案写作课

6 名校老师教你如何写作课

7 语文素养提升班：写作篇

8 科技文案写作实战课

9 写作技巧提高课：通用写作技巧篇

10 投资理财文案写作课程

这些课程涵盖了多个写作领域和技巧，从基础的写作技巧到专业领域的商业文案和科技写作，都有涉及。这些课程都由经验丰富的老师授课，并提供实战案例和个性化指导，非常适合那些想要提高写作技能的用户。需要注意的是，这些课程的质量和受欢迎程度可能随时间变化而有所不同。如果您需要更具体的信息，请访问腾讯课堂平台，或者搜索特定主题的写作课程。

2. 细化选题、激发灵感，选择切入点

提问模板：你是一个优秀的写作老师，我想设计一个关于写作（小说写作方向）的课程，在这个领域，有哪些细分主题可以选择？

回答如下。

感谢您的信任，以下是一些在小说写作课程中可以选择的细分主题。

1 小说结构：包括情节、人物、时间、空间、主题等方面的分析和讨论，以及如何构建一个引人入胜、有趣的故事结构。

2 人物塑造：包括人物的特点、个性、动机、发展和变化等方面的分析和讨论，

以及如何让人物更加立体、生动、有说服力。

3 描述和语言：包括如何通过细节、情感、意象、对比等来进行描述和描绘，以及如何运用语言来表达情感和思想。

4 对话和场景：包括如何写出自然、生动、有趣的对话，以及如何创造具有气氛和感官体验的场景。

5 篇幅和节奏：包括如何控制小说的篇幅和节奏，以及如何在小说中设置高潮和转折点，以吸引读者的注意力并保持紧张感。

6 真实性和可信度：包括如何创造真实和可信的世界观、情节和人物，以便读者能够投入和理解。

7 后期编辑和修订：包括如何进行后期编辑和修订，以及如何提高小说的质量和可读性。

8 出版和推广：包括如何选择合适的出版渠道和推广策略，以及如何将小说推向更广泛的受众。

以上是一些常见的小说写作课程主题，您可以根据自己的需要和目标来选择相应的主题。当然，这些主题也可以进一步拆分和细化，以便更好地满足用户的需求和兴趣。

3. 生成课程大纲

提问模板：根据主题"新手如何写小说：小说结构、人物塑造、描述和语言、对话和场景、篇幅和节奏、真实性和可信度、后期编辑和修订"帮我设计一份在线课程大纲，要求包含课程名称、课程亮点、课程目标用户、课程章节、课程推广渠道。

回答如下。

好的，根据您提供的主题，我为您设计了一份小说写作在线课程的大纲，具体如下：

课程名称：新手如何写小说：小说结构、人物塑造、描述和语言、对话和场景、篇幅和节奏、真实性和可信度、后期编辑和修订

课程亮点：

◎由经验丰富的小说作家授课，实战经验丰富。

◎以案例分析和互动讨论为主，帮助用户深入理解各个主题。

◎提供个性化指导和反馈，帮助用户提高写作技能和水平。

◎课程结束后，用户将能够完成一篇小说的草稿，并具备后期编辑和修订的能力。

课程目标用户：

◎对小说写作感兴趣的新手或初学者。

◎想要提高小说写作技能和水平的用户。

◎想要在小说写作领域取得成功的人士。

课程章节：

1　小说结构：情节、人物、时间、空间、主题等方面的分析和讨论，以及如何构建一个引人入胜、有趣的故事结构。

2　人物塑造：人物的特点、个性、动机、发展和变化等方面的分析和讨论，以及如何让人物更加立体、生动、有说服力。

3　描述和语言：运用细节、情感、意象、对比等手法进行描述和描绘，并运用语言表达情感和思想。

4　对话和场景：写出自然、生动、有趣的对话，创造具有气氛和感官体验的场景。

5　篇幅和节奏：控制小说的篇幅和节奏，设置高潮和转折点，以吸引读者的注意力并保持紧张感。

6　真实性和可信度：创造真实和可信的世界观、情节和人物，以便读者能够理解并被吸引。

7　后期编辑和修订：进行后期编辑和修订，提高小说的质量和可读性。

课程推广渠道：

◎在腾讯课堂、学堂在线等在线教育平台进行推广。

◎利用社交媒体和博客等网络渠道进行宣传。

◎通过广告、公关等传统媒体进行推广。

总之，这门小说写作在线课程将帮助用户掌握小说写作的基础技能并深入理解各个主题，提高用户的写作水平和素养，是适合想要提高小说写作技能的用户的课程。

4. 生成细节

针对生成的大纲里的细节进行追问，让 AI 根据上面的问题进行回复或总结，最后生成对应的细节内容。

提问模板：以"从情节、人物、时间、空间、主题等方面进行组织，构建一个引人入胜、有趣的小说结构"为内容，写一个课程脚本。

回答如下。

好的，这是一份关于小说结构的课程脚本，希望对您有所帮助。

开场白：

欢迎大家来到本次小说写作课程，今天的主题是小说结构。在这个主题下，我们将对和情节、人物、时间、空间、主题等方面进行讲解和分析，并探讨如何构建一个引人入胜、有趣的故事结构。让我们一起开始吧。

第一部分：情节

1.1 情节的定义和作用

情节是小说的基础，是小说故事的骨架。它是小说中最重要的一部分，起到推动故事发展的作用。我们将会讲解什么是情节，以及情节在小说中的作用。

1.2 情节的分类和构成

情节可以分为主情节和支情节。主情节是故事的核心，支情节则是为了增强主情节的效果而设置的。我们将会讲解情节的构成，包括情节的起始、发展、转折和高潮等环节。

1.3 情节的设置和处理

情节的设置和处理是小说结构中的关键部分，需要注意情节的逻辑性、合理性和连贯性。我们将会讲解如何设置和处理情节，以及如何通过情节来推动故事发展和增强读者的阅读体验。

第二部分：人物

2.1 人物的定义和作用

人物是小说中的另一个重要部分，是故事的灵魂。人物在小说中的作用是推动情节发展和传达主题。我们将会讲解什么是人物，以及人物在小说中的作用。

2.2 人物的分类和塑造

人物可以分为主角、配角和反派角色。不同的人物角色需要进行不同的塑造。我们将会讲解如何塑造人物，包括人物的特点、性格、动机、关系等方面的描写和刻画。

2.3 人物的发展和变化

人物的发展和变化是小说结构中非常重要的一个环节。人物要有一个完整的生命历程，从而更加具有可信度和吸引力。我们将会讲解如何打造人物的成长和变化脉络，以及如何通过人物的发展和变化来推动故事发展和传达主题。

第三部分：时间和空间

3.1 时间的设置和运用

时间在小说中具有非常重要的作用，是小说情节发展和人物发展的基础。我们将会讲解如何设置时间，包括时间的跨度、时间的序列等。

3.2 空间的描写和运用

空间是小说情节和人物行为的背景，是小说中不可或缺的一部分。我们将会讲解如何描写空间，包括场景的设置、场景的描述等。

第四部分：主题

4.1 主题的定义和作用

主题体现了小说的核心思想和价值观，是小说的精髓所在。我们将会讲解什么是主题，以及主题在小说中的作用。

4.2 主题的提炼和表现

主题需要通过情节、人物和语言等方面来表现。我们将会讲解如何提炼主题，以及如何通过情节、人物和语言等方面表现主题。

4.3 主题的探究和传达

主题的探究和传达是小说创作中非常重要的一个环节。我们将会讲解如何探究主题，包括如何通过情节、人物和语言等方面来深入探究主题，以及如何通过主题来传达小说的价值观和思想。

结尾：

好了，今天我们讲解了小说结构中的情节、人物、时间、空间和主题等方面的内容，希望大家能够掌握这些知识，并能够在写作中灵活运用。下一步，我们将会继续讲解小说写作中的其他主题，帮助大家更加全面地掌握小说写作技巧。谢谢大家的聆听，期待下次再见！

5. 将章节内容转换成 PPT 课件

提问模板：帮我把上面这个章节的内容转写成 PPT 里面每页的内容，包含主标题、副标题、正文、话题标签。

回答如下。

好的，以下是小说结构课程的 PPT 演示文本，每页包括主标题、副标题、正文和话题标签。

Slide 1：

主标题：小说结构

副标题：情节、人物、时间、空间、主题

正文：欢迎来到小说结构课程！今天我们将会讲解情节、人物、时间、空间和主题等方面的知识，帮助您构建一个引人入胜、有趣的故事结构。

话题标签：小说写作，故事结构，情节，人物，时间，空间，主题

Slide 2:

主标题：情节

副标题：定义和作用

正文：情节是小说的骨架，它推动故事发展，是小说中最重要的一部分。情节可以分为主情节和支情节。主情节是故事的核心，支情节则是为了增强主情节的效果而设置的。

话题标签：情节定义，情节作用，主情节，支情节

Slide 3:

主标题：情节

副标题：分类和构成

正文：情节的构成包括情节的起始、发展、转折和高潮等环节。情节可以分为主情节和支情节。主情节是故事的核心，支情节则是为了增强主情节的效果而设置的。

话题标签：情节分类，情节构成，主情节，支情节

Slide 4:

主标题：情节

副标题：设置和处理

正文：情节的设置和处理是小说结构中的关键部分，需要注意情节的逻辑性、合理性和连贯性。通过设置和处理情节，可以推动故事发展并增强读者的阅读体验。

话题标签：情节设置，情节处理，故事发展，阅读体验

Slide 5:

主标题：人物

副标题：定义和作用

正文：人物是小说故事的灵魂，起推动情节发展和传达主题的作用。不同的人物角色需要进行不同的塑造，包括人物的特点、性格、动机、关系等方面的描

写和刻画。

话题标签：人物定义，人物作用，人物塑造，人物描写

Slide 6：

主标题：人物

副标题：分类和塑造

正文：人物可以分为主角、配角和反派角色。不同的人物角色需要进行不同的塑造。通过描写和刻画，可以使人物更加具有可信度和吸引力。

话题标签：人物分类，人物塑造，主角，配角，反派角色

Slide 7：

主标题：人物

副标题：发展和变化

正文：人物要有一个完整的生命历程，从而更加具有可信度和吸引力。人物的发展和变化可以推动故事发展并传达主题。

话题标签：人物发展，人物变化，故事发展，主题

Slide 8：

主标题：时间和空间

副标题：时间的设置和运用

正文：时间在小说中具有非常重要的作用，是小说情节发展和人物发展的基础。通过时间的设置和运用，可以推动故事发展并增强读者的阅读体验。

话题标签：时间设置，时间运用，故事发展，阅读体验

Slide 9：

主标题：时间和空间

副标题：空间的描写和运用

正文：空间是小说情节和人物行为的背景，是小说中不可或缺的部分。通过空间的描写和运用，可以使故事更加生动有趣。

话题标签：空间描写，空间运用，故事生动，有趣

Slide 10：

主标题：主题

副标题：定义和作用

正文：主题体现小说的核心思想和价值观，是小说故事的精髓所在。通过主题，可以传达小说的价值观和思想。

话题标签：主题定义，主题作用，小说价值观，小说思想

Slide 11:

主标题：主题

副标题：提炼和表现

正文：主题需要通过情节、人物和语言等方面来表现。通过提炼主题，以及通过情节、人物和语言等方面来表现主题，可以使小说更加有内涵和深度。

话题标签：主题提炼，主题表现，小说内涵，小说深度

Slide 12:

主标题：主题

副标题：探究和传达

正文：探究和传达可以深入表现小说的价值观和思想，是小说结构中非常重要的环节。

话题标签：主题探究，主题传达，小说价值观，小说思想

Slide 13:

主标题：结尾

正文：谢谢大家的聆听，希望本次小说结构课程对您有所帮助。下一步，我们将会继续讲解小说写作中的其他主题，帮助大家更加全面地掌握小说写作技巧。

话题标签：小说写作，写作技巧，故事结构，情节，人物，时间，空间，主题

可以直接把 AI 生成的内容复制到 PPT 中，形成课件，或者借助第三方工具一键生成 PPT。

6.完善细节

添加相关案例、参考资料，人工润色或者让 AI 根据某个细节进行改写或续写。可以对 PPT 进行内容细化，把逐字稿放到备注中。

10.2 用户调研

你可能对用户调研这个概念并不陌生，因为这是所有行业都普遍采纳和推崇的一种行为。"没有调查，就没有发言权。"调查就像"十月怀胎"，解决问题就像"一朝分娩"。

设计课程也是如此，我们不能脱离调研，不能脱离用户。因此，调研不是设计课程的独立环节，而是贯穿于所有环节的必要过程。

然而，必须承认的是，许多人在设计课程时，会根据自己的想法操作，主观地猜测用户的需求，因为我们往往会自以为是地认为自己就是用户。很多企业员工甚至从未真正进行过用户调研，只是听了上级的一句话便开始设计课程。

我们必须明确一点：我们面对的用户并不是我们自己。那么，如何有效开展用户调研呢？

我为你总结了五步法：目标→设计提纲→提问→整理→分析。

1. 目标

用户调研的目标，是解决问题。在每次调研前，都要清楚要解决什么问题。例如：

通过用户调研，了解课程有哪些不足，从而迭代课程；

通过用户调研，了解用户迫切想解决的问题有哪些，从而设计课程大纲；

通过用户调研，了解用户不购买课程的原因是什么，从而调整售卖策略。

让我们回顾一下在课程设计的不同阶段，主要的调研目标是什么。

选题阶段：通过调研，深入理解用户的购买动机、需求场景和画像，以便精确地定位课程。

◎ 知识提炼阶段：通过调研，了解用户的学习起点、期望的学习终点和当前面临的问题，从而设计出能够解决用户问题的课程。

◎ 课程大纲设计阶段：通过调研，了解用户的学习起点、期望的学习终点和当前面临的问题，从而设计出明确的学习路线。

◎ 课程内容设计阶段：通过调研，了解用户对课程试讲的反馈，以便根据反馈调整课程的逐字稿。

◎ 服务落地阶段：通过调研，了解用户的退款和差评原因，以便对课程进行迭代优化。

◎ 推广阶段：通过调研，了解用户未购买的原因，以便对销售策略进行迭代优化。

在进行调研时，有两点需要特别注意。

◎ 调研的目标应该是指导决策，而不仅仅是为了形式。我曾看过许多详尽的用户调研，虽然看起来很好，却没有实际的用途，因为调研结果和实际决策之间看不出有任何联系，"调研和决策各自为政"。

◎ 调研的目标不应该是证明原本的设想是正确的，否则调研的结果很难保持客观。

2.设计提纲

在清楚目标后，需要做一个调研提纲。这个步骤中，有三个关键点，分别是筛选调研对象、确定调研形式和设计问题。

（1）筛选调研对象。

选择合适的调研对象是提升调研效率的关键。以下是一些有用的技巧。

技巧 1：对真实用户进行调研。

在 Buzz 问世前，谷歌曾对近两万名用户进行了测试，但这些人大部分是公司内部员工。虽然他们对 Buzz 的许多功能表示赞成，并且认为其使用起来非常顺畅，但产品真正推向市场后，却意外地收到了实际用户的抱怨。这是因为调研对象选错了，自家的员工是 Buzz 的开发者，而 Buzz 真实要面对的用户却来自各行各业。因此，针对真实用户进行调研至关重要。换言之，我们应该针对将要服务的人群进行调研。

技巧 2：找代表性用户。

例如，如果我们想了解用户对课程的体验和建议，我们应该选择敢于说出真话的用户，甚至是公开表达过不满的用户，而不仅仅是我们的粉丝。

技巧 3：用户分类。

调研对象应多样化，避免过于偏重某一类人。我们可以为不同类型的用户设定标签，并用表格记录，这样在分析时会更为清晰明了。如表 10-1 所示。

表 10-1

调研对象	问题	用户回答	分析	标签
				标签 A
				标签 B
				标签 C

例如，我们要确定"职场初阶管理课"的课程大纲，需要了解用户的痛点。因此，我们应该找到"想晋升到初级管理层，但还未晋升的执行层"，以及"已经成功晋升到初级管理层"的用户。

在设计标签时，需要确保各个标签之间不会重叠。

（2）确定调研形式。

做课时会用到的调研形式主要包括调查问卷和一对一访谈，其优缺点和适用情况如表 10-2 所示。

表 10-2

	调查问卷	一对一访谈
优点	省时、省人力：只需设计好问卷并发给用户，无须沟通成本	可以深入沟通，获取更详细的信息； 可以进行情感交流，让调研对象愿意倾诉、有信任感； 可能得到创意性答案、建设性建议
缺点	无法深度调研； 无法感受到调研对象的情绪、真实反应； 问卷设计者已设计好了回答选项，调研对象回答时受约束	耗时较长； 无法大规模调研； 需人工分析调研结果
适用情况	调研用户画像、已发生的行为等客观性强的内容，例如职业、性别、城市、爱好、行为习惯等； 易打分的问题，例如满意度； 易投票的问题； 多样本调研	深入了解一个人的主观感受、建议、情绪、难处； 开放性问题； 少数的代表

（3）设计问题。

无论进行一对一访谈还是创建调查问卷，我们都必须根据研究目标设计问题，对需要探索的信息进行详细梳理。

在设计问题时，有三个关键技巧。

技巧 1：避免引导性。

1982 年，可口可乐在美国的 10 个城市对大约两千位用户进行了访谈，他们提出的问题是：如果可口可乐配方添加新成分，使口味更柔和，你会喜欢吗？结果如预期，超过一半的消费者回答"会"。然而，当可口可乐真的改变了配方后，传统的可乐爱好者却开始强烈反对，甚至抵制使用新配方的可口可乐。最终，可口可乐不得不恢复原配方。这就是引导性问题可能导致的后果。

技巧 2：通俗易懂。

问题必须是用户能够理解和接受的，这意味着我们需要考虑用户的感受。例如，如果我们想了解用户的痛点，我们不能直接问"你的痛点是什么"，因为大多数用户可能不理解这个术语。相反，我们可以问"你在做 XX 事情时，遇到了什么困难？"或者"你在做 XX 事情时，有过哪些不满或者烦恼？"这样的问题更符合日常的对话语境，更容易让用户理解和接受。

技巧 3：设置问题情境。

如果问题没有具体的情境，用户可能觉得难以回答。例如，如果我们直接问"你对这门课程有什么建议？"，用户可能觉得问题太大，不知道如何回答。在这种情况下，我们可以设置一个具体的情境，例如"在学习这门课程的过程中，你有遇到什么具体的问题或困扰吗？"这样的问题更具针对性，也更容易让用户理解和回答。调查问卷和一对一访谈的问题类型和问题数量如表 10-3 所示。

表 10-3

	调查问卷	一对一访谈
问题类型	多设计可打分、可投票、可单选 /可多选的问题	尽量避开封闭式问题，例如"是不是""会不会""好不好"，否则很容易将问题"聊死"
问题数量	不要超过 20 个，否则用户很容易失去认真回答的耐心	主问题 3~5 个即可

3. 提问

在提问环节，我们需要专注于当下的情况，而不是僵化地按照预先设计的问题来提问。这是因为受访者可能无法一次性清晰地表达自己的想法，或者因为顾虑过多而无法真实地表达内心的想法，或者他们需要一些时间来热身。因此，在提问时，我们需要掌握一些提问和沟通的技巧，以便我们的调研工作更加高效。

以下是几点注意事项。

（1）在进行一对一访谈时，我们需要提前与用户约定时间，并明确地告诉他们调研背景以及预计会占用的时间（尽量控制在 20 分钟以内）。在访谈开始前的半小时，我们最好再次确认时间。

（2）如果询问用户对课程的建议，那么需要引导用户放下他们的顾虑，鼓励他们真实地表达想法，并告诉他们答案没有对与错。此外，主讲人最好不要在场。

（3）我们需要多倾听，尽可能地打开用户的话匣子，引导他们表达自己的想法。我们不应该过多地插话，让自己的声音盖过了用户的声音。

（4）我们需要把控住沟通的方向，如果发现话题开始跑题，我们需要及时地将话题拉回来。

（5）我们需要识别出事实和情绪。在沟通的过程中，用户可能将情绪误认为事实，例如用户对课程感到不满，那么我们应该询问他们具体是哪个环节的体验不够好。这是一种在心理咨询中常用的技巧，它能够让对方多说一些细节。

（6）为了避免理解偏差，我们可以陈述一遍自己的理解。

（7）我们可以当场给出解决方案，并询问用户是否认为这个方案能够解决问题。

（8）在访谈结束时，我们需要表达我们对用户的感谢。

4. 整理

调研结果最好根据受访者的标签进行分类，如性别、年龄等。如表 10-4 所示，在"用户回答"这一列中，应保留用户原始的回答，避免进行任何加工和修饰，也不应该根据自己的理解进行总结。

表 10-4

标签	调研对象	问题	用户回答	分析

个人进行的课程调研与企业级别的课程调研不同，无须专门制作 PPT 或进行展示，但对调研结果的简单整理是必要的。例如统计受访者的性别比例。

标注时要注意以下问题。

◎ 标注重要结果：标注直接与研究目标相关的结果。

◎ 标注建设性的建议：例如，一位用户提出了我们可能忽视的细节。

◎ 标注极端反馈：例如，反馈过于负面或过于正面的情绪。

5. 分析

调研的目的是寻找产生问题的原因，而分析的过程是为了找到解决问题的具体方案。在这个环节，我们需要根据调研结果做出决策，但我们的决策不能完全依赖调研结果。

◎ 决策应基于调研结果。我们不能先给出结果，然后进行形式化的调研来证实这个结果，这样就失去了调研的意义。

◎ 不应完全依赖调研结果做出决策。用户并不总是清楚他们真正需要的是什么，除非我们已经创造出这个东西，并摆在他们面前。因此，我们需要运用想象力和创造力做出决策。

例如，在二十世纪初，人们习惯于使用按键手机，并未意识到只有一个按键的手机会更方便。试想一下，如果在按键手机盛行的时代，我们对用户进行调研："如果有一部手机只有一个按键，你会喜欢吗？"，那么大概率大部分人的答案会是不喜欢。如果我们完全依赖这个调研结果来做决策，那么 iPhone 可能不会问世。

案例：课程设计阶段 – 用户调研

调研背景与目标：我们的团队计划设计一门管理类课程，目标用户包括：初次晋升为管理层且对管理层职责不太熟悉的初级管理者；有一年以上工作经验且希望快速晋升为管理层的基层员工。为了确定有效的教学目标和课程大纲，我们需要深入了解这两类用户面临的挑战、经历的困难（痛点），以及他们的学习动机。因此，我们决定进行一次用户调研。

调研形式：一对一访谈。

调研对象：为了保证调研结果的全面性和公正性，我们将从多个角度选择调研对象，避免偏向某个企业或职位。

◎ 职级：初级管理者和基层员工。

◎ 所在企业：事业单位、互联网初创公司、互联网大厂。

◎ 岗位：服务型岗位（如银行柜员、客服、护士）、专业型岗位（如程序员、研究人员）、综合型岗位（如产品经理、文案、秘书）。

我们将通过以下调研表收集和整理信息。

职级	所在企业	职业	问题	回答	分析

我们预计将对 20 位用户进行调研，计划在 3 天内完成。

问题：

◎你的下一步职业目标是什么？你对这个目标设定了哪些时间期限？

◎你目前面临的最棘手的问题是什么？这些问题通常在什么情况下出现？

◎在跨部门合作中，你经常遇到哪些困难？能否举一个具体的例子来讲述你的想法和感受？

◎在管理团队时，有没有觉得力不从心的时刻？能否举一个具体的例子来讲述你的想法和感受？

◎谁是决定你晋升的关键人？在与这位领导共事时，你通常会遇到哪些困难？能否举一个具体的例子来讲述你的想法和感受？

◎你希望通过这门课程解决哪些问题？你认为自己目前最欠缺哪些能力？

◎你是否有崇拜或欣赏的行业领袖？他们的哪些行为或特质让你欣赏？你最希望拥有他们的哪些特质？

分析：

◎根据用户对课程的期待，设计课程的教学目标。

◎整理所有问题，筛选出高频出现且具有共性的问题作为课程需要解决的问题。

◎分析每个问题背后的本质原因，制定解决方案。当我们面对一个问题时，通常会直接开始确定解决方案，但有时候我们可能只是看到了问题的表象，而没有找到问题的根本原因。

◎分析本次调研的局限性，并尝试弥补这些局限性。由于本次调研对象主要是初级管理者和基层员工，他们可能并不清楚成熟的管理者需要掌握哪些技能，因此我们不能仅依赖这次调研的结果来设计课程大纲。

10.3 持续迭代课程和售卖方案

在第一期课程结束之后，我们有必要进行深入的反思和及时的迭代，原因主要有三个。

首先，回顾过去，我们能从经验中吸取教训，这将引导我们更好地前行。这就像在道路上行走，只有不断回望走过的路，才能知道如何更好地走下去。

其次，我们倡导的是先行动后完善。在项目初期，我们不期待一切都能做到完美，但这并不妨碍我们将课程做得越来越好。这就像修建一座房子，一开始的设计可能并不完美，但随着不断的改进和迭代，最终的成品将会越来越接近完美。

最后，现实的情况是，你的竞品将会越来越多，对手也可能在分析你的课程。只有通过持续迭代和进化，才能确保你的课程始终具备竞争力。否则，你很可能陷入"刻舟求剑"的误区，用过去的经验来判断现在的情况。

因此，第一期课程结束后，我们必须认真分析用户反馈并迭代。随着课程的不断发展和变化，迭代的节奏可以放缓。例如，在得到 App 中，脱不花老师的"沟通训练营"经过多次迭代，臻于完善。值得一提的是，老用户可以免费观看最新版本的课程。

在一整期课程结束后，我通常会制作一份迭代表格，记录用户在购买课程前后的行为与相应的数据。这样，我就可以分析目标和实际情况之间的差距，并找出导致差距的原因，最后提出可行的迭代方案。

表 10-5 是一个示例。

表 10-5

阶段	用户视角行为	数据指标	目标值	实际值	原因分析
课程推广	看到课程广告	广告曝光量	1000 次 / 天	800 次 / 天	推广途径选择不当
	点击课程广告，查看课程详情页	广告点击率	60%	70%	广告素材缺乏吸引力
	购买课程	课程购买率	30%	25%	课程价值点不足
课程体验	完整收听整节课程	课程完播率	70%	60%	第 x 节课过于冗长
	听完课后，对课程打分	单节课程评分	8	9	第 x 节课案例不足
	听完课后，对老师打分	单节课程讲师评分	8	9	讲师有口头禅
	听课后完成作业	作业提交率	90%	85%	第 x 周作业太难
	听课后完成作业并达到优秀标准	优秀作业率	30%	10%	第 x 周的课程实操不够
体验完成	听完课程后退课	退课率	低于 5%	2%	退费原因：跟不上节奏
	听完课程后给出差评、投诉	差评率	低于 5%	5%	差评原因：点评敷衍
	听完课程后，对课程整体打分	课程总评分	9	8	需要向用户寻问原因
	购买课程后推荐给身边的好友	课程推荐率	20%	10%	未推荐原因：性价比低

从用户视角来看，用户会先看到课程广告，再购买。这个阶段对应的是广告点击率、课程购买率。

用户够买课程后会听课，如果是训练营，那么用户会写作业、提交作业、看直播等，这整个过程中对应的数据有每节课的课程完播率、作业提交率等。

当用户体验完所有课程后，可能产生打好评、打差评、投诉、想退课、把课程推荐给别人或复购的行为，这个过程中对应的数据有差评率、课程推荐率等。

你会发现，每个数据指标都有目标。目标最好设定得合理但有挑战性，因为我们的目标是迭代，而不是自我满足。如果实际值满足目标，则用红色标注；如果实际值未达目标，则用绿色标注，这样分析时更直观。

无论数据是否达标，都在"原因分析"一列分析可提升的点。考虑到篇幅，表 11-5 只做了简单的原因分析。实际分析时越详细越具体，越有利于迭代。

迭代方案要从根本上解决"原因分析"一栏提出的问题。

还有一点至关重要，即课程的盈亏，如果课程评分特别高，但是入不敷出，那么也是需要迭代的。

总结下来，课程可以从三个角度迭代，分别是课程销售角度、用户体验角度、盈亏角度。

10.3.1　课程销售角度

课程销售角度主要看三个数据，分别是广告曝光量、广告点击率、课程购买率。

1. 广告曝光量

假设你正在通过短视频或公众号文章推广课程，但发现播放量和阅读量均偏低，这可能由以下三个原因导致。

◎广告素材缺乏吸引力：例如，标题可能不够引人入胜，视频可能过长，或者文案可能无法吸引读者的注意力。

◎推广平台选择不当：也就是说，你可能在一个目标用户并不活跃的平台上进行推广。

◎推广平台本身流量不足：这是一种常见的情况。如果是这种情况，那么对流量或粉丝数量的分析就显得尤为重要。

2. 广告点击率

你可能正在通过短视频来推广你的课程，用户可以点击链接（例如小黄车链接）来查看课程详情页。如果点击率较低，那么可能是以下原因造成的。

◎广告素材未能触及用户的需求：你的广告素材可能没有针对用户的实际问题或需求，这就减少了他们点击的兴趣。

◎广告吸引的用户群并非目标用户：你的广告可能吸引了一些并非你的课程目标用户的人，这导致他们看过广告后并没有进一步点击查看。

3. 课程购买率

"如何将产品卖出去"是一个庞大的课题，它值得我们用匠人精神去研究。任何一个看似微不足道的因素都可能对成交量产生影响。

如果购买率低，那么可能存在以下原因。

◎ 课程价值不足。当用户不愿购买课程时，可能表明课程本身的吸引力还不够。如果你已经创建了引流课程，那么你可以与那些不愿购买的用户交谈，了解他们不购买的原因是没有时间学习？课程周期过长？课程大纲不符合他们的预期？还是课程的价值不符合他们的预期？如果用户选择购买竞品课程而非你的课程，那么你可以询问他们你们之间的差距在哪里。作为课程制作者，你可能难以理性地评估课程产品的价值，这时候，听取用户的反馈可以帮助你更客观地找出原因。

◎ 目标人群定位不准确。如果课程目标人群是 A，但实际吸引的是 B，那么即使产品再好，也难以让用户买单。这时，需要审查用户看到的素材，检查是否存在误导用户的词汇或模糊的宣传。例如，课程是关于领导力的，但如果宣传素材过多地强调了情商，那么尽管情商和领导力有关联，还是可能误导用户认为课程是关于情商的。

◎ 销售话术不够有说服力。如果你的课程有人工销售环节，那么需要复盘销售话术和技巧。关于销售，市场上相关的书籍和技巧层出不穷。然而，销售的本质是说服，是为合适的人群提供他们需要的方案，真诚是它的底色。在销售过程中，口才和文笔并不是最重要的，最关键的是，是否让用户感受到真诚、是否了解用户的痛点、提出的解决方案是否突出了课程特色、是否符合用户的需求。

◎ 引流课不够有吸引力。如果你已经做了引流课，但购买率仍然低，那么你需要检查引流课的体验周期是否太长、用户体验是否一般、是否错过了卖课的时机等。这时，你需要进一步分析引流课的评分、听课率、作业提交率等。如果这些数据都很差，那可能说明引流课的体验不好，你需要优化引流课。此外，还需要给引流课的用户进行分级。通常，听过课程或完成过作业的人，购买意愿远大于未听课的人。如果这部分人依然没有购买，那么问题可能不在引流课，而在课程的价值。

◎ 课程详情页不够有吸引力。如果你是通过课程详情页进行销售的，那么分析起来会相对容易一些，但可分析的细节依然很多。例如，详情页是否美观、文案是否有力、是否清楚地传达了课程卖点、是否触动了用户的痛点等。

10.3.2 用户体验角度

优化用户体验，是迭代非常关键的一点。

用户体验的影响因素如下。

课程完播率：课程趣味性、课程时长、课程易懂程度等。

单节课程评分：课程趣味性、课程节奏、课程易懂程度、讲师表现力等。

单节课程讲师评分：讲师表现力、讲课状态、干湿货比例、讲师资质等。

作业提交率：课程的实操性、作业难度、日程安排的合理性等。

优秀作业率：作业难度、用户基础等。

退课率、差评率、课程总评分和课程推荐率反映了用户的整体体验，而非局部体验，因此可以向相关用户咨询原因。

我来告诉你一个方法，先发放调查问卷，再一对一访谈。调查问卷的设计如表 10-6 所示。

表 10-6

问题序号	问题描述	选项
1	入营以来，您每天花费在课程上的时间是？	a. 30 分钟以内 b. 30~60 分钟 c. 60~90 分钟 d. 90 分钟以上
2	您如何评价这段时间的学习节奏？	a. 很难跟上节奏，任务太多 b. 能跟上节奏，任务数量适中，有挑战性 c. 节奏松散，缺乏挑战性
3	您对班主任的满意度是？（1~10 星，1 星代表非常不满意，10 星代表非常满意）	填空
4	您对录播课讲师的满意度是？（1~10 星，1 星代表非常不满意，10 星代表非常满意）	填空

问题序号	问题描述	选项
5	您对班级社群服务的满意度是？（1~10 星，1 星代表非常不满意，10 星代表非常满意）	填空
6	在录播课中，对您帮助较大的课程是哪些？	填空
7	在录播课中，哪节课程让您觉得收获一般？	填空
8	您一共完成了几次作业？	a. 一次 b. 两次 c. 三次（全部完成） d. 一次也没完成
9	哪次作业让您觉得很难，甚至难以下手？	a. 第一周作业：xxxx b. 第二周作业：xxxx c. 第三周作业：xxxx
10	回想学习旅程，有没有让您觉得惊喜、快乐的瞬间？这样的瞬间是在怎样的情景下发生的？	填空
11	有哪个瞬间，让您觉得有些失望？	填空
12	您有多大可能会向亲人、朋友等推荐我们的课程？（1~10 星，1 星代表完全不可能，10 星代表极有可能）	填空
13	您愿意接受我们的电话回访吗？	a. 如果愿意，请留下姓名＋电话 b. 不愿意

注意：在此表格中，"填空"表示需要填写的部分。

回收调查问卷后，对愿意接受回访的用户做一对一访谈。可以在提交调查问卷的用户中，重点关注打分最低的、答案最有实践意义的、答案在预料之外的。

一对一访谈问题的设计如表 10-7 所示。

表 10-7

问题序号	情况	问题描述
1	用户对觉得某节课的收获感不强	你是觉得这节课可有可无,还是觉得这节课很重要但是讲师没讲好? 这节课分别讲了 A、B、C、D 知识点,其中哪个知识点你觉得没有理解?没理解的原因是缺乏案例,还是没讲清楚
2	用户对社群服务打分很低	你对社群服务的整体感受是怎样的? 你对社群服务的期望是怎样的,能否描述一下
3	用户对录播课讲师打分很低	你对录播课讲师的整体感受是怎样的? 你对讲师的期望是怎样的,哪些特质非常重要
4	用户未完成某次作业	我看你未完成第 x 周的作业,具体原因是什么?是没有时间吗?还是作业太难?还是课程没讲清楚方法
5	用户觉得跟不上节奏	从第几周起,你开始觉得吃力? 觉得吃力的原因是什么,是这周的课程太难了,还是这周的任务太重了
6	针对惊喜、快乐的瞬间	能否详细描述一下这个情景,我们以后会多制造这样的机会
7	针对迷茫、想放弃的瞬间	能否详细描述一下这个情景,我们以后会减少这种情况的发生

10.3.3 盈亏角度

盈亏角度和销售角度关联,只是它涉及成本和购买人数。

如果做小课,课程中只有录播课,那么即使短时间内亏本也不必担心,你只需持续迭代用户体验和销售方案。

如果做训练营,有服务成本,那么每期训练营的盈亏都至关重要。因为每运行一期,你就会投入一次成本。需要注意的是,一次性的启动成本可以不算在成本里,例如录课的钱。如果每期都亏本,那么即便营收再高,模式也是不健康的。

营收 = 课程价格 × 用户基数 × 课程购买率

如果课程很好卖,例如购买率高达 50%,但用户基数太少,那么需要着重提升前期的广告曝光量、广告点击率。

如果吸引来的对课程感兴趣的人很多，但课程购买率很低，则需要优化推广方案和产品价值、人群精准度。

单期运行成本 = 推广成本 + 服务成本

关于推广成本，在企业中，有些公司会选择在抖音等平台进行课程推广。如果推广所花的费用过高，那么可能需要计算人均投入成本。例如，如果花费 30000 元投放广告，最终有 100 人购买课程，那么人均投入成本是 300 元。接下来，还需要计算这 300 元在课程价格中所占的比例。如果占比高，则可能说明吸引来的人群不够精准，或投放的广告不够有吸引力，或投放平台选错了。

关于人力成本，在企业中，一门课程需要服务团队、运营团队和销售团队支撑，这时候，需要计算人均服务成本。如果人均服务成本远高于预期，那么除了要提升服务人员能力，还要回到选题阶段，考虑课程策略是否需要调整。

迭代是一件需要长期坚持的事情，并非一次就能完成。有时候，我们需要控制变量，反复尝试，才能找到导致某个现象的真正原因。这个过程可能漫长，但正确。

关于高效迭代思维，以下几点值得我们深入思考。

◎ 保持数据真实性：我们无须夸大数据的影响力，而应保持其真实性。我们的目标不仅仅是让数据看起来好看，更重要的是让课程能够长期健康地运行。

◎ 注重用户体验：我们无法仅仅依赖数据进行迭代，因为数据本身是冰冷的。用户的真实感受才是最有价值的反馈。

◎ 保持敏感：我们需要对微小的变化保持敏感，以便发现本质问题。有时候，一两个关键词的微小差别就可能对结果产生巨大影响。例如，"自媒体写作3 天训练营"和"零基础写作 3 天训练营"是两个完全不同的课程标题，它们吸引的是不同的人群。这种微小的差别会直接影响到受众定位的精准度和转化率，就像蝴蝶效应一样。因此，去发现这些微小的细节，通过具体分析有效迭代。

◎ 控制初期投入：如果可能，我们应该控制初期投入。在课程领域，如果一开始投入过大，那么一旦出现问题，迭代的速度就可能跟不上，调整起来也会非常困难，就像交通堵塞时，驾驶赛车的人反而不如步行的人走得快。

第 11 章

访谈：做课的真实故事

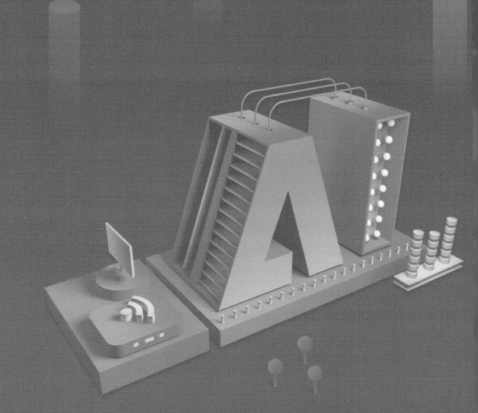

11.1 从一个人的故事中，我们能了解什么

我平时很喜欢看各行各业的名人访谈，因为它们真实。

我喜欢有情绪、有细节的真实经历，我好奇那些行业牛人是怎么把一件事情做成的，这背后有哪些细节是我们不知道的，以及他们有怎样的信念和思考、怎样的欲望。

我猜你和我一样，也会对人和故事充满好奇。

本章出现的三位受访者都没系统地学过做课，可是都做成了。这说明，做课不仅需要方法，还需要心法。

他们的初心也很有趣：曾焱冰老师抱着试试看的心态做课，越做越发现有意思；小丰老师也很坦率，直言是为了打发时间才做课；风尘散人老师则是在朋友的邀请下开始做课，不好拒绝，后来边做课边想"跑路"。

我想，这样才真实。

接下来，我会告诉你每位嘉宾的特点，以及你可以关注的点。

11.2 节是对曾焱冰老师的采访，她曾出版 4 本畅销书，分别是《爱就是在一起，吃好多好多多顿饭》《你是这世间所有的美妙》《生活，朴素且散发光芒》《没完没了的好时光》，她也曾是《VOGUE》中国版编辑部主任。

她发起了两个训练营，一个是"21 天早起光芒打卡计划"，一年内已举办了 8 期；另一个是"自由灵魂书写计划"，半年内已举办了 4 期。

她没有"苦哈哈"地努力，而是每天乐在其中，用户学得也不费力，每天乐乐呵呵地就把目标达成了，这种松弛感实在令人"嫉妒"。

如果你要做训练营课程，那么可以重点关注此节。

11.3 节是对小丰老师的采访，他曾出版《小丰现代汉语广告语法辞典》。

他做过付费社群"小丰广告研习社"，在这个社群的知识星球上，用户总是自发交流。他做了"《小丰现代汉语广告语法辞典》讲书课"，目前课程在帆书（原樊登读书）平台的评分高达 4.8。

如果你要做小课或付费社群，那么可以重点关注此节。

11.4 节是对风尘散人老师的采访，他的代表作品为悬疑小说《摸金天师》和《寻龙天师》，前者在喜马拉雅平台的播放量 88 亿。他曾讲授小说写作课，好评率达 90%，结营的那一天，很多用户都哭了，不舍，这是罕见的现象。

如果你要从经验中萃取知识，可以重点关注此节。

　　11.5 节和 11.6 节是本书作者的做课经历。我想，这些故事和经验，一定能给你带来启发。

11.2 一个人启动两款训练营，课程复购率高达 60%

　　曾老师的课程，像被施了魔法。我说几个现象，你便明白了。

　　别的训练营讲师要挥着"小皮鞭"，用户才会不情不愿地完成作业；而在她的班级群，没有人汗流浃背、废寝忘食地努力，大家乐呵呵地就达成了目标。别的训练营的班级群总是只有讲师发言，冷冷清清；而她的班级群每天都很热闹，甚至偶尔还会组织云品酒、云聚会。别的训练营在结营后，用户都会有"松了口气"的感觉；而在她的训练营结营时，用户会意犹未尽，催着她快点儿开始下一期。曾有用户说，21 的天课程结束了，接下来，我们还要一起走过 210 天。

　　于是真的有那么一批用户，跟着她连续学了 8 期，整体复购率达到了 60%。若不是亲自参加，我是很难相信这种现象的。不过，我不参加倒好，一参加便一发不可收拾，如今，我已经复购 5 次了，下次还会购买。

　　然而，她的起步流量并不高。她推出的"21 天早起光芒打卡计划"和"自由灵魂书写计划"的价格也没便宜到"不用眨眼"就能复购。

　　我好奇她究竟是怎么做到的，于是发起了这次采访。随着她缓缓地讲述，我开始明白为什么她能做得如此成功。

　　她的回答，没有高谈阔论，反之，具体到琐碎。例如，她会兴奋地谈起"有一天，我把一张 INS 风咖啡图设为打卡背景"这种细节。这也在情理之中，因为一个实干家的回忆里不会有抽象的焦虑、形而上的概念，而是那些"润物细无声"的细节。

　　她没有跟随市面上做课的方法论，她的每个设计都有自己的逻辑，都从共情出发。她说，她总是"附身"在用户身上，思考用户在想什么、需要怎样的体验。

　　能做到这样善解人意，已然是一位用户体验设计高手，可以自成一派。

　　想来也是。若只是从方法论出发，做出的课程便如提线木偶，没有灵魂，顶多四平八稳。若能从人心出发，课程便有了灵魂，有了生命力，效果才会突破人们的想象。

　　我希望，每个教育领域的做课者，都能成为如她一般心细如发、洞察人心的实干家。

人物小档案

曾焱冰老师，作家，已出版图书《爱就是在一起，吃好多好多顿饭》《没完没了的好时光》《你是这世间所有的美妙》《生活朴素，且散发光芒》。

当当影响力作家。

置爱品牌创办人。

曾任《VOGUE》中国版编辑部主任。

视频号 / 小红书 / 微信公众号：曾焱冰

课程信息 1

课程名称：21 天早起光芒打卡计划

课程体量：16 次时间管理线上课程、3 次复盘作业 + 辅导点评、21 天早起打卡活动、21 天每日早读分享、21 天每日探讨训练

拼团价：699 元

复购率：60%

课程信息 2

课程名称：自由灵魂书写计划

课程体量：35 天写作打卡活动、2 次命题写作 + 辅导点评、8 次文学下午茶拓展阅读、30 节线上课程、35 天微信群沉浸式陪伴

拼团价：999 元

复购率：55%

---

1. 从一个念头开始

是怎样一个念头，让您想到做早起训练营呢？

曾焱冰：我从 2019 年开始每天 4 点半起床，一直坚持到现在。2020 年，身边很多人被封在家，作息紊乱，我就试着建了一个"四点半起床俱乐部"微信群，没想到能有一百多人加入。我挺吃惊的，觉得这么"变态"的作息，居然会有这么多人感兴趣。

大家在群里都很兴奋，争着定目标。但兴奋归兴奋，起不来的还是起不来，真正能早起的人还是少数。那时我觉得，渴望早起的人还是挺需要一些方法引导的。于是有了做早起课程的念头。

有人需要帮助，而我有经验，这其实就是一个最简单的供需关系。

当您有了这个念头以后，您是怎么构思课程的？

曾焱冰：我开始想这门课程面向的人群和课程定位。这个"四点半起床俱乐部"微信群的绝大多数成员是女性，年龄普遍在 30 岁到 50 岁之间，也有刚刚退休的女性，她们的生活品质普遍很高，并看重个人成长和持续学习。

这个年龄的女性一部分是未成年孩子的妈妈，她们的压力比较大，要面对工作、生活、教育、升学，等等。她们中有一部分苦于没有自己的时间，无法顾及个人成长和爱好，焦虑情绪比较重；另一部分已经摆脱育儿的重任，工作也比较轻松，已经退休或者做全职太太，状态更松弛一些，这部分人群早起的目的是有更好的生活作息和更多的个人成长空间，有更理想的生活状态。因此，我们这门课程的基调不是激进的，而是从容的、愉悦的、有所启发和成长的。我们早起不是为了更忙碌，而是为了更从容。在城市苏醒前这段无人打扰、绝对属于自己的时间里，做点儿令自己愉悦的事，例如，画一幅画、写一幅毛笔字、做一顿精致的早餐、锻炼、阅读或冥想，让一天开始得平静从容。而且，用最好的时光专注于自己的爱好和个人提升，是对自己的投资，也是为拥有更好的状态做准备。

早起不是目标，通过早起让人生向好的方向改变才是最重要的。所以我的这门课程的核心不在早起上，而是更关心如何为早上的时间做一个完美的计划、怎样让早上的时间变成高质量的独处时间、怎样提升早起后的专注力、怎样养成早起的习惯、怎样管理好一天的时间、怎样分辨日常生活中事务的主次、怎样规划长远人生，等等。

想清楚定位之后，我看了很多与早起、时间管理、个人成长和心理学相关的书。比较欣慰的是，书里的很多观点和我的想法不谋而合。我就像选品师一样，挑选出我践行后觉得特别有价值的内容，将之和早起实践融合在一起，让课程中的理论与实际能对应起来。

我发现您做事儿有一个规律：先有一个小念头，再去试试这件事儿有没有受众，若有，就快速地从小做到大，边做边研究。之前您发起国内餐桌美学时是这样，如今做课也是这样。

曾焱冰：

没错，有一个念头之后，就先去把它做起来，空想是没用的。有这么一个鲁莽定律：把事情先"搞起来"，你就成功了一半。

您觉得做课者第一步该干什么？

曾焱冰：我做早起训练营是从思考给用户送什么样的本子开始的，因为这是最让我兴奋的步骤。其实我觉得只要能启动，第一步做什么都行，从感兴趣的部分入手，能"哄着"自己去行动是最重要的。

您当时做课的初心是什么？

曾焱冰：

我做早起训练营，就是憧憬一种"在一个房间里，有花香、有蛋糕，每天早上和早起的朋友们互相分享小成就"的氛围。咱们的初心不必非要达到世俗意义上的崇高，只要能让你有动力去做就好。

例如，有的人做课，是想证明自己的学术水平；有的人做课，是想让人看到自己在行业内的地位；有的人做课，就是想赚大钱。这些初心都没毛病，能直接说出来挺好的，坦诚地面对自己内心的真实欲望才是最重要的。

2. 先决定不做什么

您的写作课程"自由灵魂书写计划"好像和市面上主流的课程不同，您当时是如何构思它的定位的？

曾焱冰：

我是从不做什么开始构思的。

我研究了一下市面上的写作课，主要分为两种。第一种是写作变现类的课，偏向新媒体写作。这种课目的性非常强，直奔变现。例如，21 天让你写出阅读量超过 10 万的文章，或让你通过写稿月入上万，等等。这种肯定不适合我，因为我自己都做不到 21 天写出阅读量超过 10 万的文章呢。这种课比较适合刚毕业想多赚点儿钱的年轻人，不太适合我的客户群体。

第二种是文学性强的，例如写书评、写影评、写小说、做人物采访。这类课程比较专业，用户往往是文字从业者，也不适合我的客户群体。

一直以来比较信任我、愿意跟随我的人和早起训练营的群体一样，她们学写作不是为了变现，也不是想从事文字工作，而是纯粹想更好地记录生活、抒发情感，更好地表达自我。所以，这门课程的定位是生活类写作，通过写作自由地抒发自己的感想，痛快地表达自己，享受文字带来的愉悦。

这种排除法特别妙。

曾焱冰：

有时候我觉得，想清楚不做什么比想清楚要做什么更重要。

确实也不能太贪心，课程定位不能太广，其实能把一类人群服务好，我觉得就已经很难得了。

您的"21 天早起光芒打卡计划"和"自由灵魂书写计划"，团购价分别是 699 元和 999 元。您在给课程定价前，是如何思考的？

曾焱冰：

其实也是先想清楚不做什么。我简单调研了一下，发现市面上的课程有三种价格定位。第一种是高价训练营，价格在五千元以上，既有课程也有服务，幕后有庞大的服务团队在支撑，这种课程往往只有大平台能做得起来。第二种是相对低价的训练营，价格在两千元以内，有课程和服务，一个小团队是可以运作起来的。第三种是一百元以内的小课，没有服务。

我根据自己的情况分析了一下，首先确认我不适合做特别便宜的课。虽然做小课是最轻松的，录完直接卖就好了，不需要服务，但它更适合粉丝基数大的平台，例如，有的人公众号粉丝数有一百万，那哪怕卖 9.9 元的课程也可以。我的流量还不够，当时我的 VIP 粉丝也就三百人左右。

高价训练营同样不适合我，我没有专业团队，无法承接那么重的服务。比较适合我课程的价格定位是一千元左右，我可以提供比较好的服务、互动体验和课程内容，我的运营能力也是合适的。

3. 重视体验，从共情出发

您的课程复购率很高，这是很多课程梦寐以求的，您做课有什么方法论吗？

曾焱冰：

起初我没想过回购率，也完全没想到会有一些用户反复买了 8 次，对于当时而言，这都是太远的事儿了。当时我每天都在做的一件事，就是把自己"附身"在用户身上，去想她们在想什么、她们需要什么。所以如果问我做课的方法，我想就是从共情出发吧。

我看了用户评价，她们都说这两门课程性价比很高。

曾焱冰：我是典型的摩羯座，平时买东西就比较注重性价比，同样地，我做的课程性价比也要过得了自己这关才行。例如早起训练营，也不是什么岗位技能性的课程，拼团价 699 元也不算便宜，那怎样才能不辜负用户呢？毕竟谁的钱都不是大风刮来的。

从课程的外在来说，"21 天早起光芒打卡计划"一共持续 21 天，含有 16 次线上语音课程、21 天早起打卡活动、2 次班会、3 次作业和一对一点评、21 天早读分享和社群陪伴。这是我比较满意的性价比。

但外在的性价比还远远不够，现在市面上每个训练营的框架都差不多，有时候只看宣传，500 元的课程包含的内容比 5000 元的课程都丰富。所以要让用户在体验后也觉得值才行，不能人家报名之后发现实际体验和宣传上说的不是一回事儿。一门课程的核心竞争力是体验，是每个做课人要跑的"最后一公里"。

我们聊聊体验细节。我在群里发现，大家每天都会互相赞美，氛围特别融洽，这一点，您是怎么做到的？

（用户评价：21天早起光芒打卡计划群是她加入过的整体素质最高、氛围最好的社群。）

曾焱冰：

人加入一个社群是为了什么，如果说只是想学知识，那其实只听课就好了。社群的本质是一个群体。任何人在群体当中都渴望被看到、被尊重。

拿 21 天早起光芒打卡计划来说，我们每天 4:00 至 8:00 有一个早起打卡活动，我们鼓励用户把打卡图发到群里，聊聊早上做了什么。有的人会发自己做的精致早餐的图片，有的人会发健身图片，有的人会发自己画的画，简直就是一场视觉盛宴。这其实就是一个"秀分享"的过程，秀出来才会有动力继续坚持。

我会真诚地赞美每个人的早起成果。慢慢地，每个人发出消息后，都会有人赞美、鼓励，这是一种互相影响的氛围。当每个人都体验到当主角的快乐，被赞美、被肯定时，大家会更有成就感，更愿意坚持。每个人都希望被友好对待，在这样的氛围里，也会这样以同样的方式对待别人，这是一个良性循环。

人都渴望被看见、被赞美，这一点，不分年龄、性别、职业。

我看到您还会把用户拍的照片当作打卡背景图。

曾焱冰：

我把系统自带的打卡图换掉了，每天的打卡图都不一样。例如，今天是那种美美的 INS 风咖啡美图，明天是早餐图片，每期都有一个主题，每天都会有一种新奇感。群里的用户都是生活美学家、艺术家，我从她们每天早晨发的早餐图、花艺图、手绘作品中挑选出优秀的作品作为打卡图，这是最好的激励。

其实我们都知道，打卡活动本身并不值钱，因为任何人在任何地点都可以打卡，但如果将这种打卡联动更多的氛围感、细节设计，就会与众不同。

很多用户复购的原因之一，就是氛围吧？

（用户评价：向群里的姐妹们学习如何生活、如何处事，是我参加课程的一大重要收获；感谢群里的同学，让我看到梦想的生活状态，让我找到努力的方向。）

曾焱冰：

对于复购的用户，她们其实早就听过我所有的课程，为什么她们还会来？虽然复购价格很优惠，但我想这不是关键原因，社群氛围好才是最重要的。课程群每天都是"沸腾"的，从早嗨到晚，朝咖暮酒，互相分享人生感悟、互相激励，社群交流本身就是学习，而且是非常重要的学习。

几乎所有老用户都会自发地帮助新用户，这是一个很神奇的现象。

曾焱冰：

这可能是吸引力法则，有一个人主动帮忙，其他人也会跟着一起帮忙。

社群里有一些很热情的用户，她们就像精神领袖一般。有她们在，这个班级的氛围就会很好。

这种有光芒的人，我会格外关注，并邀请她作为班委，免费参与下一期，让她用光芒照亮新的用户。

再谈谈作业点评，我发现您在点评作业时，似乎对对方很了解。这一点您是怎么做到的。

曾焱冰：

拿"21 天早起光芒打卡计划"举例，在用户购买课程时，我们会让她填写一张课前调查表，这张表包括职业、对早起的诉求、这 21 天的目标，我会将这些信息存档。所以，从她们报名的那一刻起，我就已经开始关注她们每个人了，平时我也会观察她们在群里的状态。

当我知道面前写这个作业的人是谁、在苦恼什么、想做什么时，我就有了点评的对象感。最终落到点评上面，我不会仅基于课程本身，也会基于我平时对她们的了解和判断点评。

很多用户都会感动于您的作业点评，这方面您有什么技巧吗？

（用户评价：谢谢老师用心而专注地点评每份作业，您的工作量巨大，除了点评，还要准备课程，凡事亲力亲为，我要向您学习；谢谢你细腻和充满鼓励的点评，已经截图发给家人，和家人一起分享；收到了特别用心的点评和巨大的鼓励，超有能量。）

曾焱冰：

真诚就好。我们有两次半命题作业，每个人写的文章都不同，每一篇文章我都会认真看，揣摩作者想表达的意思，顺着他们的原意给出修改建议，我不会把自己的意见强加给他，但也不会一味空泛赞美，一定会从专业角度提出建议。对任何一篇文章的修改，我都是很细致的，有点儿像专业编辑对待稿子，就连一些"的、地、得"混用和标点错误，我也会帮她们指出。有时候用户交上来 700 字的文章，我的点评就有 1500 字。做用户时，我是很看重老师亲自点评的，所以我也希望以己之心待人。

不觉得麻烦吗？

曾焱冰：

我觉得最重要的是，你抱着怎样的心态对待点评。要是抱着赶紧完成任务的心态，那其实也能很快点评完一份作业，但谁也不傻，用户能感受到你的敷衍。要是你真心在与对方交流，那么他们同样能感受到你的真诚。这事儿将心比心。

我作为用户参加感兴趣的训练营时，最看重的就是老师的点评，例如我学水彩，参加很多老师的水彩训练营，如果这个老师的点评是一对一的，点评得也很认真，那我就会对这门课程印象非常好。如果是助教来点评，或者每次只是夸一两句"真好""色彩感越来越好了"，我就会觉得非常失望。点评环节是所有课程里最核心的地方，也是最值钱的地方，人家倾注了心血，花了这么多时间完成作业，其实就是想得到老师的建议。

还是那句话，人人都渴望被看到、被尊重，这是人性。

4. 不做反人性的课

咱们群的用户从不做废寝忘食的努力，都是乐呵呵地就把目标给完成了，这是为什么？

（用户评价：以前的计划和早起，只是为了完成任务，很累，根本坚持不下来。现在，在曾老师的引导下，我享受其中，这是完完全全属于自己的美好时光。）

曾焱冰：

我不会和人性对着干。人性毕竟是客观存在的，我们要承认它。

我不做反人性的引导。例如，坚持早起，在很多人看来是靠严格自律、强大的意志力。实际上我觉得极少有人长期坚持一件事是仅靠自律和毅力的。有句话叫无利不起早，说的就是人性，人一定是感受到了早起的"利"之后，才会坚持。这种"利"，可能是早起带来的独处的清爽感受、从容感、利用安静时间做事情的成就感、早睡早起带给身体的良性反应，等等。

如果在"苦水"中冲刺，那么一味逼着自己自律，也许短时间有效，但长期是不可能坚持下来的。在我的课程理念中，无论是早起还是写作，都是一辈子的事，而不是一阵子的事。要找到这件事带给自己的"利"在哪，然后去做，才能坚持和有所突破，没必要因为一时做不好、做不到而陷入自责。

如果没做好或坚持不下去，那么首要的不是责怪自己，而是分析一下，是不是因为没找到享受的点？是不是这个努力的方向不适合自己？要从根源上解决。

中国的"学生"不管多大年龄，都特别容易陷入自责，从小的教育让他们总觉得自己不够努力、不够有毅力、不会坚持，但从人性的角度去看，努力、毅力、坚持背后都是乐趣在支撑，成年人学习任何东西，前提都是乐趣，所以，做课不能只对问题负责，也得对人负责。

怎样激发用户的兴趣，能否举个例子？

曾焱冰：

我们的写作课有一个"置爱文学下午茶"时间，采用线上文学沙龙的形式，目的是拓展用户的阅读兴趣。每周三下午两点，我带领用户一起，喝着咖啡、在群里听故事，和大家共同讨论一些文学作品。

其中一次的主题是"文学与酒"，我从作家海明威解放丽兹酒店说起，聊到他爱喝的马蒂尼、巴黎之花香槟，等等。循着这个主线，进一步分享很多小说中关于酒的故事和酒的描写，这期间也会拓展很多八卦话题，例如，海明威在丽兹酒店喝的"胜利之酒"是哪一款年份香槟？毛姆《刀锋》里提到的让索菲丧命的伏特加到底是什么味道，等等。

在语音讲述的过程中，我会把相关的资料和图片发到群里，大家就像看电影一般，一边看，一边听这些文学故事。这个环节她们都很喜欢，一方面燃起了对其中作品的兴趣，会跟着每期提到的书单阅读；另一方面也拓展了自己的文学视野，以轻松的方式对作家和作品有了新的了解。

这种方式很新颖，您是怎么想出来的？

曾焱冰：

其实也是从人性开始，人都讨厌枯燥，讨厌一本正经、照本宣科，喜欢听故事、谈论八卦。

大家都有同样的感觉，就是我们从小上的语文课都是非常死板的，引不起我们任何对文学和写作的兴趣。如果老师能给我们讲一个故事，里面涉及三、四本书的内容，还附带一些八卦，那么我们很可能就忽然对某一个细节感兴趣了，进而去读这些书。

这个兴趣是"不定向发射型"的，可以发射到任何地方，八卦也好、知识也好，能激发阅读的兴趣，就是我想要的。

我发现您聊天很实在，您的课程也没什么"黑话"。

曾焱冰：

其实有一阵子，我也企图学一点儿"黑话"的，显得自己也很专业很高级的样子，但我发现，没什么意义啊。与其学这些，不如研究自己真正想做的事情。

其实我的课程用户都随我，都和我有同样的审美趣味，要不然她们怎么会聚集在置爱这个平台上呢？她们都是向往美好的，渴望上进的，而不是想听一些"赋能""抓手"之类的大词儿。我可以让自己在任何套路之外，只要做的事情是实实在在的，大家喜欢的就好。

5. 边做边学

"21 天早起光芒打卡计划"和"自由灵魂书写计划"都有很多音频课，这些课程都配了舒缓的音乐，这背后是有什么思考吗？

曾焱冰：

我本身也是学习者，会听很多语音课程、上各种形式的课。在我决定采用语音形式授课后，又专门去听了一些音频课。我分析了一下自己，我不是专业的播音员，声音还是有瑕疵的，语速也比较平缓，有点儿"催眠"。我录完第一节音频课，发给朋友听，她说："你中间要加点儿间隔，要不然，我这种理解能力的人听起来都会有些吃力。"于是我学着用音乐增加节奏感、间隔感，以背景音乐去修正内容结构。

这些课是您自己剪辑的吗？

曾焱冰：

现学现卖，音频剪辑是现学的，买了专业设备录音，然后用免费软件剪辑。我的团队很小，很多事情必须自己做，这样也不错，可以更好地掌控自己所做的东西。

有提前写逐字稿吗？

曾焱冰：

会写逐字稿，也要边念边改，因为有时写出来和读出来的感觉是完全不一样的。写出来很容易理解，读起来却很别扭，所以我会一边录一边改，一边改一边录。

这 16 节课当时是花了多长时间做完的？

曾焱冰：

差不多有两个多月。

您在每期训练营结束后，会做些什么？

曾焱冰：

我会分析每节课的数据，如果有的课程有人反复在听，就说明这节课值得保留。读到新的好书，我会把对新书的解读加在课程里，不断更新。

您好像也放弃完美主义了，哈哈。

曾焱冰：

对，我总劝用户要放弃完美主义，其实我自己也在改变。完成比完美重要，因为怎么都不可能完美，要是一期有什么不足，我就在下一期补足。

放弃完美不代表停止进步。我有一个原则，就是这一期一定要比上一期好，每次都更好一点点，更贴心一点点。

6. 开始吧，从招两个用户起步

新手没有什么流量，如果要做课，那么您会对他们有什么起步建议呢?

曾焱冰：

我觉得还是先搞流量。比方说，我要在公众号开一门课程，但我的粉丝只有三个，一个是我，另外两个是我爸妈，那课程干脆就别开了。

当然，我说的并不是一定要有十万、百万级别的流量，而是首先要有认可你的一小圈人。这一小圈人要信任你，在这个基础上，几十人也好，几百人也好，重要的是先要给自己建这么一个圈子。

这个圈子有基数吗?

曾焱冰：

最少两个人吧。只有一位用户是少了点儿，两位用户好一些，要是有三位用户都能凑一个小组了。

我的一个朋友是自由画家，但她不善于社交。有一天，她对我说："不行，我得'支棱'起来，我要做课，哪怕就俩人我也要开班!"我跟她说："这就对了。"

只要有人愿意跟随你，你就可以开课，如果口碑好，那么这些人可能会带来更多的人。用户的数量就是这么一点一点地积累起来的。

你可以先从一个微信群开始，在微信群里做一些分享，可以免费，建立认可度，然后慢慢地一步一步扩大流量、开设课程。

有没有什么是第一次做课一定要想清楚的?

曾焱冰：

要想清楚做课的立足点，也就是为什么你能做课，你的课有什么价值。

这个前提是，要确保你的特长是能说服人的。比方说我做"21 天早起光芒打卡计划"，是因为我已经坚持早起很多年，而且可以把方方面面的知识系统化。

写作课的立足点其实我找了很久，今年才开始做。这是因为我之前有心理障碍，会觉得教写作这件事儿特别"高"，只有余华和莫言这样的大作家才够得着，一般人不配去教。我虽然出过几本书，当了十几年编辑，但也不能代表什么。

但是，慢慢地，我找到了自己擅长的切入点。例如，我出版的书都是围绕生活美学的，记录自己生活中的小确幸，自由抒发感想。而且，我也是做过十几年改稿编辑、主编的，特别知道如何让一篇文字呈现得更好，这些都是我能提供给我的用户群体的有价值的东西。

任何一个人，就算没有非常耀眼的成绩，也会有特长。例如擅长做手工，或者特别会理财，或者擅长处理婆媳关系。别管会什么，只要你相信这是你特别会的，对别人有价值，就可以。

如果让您给想要做课的人提三个"唯心"一点儿的建议，您会说什么？

曾焱冰：

第一，要立住一个信念。告诉自己"这件事我比很多人做得好，别人跟着我学，也会变得更好"。一旦你有了这个信念，就可以一点一点地证明自己究竟有多厉害，在你证明的过程中，你就已经启程了。

第二，不要放过任何心动的瞬间。如果有一个念头让你兴奋到夜不能寐，那就试着告诉身边的人，自然会有人帮你的。也许有的人会给你介绍用户，有的人会给你提供建议，有的人会给你提供平台，这是吸引力法则。

第三，一定要坚持到第四期。这也是我的老师告诉我的，因为前三期一般都是卖给熟人的，第四期才是你的实力。等你把"脸面"刷完了，熟人给你的人情也到位了，要是还有人愿意跟着你学，那才是真正的消费者。前面要咬牙坚持过去，哪怕只有一位用户，也要坚持把课上完。

11.3 从文案高手到受欢迎的讲师

小丰老师是一个话不多的"狠角儿"，他一旦决定做一件事，就不会纠结，不会在意自己是不是第一个吃螃蟹的人，也不与外人道，而是直接做出结果。

20 年前，他花光积蓄，只为出一本《小丰现代汉语广告语法辞典》，彼时这些钱可以在北京买一套房。后来这本辞典的二手签名版最高被炒到接近 3000 元，一年印刷 5 次，目前他在为 20 周年纪念版做修订。

后来他创办了北京世纪瑞博品牌策划公司，带领公司低调服务了 60 多个项目。

5 年前，付费知识社群尚未完全兴起，他便创建了"小丰研习社"文案社群，如今，用户对社群的热情比他还高。

1 年前，他出品了"《小丰现代汉语广告语法辞典》讲书课"，这门课评分高达 4.8，评论区总能看到洋洋洒洒发自肺腑的长篇好评。如今，他在打磨一款新的写作训练课。

他做的事情，"轰轰烈烈是必然,后劲儿大到人传人"，他不仅狠在胆量，也狠在品质。

每做一件事，他都会亲手将自己"雕刻"一番，在一钉一锤中，试探极限。"不疯魔不成活"，所以他常说自己是疯子。只是这些过程，他并不常与外人道。

"有魄力""有胆识"这些形容词用在他身上也变得扁平了起来，他是"先虎胆，后匠人"。

为什么我会说这些看似与做课无关的话呢？

其实每个人做出的课程都反映着自己的为人，都有自己过往的缩影，做课就像照镜子。例如，浮躁的人做课程也不会太扎实，而对自己有要求的人做的课程也不会太差。

大多数人，包括作者自己，都做不到对自己这么"狠"，但总可以有这么一种追求。

采访再一次颠覆了我对他的印象。他说话惜字如金，但字字有力，没有一句废话，分析问题一针见血。他并没有把"狠"体现在做课方法上，相反，他把做课方法讲得简单易懂、直击要点，且体恤新手。

他的话可能比较"戳人"，但如果在做课之前能看到这一番话，那么绝对是幸运的。

人物小档案

小丰老师，毕业于中央戏剧学院。

获得长江商学院 EMBA。

著有《小丰现代汉语广告语法辞典》。

世纪博瑞公司创始人。

知识星球"小丰广告研习社"创始人。

"《小丰现代汉语广告语法辞典》讲书课"制作人。

以下是采访正文。

您之前讲线下课是围绕什么主题进行的？每次课程持续多长时间？

小丰：

我只讲自己能力圈里的那点儿事儿。主题集中在品牌传播和写作领域，例如"社会化媒体大变革""人生的第三部语法"，等等。我的极限连续授课时间是 3 小时，这也是听课人的极限吧。学习耐心和课程时长成反比。

您第一次讲线下课肯定也会紧张吧？如何缓解？

小丰：

说不紧张是不可能的，正常人都会紧张，不过先紧后张吧。丰富的广告提案经验帮助了我，我以前提案是面对十几个人讲，讲课要面对的人更多，所以我暗示自己"干脆就把讲课当作听众更多的提案，而且提案通过了就能签大单"，这样我反而兴奋了起来。一旦讲开了，就越讲越激昂。

在讲一节线下课之前，您会做哪些准备工作？

小丰：

首先了解讲给谁听、要达到什么样的目标，听众决定讲课内容和讲课方式。

然后逐页做 PPT，这个过程主要是自我梳理，把要点固定下来。PPT 有要点和亮点就够了，有些话要留给现场。

您一节课的结构往往是什么样的？

小丰：

我的课程结构很简单，首先提出问题，以现场互动的方式讨论问题，然后聚焦问题，最后解决问题。我比较喜欢化繁为简。

其实我认为，节奏比结构更重要，这句话同样适用于线上课。

问题还是那些问题，抓不住节奏就抓不住听众的注意力。我的节奏基本就是起承转合，但在承和转之间顿一下，有一个互动讨论。

您觉得内行人给外行人讲课，最容易出现哪些问题？如何克服？

小丰：

不能高估对方的理解能力，也不要低估对方的学习决心。

分享两个心得吧。第一，内行人给外行人讲课要当科普来讲，不要追求过于深入和专业的东西。对牛弹琴，错的不是牛，也不是琴，而是弹琴的人。第二，要讲大白话，不要过多使用专业术语，更不要讲行业"黑话"，收起卖弄的欲望。

讲课的本质，就是把专业知识转变为听众能听懂的语言，让听众把知识内化。

现在做课越来越"卷"，行业"黑话"越来越多，方法也五花八门。您觉得怎样才能直击本质，把课程做好呢？

小丰：

讲的人功利，听的人浮躁，这是很多行业的普遍情况。

"速成""快速变现"，其实都是迎合用户的营销话术。我会坦诚告诉用户学习是一件辛苦的事，是需要持续付出的事，没什么捷径、神药。当然，我依然会致力于总结出提升效率的方法。

我的知识星球入会简介中就明确注明：求秘籍仙丹者禁入。不能只讲方法工具，要讲原理和心法，否则用户永远只会模仿，只学些皮毛，无法把知识内化。讲真话、讲真谛，这样很不讨喜，也很难立即见效，但还是要坚持这两点。

没什么卷不卷，只有高与低，讲课者对自己有高要求，就不会卷。

我也希望新手做课者能坚守底线，这才是长期主义心态。

任何市场起初都会对有操守的讲课者不公平，也不友好，但我相信这也是行业发展的必经之路，已经在向好的方向转变，只是需要时间。

很多新手也有做课的想法，但是往往不知道第一步该做什么，您有什么建议吗？

小丰：

新手做课和外行做课不是一回事儿。

对于有底子但没做过课的新手来说，我很鼓励他们尝试做课，对于这些人，我有三点建议。

第一，先做线上课，线上课做好了再做线下课。

第二，要想办法和专业平台合作，他们的经验能帮你避坑。

第三，选题要选自己最擅长和最熟悉的，不熟不做。

但如果做课者自己都对知识一知半解，我就没有什么建议，只有疑问：外行为什么要做课？外行教外行，难道这就是传说中的"纯外教"？

您的"《小丰现代汉语广告语法辞典》讲书课"在筹备期间有过哪些关键的思考？

小丰：

决定讲我那本书的时候，我了解到不少听众是宝妈。这个群体一是零基础，二是我不熟悉，所以有个问题我必须考虑，即如何与她们建立连接。

讲课，首先要连接到听众，然后才能交流传授。为了连接宝妈，我做了两个针对性的设计，一是加入宝妈们的生活情景，如辅导孩子写作文。二是举一些宝妈们熟悉的例子，如"甜过初恋"之类的。

对于不熟悉的群体，不要乱猜痛点，除非你有条件调研。

我知道您有"文字洁癖"，您对课程逐字稿有怎样的标准？是如何让自己达到这些标准的？

小丰：

对于讲课逐字稿，不能太有洁癖。

写完逐字稿，要逐字讲给自己听一遍。"人肉"验证一下，讲得顺不顺，听得爽不爽。

我对讲课语言的标准是——精致大白话。给自己讲过一遍后，还是要再改一遍，尽量达到精致的标准。

您的知识星球"小丰广告研习社"很热闹，请问您是怎样设计它的呢？

小丰：

我没当它是一个商业产品，它更像一个"怪癖"俱乐部。所谓的赚钱，是把"玩起来"做好之后水到渠成的事情，不能本末倒置。

首先，得我自己爱来这玩，来这里放飞自己的文案癖。其次，朋友也爱来玩。我有 40 位实战派朋友，他们都来这里讲了课。

用户也可以在知识星球发布主题，分享自己的想法，我有两位用户为《小丰现代汉语广告语法辞典》的每个小节都写了读书笔记，每人写了七十多篇。我希望用户来玩的同时，也能解决自己的痛点问题，所以也增加了点对点的问答。

我从这个工具里受益了，用户也就受益了。星球里现在已经有一千多条主题了，问答也有几百个了，可以说已经是一个"小宇宙"了。

做付费群需要长期维护，我也发现您做一件事总是能坚持很久，而且有结果，这背后有什么信念吗？

小丰：

我不是一个意志如铁的人，是一个懒惰如泥的鬼。

不轻易开始一件事，这样你就减少了很多事，这点特别重要。同时做很多事，就很难坚持下来。懒惰的好处就是懂得做减法。

我能坚持把一件事做漂亮，要感谢"完美病"。开始了就要做完，不做完就生理不适，这是性格里的完整感。完整也不够，还要完美些，起码自己要看得过去。

我经常自虐式折腾，最近在做的一门写作训练课，逐字稿有 12 万字吧，我现在改了三分之二，就更换了 6 万字。

其实我主观上并不想这么做，但有点儿不由自主，所以有时候我觉得自己有病。

不要纯凭意志干任何事，因为那样很痛苦，痛苦就容易放弃。

所以，干一件长期的事，就要判断对自己有没有奖励，金钱上的、精神上的，都可以。如果都没有，就要自己设置一个奖励。我是有奖励意志才坚强的人，所以是"伪意志派"吧。

少干事，不干纯靠信念的事，干有奖励的事，就容易出结果。

对于没有起步流量的新手，您有什么建议吗？

小丰：

没有起步流量是正常的，谁都是这么过来的，就当练习吧。练得好了，就起步了。

如果对新手说三句唯心一点儿的建议，您会说什么？

小丰：

第一，原来人都是好为人师的。

第二，不顺的时候，多看《国王的演讲》。

第三，会听，才会讲。

11.4 首次出圈做课，满分好评率高达 90%

当我得知要和小说作家风尘散人老师合作小说写作课时，我的心情又兴奋，又忐忑。

之所以兴奋，是因为这个人的战绩太霸气了：单本小说播放量 90 亿。

没错，他是扛着天文数字的作家。

他的长篇悬疑小说《摸金天师》在喜马拉雅播放量高达 90 亿次，常年稳坐热播榜前列，订阅人数更是达到了 588 万。

588 万是什么概念？相当于每 200 个中国人里，就有一个人是他的听众。这数据，简直比某些明星的粉丝还夸张。

这样的头部小说作家肯定有很多写作方法论，跟他合作一定像挖金矿一般，越挖越惊喜，我当然兴奋。

为什么我也很忐忑呢？

因为在我的刻板印象里，越是顶级的作家越难以共情新手作者遇到的困难，他们会默认很多写作基本功本就应该有，无须再教。

就好比让一个米其林大厨教一个连开火都不会的新手煮方便面，他还得解释"为什么水开了要放调料包"；就好比让一个顶级画家面对没拿过画笔的新手，第一步要教的不是浪漫的审美课，而是怎么拿笔。

这个过程，我想想就替老师捏一把汗。

可是没想到，我们合作的第一款课程便得到无数好评，课程满分好评率高达 90%。

我不得不感叹：这个人真是干啥啥行！

关键吧，他的课能让学员又哭又笑，更有学员说要一辈子跟定这位师傅。

以下是学员对他的课程的真实评价。

"这种真心用心做的课才是课。老师换位走心，顾其虑，解其释，伤其怀，忧其足。"

"做一回老师的学生，已经很值了。这是我写作路上的第一位老师，以后如果能在这条路上走下去，一定不会忘记老师。"

"不管什么时候，我都要保持这一份傲骨。不能给老师丢脸。"

"最后一堂课，听得我涕泪横流，一节课把我一个大男生都给搞哭了。"

"很幸运能够遇到你。老师，以后就认真追你的作品作为回报吧。可能在这条路上走过很久，会在某个瞬间想到你。"

"真的太值了，不虚此行。没想到在网上能听到这样有情怀有格局的课程。就因为这个，这门课程就值得买。这一课千值万值。"

"课程让我近距离了解了这位位于网文巅峰的作家，他的格局和人格魅力非常吸引我，课后的寄语给我很大的鼓舞。今后的路可能会遇到不少困难，但这是一个破茧成蝶的过程。听不厌，还想继续听老师的课。"

那么，一位顶级作家是如何做到把新手小白教明白的呢？

为此，我专门采访了风尘散人老师。

人物小档案

风尘散人老师

长篇小说《摸金天师》在喜马拉雅播放量 88 亿次。

曾担任小说课讲师，满分好评率 90%。

听说您当初做小说写作课的时候，还动过"跑路"的念头？

风尘散人：

哈哈，这事儿说来话长。其实我一开始根本没打算做这个课，完全是被一位特别重要的朋友"忽悠"上船的。那天晚上，他跟我掏心掏肺地聊了一晚上，简直比写小说还煽情。

最后我被他感动得稀里哗啦，拍着胸脯说："大哥，你先冷静，把刀放下，这活儿我接了！"结果后来真开始准备了，我才发现这事儿比我想象的麻烦多了——从备课到录音，每一步都让我头大如斗。

好几次我都想偷偷溜走，但一想到那位朋友的眼神，我就怂了，只能硬着头皮继续干。

您后来不仅没跑路，还越讲越上瘾了？

风尘散人：

是啊，这事儿真是"打脸"来得太快，我自己都没想到！

刚开始我还觉得讲课这事儿特古板，像老学究一样正襟危坐，满嘴"之乎者也"。结果一上手，发现完全不是那么回事儿。讲课居然也能脑洞大开、放飞自我，我可以在课堂上讲段子、开玩笑，甚至偶尔还能"夹带私货"，把自己的情感和想法一股脑儿倒出来。

后来我才明白，原来那些所谓的"束缚"和"枷锁"，其实都是刻板印象作祟。

而且，我觉得讲课让我很有成就感：看着一群原本对写作懵懵懂懂的人，跟着我慢慢开窍，一点点进步，我会有一种"我在前方等他们"的感觉。

对于您而言，当初做这款课程最大的挑战是什么？

风尘散人：

最大的挑战就是把自己从"作家"的神坛上拽下来，老老实实当个"教书匠"。

以前我脑子里想的是"下一个故事怎么写得惊天动地"，现在得琢磨"怎么让对面那个一脸懵的新手听懂"。这感觉就像你是一个武林高手，平时飞檐走壁、剑气纵横，结果突然要教一个连马步都扎不稳的小白："来，我们先从怎么握剑开始……"。

而且，写网络小说很多时候是靠"意识流""喷"出来的，灵感一来，故事自己就往外蹦，连我自己都纳闷："这玩意儿居然是我写的？"可现在不行了，我得把这些"本能"硬生生拆解成方法和技巧，还得逼着自己回忆十年前那些抓耳挠腮的创作困境。更惨的是，我还得面对那些"灵魂拷问"："我脑洞为啥这么大？""大纲到底是怎么蹦出来的？"这些问题问得我自己都怀疑人生了！（笑）

再者，就是克服对麦克风的恐惧了。

毕竟，作家和讲师之间差的不只是一张嘴，还有一堆"嗯嗯啊啊"的口头禅和无数次重录的崩溃瞬间。说实话，有时候我都想对着麦克风喊："大哥，你能不能配合点？！"（笑）

哈哈，能不能举个具体例子，说说您是怎么把自己那套"野路子"榨成正经方法论的？

风尘散人：

比如教"怎么写大纲"时，我对着电脑抓掉了三根头发——毕竟我这人写小说从来不列大纲啊！我习惯先创造一个活灵活现的角色，故事自己就跟滚雪球似的往外蹦。但总不能对着学员要无赖说："别整大纲了，跟我学玄学吧！"

于是我对自己发出灵魂拷问："为啥我造个人物就能自动产故事？这玩意儿能教吗？"

后来发现关键在"角色真实感"：就像现实生活里，只要是有血有肉的人，就能发生故事。这招其实是跟老天爷学的，你看现实世界不也没大纲嘛？

但光说"人物要真实"太虚了！

于是，我拍板定了人物的几个硬指标：性格、性别、过往、动机、职业、原生家庭、做事风格、关系网、口头禅。

这里藏着做课的门道：首先得"解构本能"，把自己吃饭的家伙拆成零件；接着要"寻找公约数"，筛出适合 80% 人的通用规律；最后得"具象交付"，把"玄学"变成填空表格。

这才是知识产品化的精髓。

结营那天，好多学员都哭了，您是怎么做到让大家这么舍不得您的？

风尘散人：

其实没啥特别的，就是真诚，将心比心。

来听课的学员都很纯粹，他们就是想把心里的故事写出来，没别的杂念，特别可爱。

我常常想，这是他们的梦想啊，我怎么能辜负？所以我把自己那点儿"压箱底"的经验全掏出来了，一点儿没藏着掖着。

你想啊，我的一次总结，可能就能帮他们少走十年弯路，这买卖多划算！

而且你对他们好，他们也会十倍地回报你，这种双向奔赴的感觉，真的特别快乐。

您在讲课时，保留了哪些自己的个人特质？

风尘散人：

我的愤怒、脑洞、自黑，还有情怀，一个都没落下。

先说"愤怒"吧，我这个人不太喜欢为了所谓的"高情商"说好话。比如看到有些小说构思太套路化，我会直接开怼："你这剧情，我闭着眼睛都能猜到结局！"。我觉得，真诚的批评比虚伪的夸奖更有用。

再说"自黑"，我这公鸭嗓可是课程的"亮点"之一，我经常自嘲。其实自黑是一种态度，讲课嘛，没必要端着，大家轻松儿才能学得进去。

最后是"情怀"。我经常在课上跟大家聊，中国作家要大胆写，写出让全世界都看得懂、都佩服的好故事，我们要建立属于我们自己的文化自信。

总之，讲课不能装，我平时啥样，讲课就啥样。

听说您每次讲课都会先做直播测试，再做成录播课。拿到学员反馈后，您会怎么处理？

风尘散人：

每次拿到反馈，我都会仔细看他们的评价和提问，这样能更了解他们的需求。比如第一次直播时，就有学员说节奏太快了、内容太难了。直播测试的好处就是，这次发现问题，下次就能改进。虽然看学员作品、额外加直播这些事儿挺麻烦的，但我觉得这些都是"麻烦而正确"的事。

教写作这事，光靠嘴皮子可不行，得真刀真枪地帮他们解决问题。

您觉得对于新手而言，出圈做课一定要注意什么？

风尘散人：

我总结了四点，都是实打实的教训换来的。

第一，千万别按本能做课。你以为的"常识"，对新手来说可能是"天书"。我以前也犯过这种错误，觉得"这么简单的东西还用讲？"结果学员一脸懵。后来我悟了：不是他们笨，是我没讲明白。

做课要时刻记住——学员感受才是真理，别给自己找借口。

第二，逼自己追问"为什么"。比如我以前设计角色全凭感觉，觉得"这有啥可教的？"，但做课不行，得把那些"理所当然"的东西拆解得明明白白。一复盘才发现，原来每个步骤都有方法论。就像做菜，你以为自己随手一炒就是美味，其实火候、调料、顺序都有讲究。

第三，别迷信经验。比如我擅长写男频悬疑，但对女频不太熟悉。这时候就得放下身段，去研究女频小说的"套路"，分析两者的差异。做课得像侦探一样，刻意对比、总结规律，不能光吃老本。

做课就是这样，细节决定成败，别怕麻烦。

总结一下，做课的核心就是：从学员出发，解构本能、超越经验、死磕细节。虽然过程像"自虐"，但看到学员学有所成时，那种成就感，真香！

11.5 亿元级课程主导人范舟

——创业圈的做课专家，讲课界的段子手

为什么我们在工作中能把一个知识讲明白，可一做课，就觉得别扭呢？

那不是因为你不懂方法，相反，是因为你太"钻"于方法了。就像如果你一直

关注自己的脚，那么你可能发现，你连走路都不会了。

做课不是一件必须规规矩矩按步骤进行的事情，有时候只要掌握精髓，"乱拳也能打死老师傅"。

本节分享的是范舟老师对做课的看法，他是一个总能掌握精髓，且能及时把你从混沌中"拽"出来的人。

范舟的经历很有意思，他在教育领域摸爬滚打近 20 年，曾经历教育行业的完整生命周期，也曾累计辅导上千人做课，但他身上一点儿"老学究做派"都没有。他总结的做课方法有点儿"快刀斩乱麻"的劲头，总能化繁为简，化枯燥为有趣。

如果给他设计一个戏剧化形象，那绝不是戴着老花镜青灯伏案的学术专家，也不是一袭白衣不问世事的高人，而是穿着简单的黑色 T 恤侃侃而谈的实战家，没有什么专家包袱，可能衣服上偶尔还会带个猫和老鼠的卡通图案。

他的经历很丰富，用时髦的话来形容就是"很斜杠"，他创业 8 次，两次成功，精通设计，精通做课，这些经历加在一起，发生了"化学反应"，让他成为行业内独一无二的做课专家。他既重视课程的设计感，又重视课程的专业性，还重视课程的大局观，这很难得。

他也是个"学习怪物"，总能快速钻研当下所处的行业，并快速提炼出方法论，将之产品化，辅导更多人。简单来说，他能把事情干明白，也能给别人讲明白。

人物小档案

知识变现教练范舟。

创新设计创造院（IDT）创办人。

高管辅导教练。

通过创业，从月入 5000 元到年入 1000 万元，曾担任喜马拉雅喜播教育教研总监。

独立筹划过多个月 GMV 过千万元的课程。

主导过 10 多个月 GMV 过百万元的课程的全流程运营。

培养了超过 200 位一线讲师。

以下是采访正文。

1. 关于启动做课

AI 技术正在逐渐成熟，您觉得这对于做课者而言是一种危机吗？

范舟：

老实说，AI 的发展确实让不少课程制作人有了危机感。特别是大模型越来越智能，用户有的时候直接找"聪明的 ChatGPT"要答案，老师似乎可以被替代，这让做课者很焦虑。

但是机器终究是机器，无法完全替代老师。教学的核心在于激发用户的学习兴趣和热情，这需要老师与用户的互动和交流，需要老师的亲身示范和引导。AI 最多只能在一些比较枯燥的任务上为老师助力，老师的价值在于对用户的启发和影响力。

就像自动驾驶出现了，并不代表司机这个职业会消失。自动驾驶主要用于长途运输等比较规律的场景，但对于一些需要人工操作的市区驾驶环境，仍然需要真人司机。

人和 AI 会是相互依存而不是相互排斥的关系。

所以老师面对 AI，有危机感是正确的，但也不用太恐慌，关键是提高自己的专业水平，学习驾驭新技术，让 AI 成为教学的有力助手。而在培养用户的思想品质、激发学习热情等方面，老师仍然发挥着不可替代的作用。

危机也代表机遇，危中有机，只要敢于改变和创新，就可以打开一片新的天地。

未来，教育行业会越来越重视人与技术的结合。

课程制作人的角色也会从单纯的知识传播者，变成用户学习热情和兴趣的引导者。这是教育发展的必然趋势，也是课程制作人职业发展的新方向。

很多人会觉得，只有企业内的教研人员才能做课，于是畏于尝试，您觉得一个人达到什么条件后便可以做课呢？

范舟：

我觉得这个想法不太对。大型教育公司内部的教研人员也不一定厉害。做课不需要特别高超的技能，只要具备以下几个条件，就可以勇敢地尝试了。

首先，你要真正懂相关知识，并拥有丰富的实践经验，特别是行业经验。这样，你才能够抓住关键点，深入浅出地进行讲解。

其次，你要有条理，能够将知识点组织起来。优秀的课程需要清晰的组织脉络和逻辑体系，这需要你有系统性思维。

最后，你得会讲课，最好有公开场合分享知识的经验。即使缺乏经验，也不必担心，你可以在小范围内开始尝试，慢慢熟悉如何讲课并找到自己的方式。

您觉得新手从现在起，可以培养哪些利于做课的习惯？

范舟：

首先，要经常观察周围的事物，然后问自己："为什么会这样呢？"如果你天天看抖音，就可以想想哪些视频会变得超火？为什么？这样你在上课时就可以活灵活现地引用例子，想必会讲得更加生动形象。

其次，你需要经常总结所学的新知识，搞清楚它们的主线和重点。这样就能够在上课时清晰地表达，并知道哪些应该先说，哪些应该后说。

再次，最好多练习公开讲话。可以参考 TED 演讲，或者在会议上发表自己的看法。甚至在朋友圈里发个短视频，也能有所帮助。毕竟表达是一门技能，只有不断练习，上台才能不紧张。

最后，也是最重要的一点，一定要持续学习啊！因为技术和知识的发展一日千里，你的课程也必须跟上潮流。多看行业报告，学习专家文章，关注业界趋势，把学习融入日常生活，这样，你的知识体系就可以快速成长。

您带团队时，最害怕讲师的哪些行为？

范舟：

第一，变得"油腻"。很多教师经常讲课，这是好事，可有些人慢慢就变成"老油条"了，凭借经验上场，准备工作敷衍了事，结果讲得一塌糊涂。所以，每次做课都要保持新手心态，敬畏课程。

第二，课程太学术。有的资深教师的课程听起来就像学术报告，用户要是能听懂可真是奇迹了。你要保持一种灵气，真正懂用户，在课程中讲故事和举例，增加趣味性。

您觉得新手做课容易陷入怎样的误区？

范舟：

第一，过分追求完美。完美主义太害人了，你可能想设计一个超完美的课程，但这样实际上可能让整个课程过于复杂，让用户无法理解。做课的要点应该是接地气，简单清晰才是王道。

第二，课程内容越多越好。准备课程的时候，不要陷入"越多越好"的误区。课程中最重要的内容只需要几个关键例子进行说明，太多信息会分散用户的注意力，不利于阐述重点。

第三，直接念稿子。如果你不是做音频课，那么讲课时最好不要直接照着写好的稿子读，这会让你的课程听起来像朗读而不是自然讲话，也无法充分和用户互动。最好只写下细纲，然后现场发挥，这样才更有现场感。

2. 关于知识萃取

我发现无论您尝试什么领域，总能快速总结出方法论，能将经验产品化，这背后的过程是怎样的？

范舟：

之所以可以快速理解和掌握新知识，主要就是两个字——热情。我对学习新事物特别感兴趣，可以说是全力以赴。

像研究 ChatGPT 那段时间，我每天都在看书、看国外的文章、搜索各种资料，着迷得不行，完全没有时间观念，也不会觉得累。你瞧，一个人如果真的热爱某件事，那么学习速度可以提升百倍，整个人像打了鸡血，劲头满满。

其次，我在学习的时候喜欢把握大局，不会死磕细节。例如对 ChatGPT，我不去较真儿它的技术原理和算法细节，而是研究它解决了什么难题，它的设计理念是什么，与其他聊天机器人的区别在哪里。只有结合大的市场需求和发展脉络去学习，才能真正掌握它的灵魂。

再者，我在学习新事物的时候喜欢拿它跟我已经熟悉的其他相关知识进行比较，看看它们之间的异同。这种举一反三的思维方式，可以让我对新知识的理解更加深入全面。

最后，还是多练吧，理论要跟实践结合。知道 ChatGPT 是一回事，自己动手做一个简单的聊天机器人是另一回事。只有真正应用知识，才能知晓自己掌握得是否到位。

满满的热情 + 宽广的视野 + 举一反三的思维 + 至少 10 次实践应用，这些就是我学习新事物的秘诀 。

3. 关于讲课

您曾经讲过多场线下课，其实线下课最考验人，你最开始也会紧张吗？后来是怎么做到游刃有余的？

范舟：

没错，线下课是最考验人的！我第一次上课时，整个人都崩溃了，手脚冰凉，脑袋一片空白。但是后来我有了一些心得，慢慢也就不再紧张。

首先，正视紧张，有计划地把紧张化为兴奋。我还记得第一次为 12306 做培训时，现场坐了好几百人，我上台前 5 分钟都想 "跑路"，当时真是紧张坏了！不过，那次坚持熬过开场后，我逐渐开始和用户互动，讲课就变得像和朋友聊天一般自然，紧张感也逐渐消失。

为什么说有计划地把紧张化为兴奋呢？因为我知道我肯定会紧张嘛！所以，我会策划一些好玩的热场环节。例如有一次讲课，我让用户用流行词介绍自己的工作，大家金句频出，全场不时捧腹大笑，一下子就把气氛带到了最高点。我也喜欢分享有趣的例子，例如上人工智能课的时候，我讲了 "中国 AI 去银行办卡" 的故事，大家听了之后也会跟着哈哈大笑。讲故事和互动真的可以感染用户，也会让我放松、忘却紧张。第一次讲课紧张是必然的，不紧张说明有点儿不重视了。但是，不能让紧张撑场，我们要把紧张变成兴奋。

其次，强准备，了解用户，紧张感也会变淡。我曾经在海底捞上课，为此，我特地调研了海底捞的服务流程和标准，还去吃了一顿，留心观察服务员的每个举动、每个细节，想象如果我是客户会注意什么，这让我知道该怎么为海底捞员工设计课程。如果充分了解用户，就可以给他们带来深刻的见解。这样就可以在台上处于自信的状态。

熬过开场、学会热场、深入了解用户，这些技巧能让你处变不惊，游刃有余。多练练，慢慢也就习以为常、泰然自若了。这就是我从"手脚冰凉"到"胸有成竹"的过程。

在讲课前的 24 小时，您会做哪些准备工作？

范舟：

在讲课前的 24 小时，我会抓紧时间做各种准备。拿海底捞的培训来说，准备的第一步就是温习。我会重新看一遍要讲的课程大纲和要点，毕竟，只有对内容了然于心，才有底气、有思路。

接下来，我会猜猜用户会问什么问题，并预测答案。例如，他们可能问什么是设计思维，或者如何在餐饮行业应用设计思维，等等。所以提前准备好答案，遇到提问时我就不会措手不及。

除此之外，我还会搜罗一两个优质的服务案例或故事来辅助对理论的讲解。例如，我会分享某位海底捞的技术员如何运用设计思维优化了服务流程，用真实案例来阐述理论知识。案例是让枯燥的理论变得生动有趣的好办法，我走访公司，找到适合的案例，格外用心准备。

对了，我还会准备一两个有趣的互动活动。例如让用户分享自己工作中运用设计思维的案例，然后我们一起探讨。大家一起动手做，参与感就会很高，而且互动会让氛围变得轻松愉悦，效果更好。

最后，我会简单复习一下开场白和总结语。毕竟开场白和总结语是吸引用户注意力、表达课程核心的必要环节。我会提前准备一个简单的开场白和总结语，并在脑海中多排练几次，以便讲课时信手拈来。

4. 关于长期发展

新手开始做课后，未来可以有怎样的规划？

范舟：

首先，要做好长期战斗的准备。凡事入行容易，但要成为一名优秀的做课人则需要时间和精力，特别是作为新手期间会面临各种困难，这时候更需要有韧性和耐心。

其次，不断提高自己的技能水平。教育领域知识更新速度快，技术也在不停进步。你一定要跟上时代的步伐，学习新理念、新技能，获取更高级别的专业认证，然后将新知识运用到教学中去。看更多国外的课程设计理念、参加行业峰会，这些都能让你的教学技能与时俱进。

最后，要开拓发展空间。除了做课，你也可以尝试做直播、写书，这些不但可以增加收入，也是事业发展的一个好方向。

您觉得，怎样才能持续把课程做好？

范舟：

要想持续把课程做好，老师至少要有以下几个特质。

第一是真诚。你要真诚对待用户，将心比心，理解他们的需求，这样才能设计出真正有效的课程。

第二是敬畏之心。教书育人是一个良心活，你要时刻提醒自己正在影响着用户。要怀着敬畏的心态不断学习，把最好的内容呈现给用户。没有敬畏之心就很容易自负，课程质量也保证不了。

第三是热情。教学需要热情和耐心，特别是面对棘手的用户。热情可以让老师不断调整教学方法，耐心地为每位用户解答疑问，化解矛盾。老师的热情也能感染用户，鼓舞他们的学习热情。

第四是终身学习的意识。技术和知识不断更新，例如人工智能，你必须不断学习，将新的知识融入课程，使得课程内容始终是最新且最前沿的。

最后，您想对读者说些什么呢？

范舟：

相信自己！你能上课，说明用户看好你。你会在做课的过程中发现自己的潜力无限大！

11.6 小红书两个月涨粉 7000 人，把自己"逼"成知识博主

以前我很羡慕知识博主。

他们在抖音、小红书等平台有粉丝基础，不用朝九晚五，不用打卡上班，不用每天面对复杂的人，工作地点自由，可以一边旅行一边卖课。

最重要的是，他们在用知识变现，这是多么体面、多么有幸福感的事啊。

每当看到他们，我就会想"你看看人家"。

我也偶尔做白日梦，幻想自己能成为知识博主。终于有一天，我想：我为什么不去行动呢？大不了失败，总好过不去尝试。

试过以后，我才发现：怎么这么简单？没错，一旦行动就会发现真的很简单。因为人在幻想时，会放大事情的难度，脑中满是问号，比如会因为如何变现、如何做流量、如何把课程做好这些大而空的问题而焦虑。

可一旦行动起来，所有抽象的困难都会消散，你的眼前全是答案。

我的行动，源自一次次误打误撞。

流量是问题，我告诉自己：那就做小红书账号，发一篇作品找找感觉。直播卖课需要脱敏，我就告诉自己：那就先直播 5 分钟，这次挺够 5 分钟，下次挺够 1 小时，不谈其他，不下播就是胜利。做课程需要适应摄像头，我就告诉自己：那就盯着摄像头，直到不再恐惧为止。

我们缺的不是想法，而是误打误撞开始行动的契机。

现在，我很感谢当初的误打误撞，我用 2 个月的时间，把小红书从零开始做到拥有 7000 位粉丝，每篇文章的阅读量从 100 做到 30 万，我的课程也陆续收到好评。目前，我在做的两门课程分别是"自媒体 AI 写作训练营"（与教育品牌合作）和"高敏感人逆袭课"。

账号粉丝增长带来的快乐是短暂的，而收到课程好评带来的快乐却能让我回味终生。比如，有的用户不仅自己听，还让即将高考的女儿听，我会觉得我做的事情很有意义，真的帮到了一些人。

以下是用户对课程的部分评价。

"老师第二节课提到的'用感知力写作'，绝对是高手心法。我总结了一句话：万事万物皆可感知，人间百态皆有启发。"

"老师讲的方法，如果靠我自己摸索总结估计需要很久。"

"您的感知力写作那节课，我也给我女儿听了一遍，她说听了很受用。"

"老师讲课和直播完全是两个人，佩服这样每一面都做到位的人。"

"老师的课我已经反复听了 3 遍，连做饭时都在反复播放，我特别喜欢听您娓娓道来讲解案例。回头我还要从头到尾串联起来，再仔细听一遍。"

"可以猜到老师为做这些课件费了不少心血。"

"我虽是花甲之年，但文学之梦犹如少年时代，幸好遇到了若男老师，跟着老师成长，太快乐了。以至于我忘记了自己的一切，包括年龄。"

那么，我是如何一步步做到的呢？

以下是我的经验，供你参考。

1. 选题要"够劲儿"

如果是和企业合作，那么更多的要考虑企业的战略，而不是只考虑自己。

比如我在和某教育品牌合作课程时，了解到课程一定要包含 AI 教学，那么我们的课程定位就是"自媒体 AI 写作"。我要做的就是在大方向不变的情况下，把课程设计得更专业，更有趣。

如果是自己做课，比如在视频号和小红书上卖自己的课程产品，那么选题一定要有网感，要"够劲儿"，要有你的个人特色。

什么叫有网感和"够劲儿"呢？说起来挺抽象，但它的另一个极端你肯定了解——老学究。老学究只关心学术，毫无特点，就像一本厚厚的字典。

判断课程有没有网感有两个标准。

◎ 你很了解你的潜在购买者会在怎样的冲动或憧憬下购买你的课程。

◎ 你能为课程讲一个令人心动的故事，或关于初心，或关于你的亲身经历。

比如，我即将在小红书上推出的，就是一款"高敏感人逆袭课"，初心是让所有和我一样底色善良，不够圆滑的老实人、高敏感人也能逆袭发光。

我对这款课的笃定感源于我做小红书的经验。每当我在小红书上分享关于高敏感的故事时，都会有很多流量，有时候一条视频能有高达 50 万人观看，2 万多人点赞。但与之无关的内容流量就偏低。

我相信我的经验，以及我对流量的嗅觉，因此我把"高敏感人逆袭课"当作课程选题。

现在，我试着解答第一个问题：你是否了解你的潜在购买者会在怎样的冲动或憧憬下购买你的课程。

答案是：我的课程潜在购买者会在以下场景下购买。在职场，由于道德底线高而受道德底线低的同事欺负时；因为内向，做事老实、底色善良，对职场环境不适应，但想要改变时；性格柔软但有野心，不愿意把世界轻易让给那些攻击性强的人时；从小被指责"你太敏感了""你怎么那么内向"而自卑，觉得自己性格不好，但希望用高敏感天赋逆袭人生时。

以上场景是高敏感人经常遇到的，我懂这个群体，知道他们的痛点是什么，那么我的课程也会为这类人而设计。

而关于这门课程的故事，我会讲我的亲身经历。

2. 设计大纲：把用户放在心上

在设计课程大纲时，其实我最关心的就是用户的感受。

我常常感性地想：生活已经够不容易了，那我就努力让大家的学习容易些。于是我花了一些心思设计学习体验，并总结出以下几点经验。

（1）最前面的 1~2 节课，一定要设计出游戏感。

我的课程前两节不教写作技巧，也不教基本功，而是让用户解放天性，尽情感知世界，放飞自我。

一方面，我觉得做任何事的开端，找到乐趣、培养灵气都是最重要的。另一方面，在我看来，写作最重要的就是感知能力，比如学会在人间烟火中寻找小确幸、学会共情他人的情绪、学会透过现象思考本质、学会对身边的一切敏感。如果没有感知能力，那么所有技巧都会失去灵魂，写出来的作品也会四平八稳、毫无灵气。

其实不止写作，很多领域最初需要都不是"术"，而是灵气。

所以如果你要做课，那试着把前两节课设计得不那么古板，而是给出一些能"打通用户任督二脉"的内容。

（2）课程大纲要埋"新鲜点"。

所谓埋"新鲜点"，就是让用户每学一段时间快要疲乏的时候，就又能感到新鲜。

就像每喝几口中药，就要喂一颗山楂。

比如，我的写作课有两大模块——基础模块和进阶模块。

基础模块有 15 节课，每节课攻破一个知识点。例如如何写标题、如何搭框架、如何写故事、如何写金句。

进阶模块也有 15 节课。但如果进阶模块还是每节课攻破一个知识点，那恐怕用户就会觉得腻了，所以我把这个模块的课程设计为仿写课。每节课拉片式拆解一个作品，一边拆解一边教授如何仿写作品，一边巩固基础模块的知识点。

为什么这么设计呢？

除了设计新鲜点，我还调研了用户需求。

比如，我专门观察学完基础模块的用户，发现大家依然会有一种写作时无处下手的无助感，那是一种掌握了很多知识点反而不知该如何选择的无措。

然后我便明白，他们接下来需要的不是更多的知识点，而是把已学会的知识反复应用，在大量重复中真正掌握——于是 15 节仿写课安排了 15 次重复应用。

他们需要的也不是更多选择，而是唯一选择——于是我在每节仿写课细致拆解一个案例，用户只要模仿就能写出来。

我想强调的是，尽管新鲜感很重要，但不能为了制造新鲜感而刻意创新，所有的创新都应该建立在用户需求上。

（3）课程大纲就是拿来推翻的。

一开始设计的课程大纲，不必太当真，因为你具体设计每节课时，一定会发现课程大纲有不合理的地方。

3. 录课：请平静地接受一开始的笨拙

我应该不属于讲课天才，而是"地才"。

记得第一次录课的那天，我把自己关在家里的录课间，由于我总是"嘴瓢"，总是忘词，看到眼前的摄像头大脑就一片空白，但又渴望完美，所以我每个片段都录了将近 20 遍。

那天，我从早上录到了晚上，录到口腔溃疡，心态崩溃。

那天，我都被自己笨笑了。

自那天以后，我对录课这件事产生了恐惧心理，每次做完课件到了录制环节，我都找借口百般逃避，我把录课室称作"刑房"。

但是随着我不断尝试，事情开始发生了转变。比如在录到第 3 节课时，我发现我的"卡壳"次数明显少了；录到第 5 节课时，我发现我面对镜头不再恐惧，而是兴奋，有时候甚至会临场发挥讲段子；录到第 10 节课时，我开始"一条过"；当我录完 20 小时的课后，我能在不写逐字稿的情况下，全程不"卡壳"，越讲越激昂。

回头看这段路，我不禁感叹这就是时间的力量，朴素却肉眼可见。

关于这段从笨拙到兴奋的脱稿讲课经历，我有几点经验想分享。

第一，做任何事的一开始，包括讲课，请平静地接受自己的笨拙。

第二，如果你看到镜头就紧张，那么我会告诉你：多看几次就好了，因为你会慢慢脱敏。

紧不紧张和性格内不内向也没什么关系。罗永浩曾分享过自己讲课的经历，他起初在新东方大教室讲课时，常常紧张到一身汗，但学生们并不知道他是因为紧张而流汗，为了掩饰，他便假装咳嗽。于是学生们以为他是因为生病了才流汗，只觉得他身体不太好。

你看，就连罗永浩这么能说会道的人，也难免经历这种阶段。其实那些能成事的人，不是天生不知恐惧，而是不畏挑战。

第三，有一些实用小技巧能让录课更高效。

（1）如果你和我一样，没有刻意练习过发声，不是播音专业出身，那么可以在镜头前先小声讲一遍，就像说悄悄话一般——这样能保护你的嗓子。最开始我不懂这一点，所以我经常面临"这节课终于讲熟练了，嗓子却受不住了，所以不得不终止"的尴尬情况。

（2）开场的前 3 分钟可以多录几遍，直到流利。因为一旦开场顺了，就会尝到阶段性成功的甜头，这种正向反馈会激励你越录越顺。

（3）排练阶段，我会在课件的批注处写下必须要记住的句子。讲课时打开课件的演讲者视图，就能看到批注。

（4）在正式录制前，先录一个 3 秒左右的片段，检查是否有声音。比如我就遇到过辛辛苦苦录了半小时，剪辑时却发现没声音，只好重新录的情况。

（5）如果"卡壳"了，就拍手标记一下，或者说"刚刚那段删掉"，这样剪辑时就能轻松分辨出要剪掉哪些片段。

（6）切忌完美主义。一般第一节课和第二节课都是拿来后悔的，就算只有 60 分也没关系，这说明当时你的能力只能做到 60 分，再逼自己也没用。当你的能力达到 80 分时，可以返回来重新录第一、二节课。我就是这么做的。

（7）讲课不要有朗诵感，这是底线。

4. 从 0 开始做流量：先做再说

个人做课者往往最担心一件事：没有流量怎么办？

这件事不必做计划，一旦有了念头，直接开账号发布作品就行了。

说来好笑，我曾经"计划"做小红书两年，逢人就说我最近计划做小红书，但是两年过去了，我一个作品也没发布，脑子里倒是预演了很多次。

你看，这就是语言上的巨人，行动上的矮子。

其实很多卖课的知识博主，都是从零把账号做起来的，任何人都要经历从零起步的阶段。我们多犹豫一天，就多耽误一天。

想的时候全是问题，做的时候全是答案。

当我真正豁出去做小红书时，我选择不告诉身边任何人，不高谈阔论任何抽象的计划，直接开始做。

于是短短两个月，我便涨了 6000 个粉丝，做出了两个爆款视频。

我可以，我相信你也可以。

最后我想说，事有所激，才能有所成。

"截止日期是第一生产力"这句话想必你一定听说过。

如果做课没有截止日期，那么完美主义的我们会一直给自己找借口，总觉得"我可以再改改"，然后一拖再拖，最终石沉大海。

如果真的准备做知识博主或做课程，发展个人 IP，那就对自己狠一点，干脆先把课程预告发出去。比如先在小红书的个人商铺上架商品，把商品详情页传上去，让粉丝们都看到。

把自己放到无路可退的位置。

接下来，一个字：干。

后记

有一些心里话，不知道放在书的哪个章节合适，于是干脆都放在后记吧。

一个有趣的现象

说一个有趣的现象：我发现身边做课的人，看起来都比同龄人要年轻一些，会自带朝气。我想了想原因，大概是因为"予人玫瑰，手有余香"。

成就他人的同时，也在成就自己。所以，做课不是一件苦差事，而是一件幸福的事情。

做课就像一面镜子

我越来越觉得，一个人做出的课程就像一面镜子。

善良的人，总能把课做好，因为他知道别人的时间和金钱来之不易，他知道要对的起用户的信任。

做课很考验我们的敬畏之心，无论哪个环节的工作人员忽视用户的诉求，都会导致用户不满而发生投诉，导致一个企业如大厦般倾覆。

做课也考验决策层的克制力，若决策层看到红利后"见钱眼开"，疯狂扩张，那么后果不堪设想。

所以，我相信你一定是善良的，所以才会选择做课这条路。也愿你不忘初心，坚守原则。

别灰心

给独自做课的你鼓鼓士气。我想说，一个人，也可以像一支队伍。毕竟，生活不是电视剧，现实中我们很难赌上所有，我们大多数人也没有强大的资源、各有神通的幕后团队、巨额的启动资金、充裕的试错时间，在一地鸡毛中独自摸索才是常态。

希望这本书能帮助你，在有限条件下做出闪耀的课程。不求大刀阔斧，但希望你的课程小而美却顽强。

感谢

最后，我想感谢为这本书献出金点子的智囊团，以及一路走来一直启发我的人。感谢曾焱冰老师、小丰老师、风尘散人老师为我提供了案例和经验，让这本书既有方法，也有动人的故事。

感谢一起奋斗过的伙伴蓝兰、侣曼曼、吴月、张惜珏，他们为这本书提供了很多点子。

感谢王东，他清爽利落的思维方式，给我带来很多写书的启发。

感谢曾经的领导邓炜、兰飞，让我知道教育的重量。

希望你在读完这本书后，拥有"磁铁"体质，随时"吸住"讲课灵感，不浪费任何一个灵光一现的时刻。

星星之火，可以燎原。愿我们携手，用自己小小的力量，为中国的教育再点燃一根火柴，利己，利他，利于时代的进步。

若男

希赛软考辅导图书

好书分享

反侵权盗版声明

电子工业出版社依法对本作品享有专有出版权。任何未经权利人书面许可，复制、销售或通过信息网络传播本作品的行为；歪曲、篡改、剽窃本作品的行为，均违反《中华人民共和国著作权法》，其行为人应承担相应的民事责任和行政责任，构成犯罪的，将被依法追究刑事责任。

为了维护市场秩序，保护权利人的合法权益，我社将依法查处和打击侵权盗版的单位和个人。欢迎社会各界人士积极举报侵权盗版行为，本社将奖励举报有功人员，并保证举报人的信息不被泄露。

举报电话：(010)88254396；(010)88258888

传　　真：(010)88254397

E-mail：dbqq@phei.com.cn

通信地址：北京市万寿路 173 信箱　电子工业出版社总编办公室

邮　　编：100036